JÜRGEN RÜMMELE

Die Bedeutung der Bewertungsstetigkeit
für die Bilanzierung

Betriebswirtschaftliche Forschungsergebnisse

Begründet von
Prof. Dr. Dres. h. c. Erich Kosiol
Freie Universität Berlin

Herausgegeben von
Prof. Dr. Ralf-Bodo Schmidt
Albert-Ludwigs-Universität Freiburg i. Br.

und

Prof. Dr. Marcell Schweitzer
Eberhard-Karls-Universität Tübingen

in Gemeinschaft mit

Prof. Dr. Franz Xaver Bea
Eberhard-Karls-Universität Tübingen

Prof. Dr. Knut Bleicher
Hochschule St. Gallen

Prof. Dr. Klaus Chmielewicz
Ruhr-Universität Bochum

Prof. Dr. Günter Dlugos
Freie Universität Berlin

Prof. Dr. Erich Frese
Universität zu Köln

Prof. Dr. Oskar Grün
Wirtschaftsuniversität Wien

Prof. Dr. Wilfried Krüger
Justus-Liebig-Universität Gießen

Prof. Dr. Hans-Ulrich Küpper
Ludwig-Maximilians-Universität München

Prof. Dr. Siegfried Menrad
Eberhard-Karls-Universität Tübingen

Prof. Dr. Dieter Pohmer
Eberhard-Karls-Universität Tübingen

Prof. Dr. Henner Schierenbeck
Universität Basel

Prof. Dr. Norbert Szyperski
Universität zu Köln

Prof. Dr. Ernst Troßmann
Universität Hohenheim

Prof. Dr. Dres. h. c. Eberhard Witte
Ludwig-Maximilians-Universität München

Prof. Dr. Rütger Wossidlo
Universität Bayreuth

Band 98

Die Bedeutung der Bewertungsstetigkeit für die Bilanzierung

Von

Dr. Jürgen Rümmele

Duncker & Humblot · Berlin

Die Deutsche Bibliothek – CIP-Einheitsaufnahme

Rümmele, Jürgen:
Die Bedeutung der Bewertungsstetigkeit für die Bilanzierung /
von Jürgen Rümmele. – Berlin: Duncker und Humblot, 1991
  (Betriebswirtschaftliche Forschungsergebnisse; Bd. 98)
  Zugl.: Freiburg (Breisgau), Univ., Diss., 1990
  ISBN 3-428-07182-4
NE: GT

ISSN 0532-1027
ISBN 3-428-07182-4

Geleitwort des Herausgebers

Im Handelsgesetzbuch von 1985 wurde auch der *Grundsatz der Bewertungsstetigkeit* kodifiziert. Der Verfasser bettet diesen Grundsatz in die umfassende Bewertungskonzeption des Handelsrechts ein, worin der wesentliche Beitrag der Arbeit zur Bilanzlehre besteht. Zutreffend wird die Schärfe des Problems im Zusammenhang mit der Bilanzpolitik herausgearbeitet, denn *Bewertungsstetigkeit* und *Ausweis des ausschüttbaren Gewinns* sind konfliktäre Prinzipien, was sicherlich auch ein Grund für die Inkonsequenzen des Gesetzgebers in § 252 HGB sein dürfte.

Die von tiefem Problemverständnis, exakter Literaturverarbeitung, gebotener akademischer Distanz zu abweichenden Meinungen und Sicherheit in der Bearbeitung juristischer Bezüge getragene Arbeit wird die Diskussion in der Fachwelt befruchten.

Freiburg im Breisgau, Januar 1991

Prof. Dr. Ralf-Bodo Schmidt

Inhaltsverzeichnis

A. Einführung

I. Ausgangspunkt und Problemstellung

Am 19. Dezember 1985 hat der Bundestag mit Zustimmung des Bundesrates das "Gesetz zur Durchführung der Vierten, Siebenten und Achten Richtlinie des Rates der Europäischen Gemeinschaften zur Koordinierung des Gesellschaftsrechtes" beschlossen. Unter dem Datum des 24. Dezember 1985 wurde das Gesetz im Bundesgesetzblatt verkündet[1] und zum 1. Januar 1986 in Kraft gesetzt.[2]

Mit diesem sog. "Bilanzrichtlinien-Gesetz"[3] hat der deutsche Gesetzgeber die wahrscheinlich bedeutsamste Reform im deutschen Bilanzrecht verwirklicht. Denn im Gegensatz zu früheren Rechnungslegungsreformen, bei denen vor allem die aktienrechtlichen Bilanzierungsvorschriften geändert wurden, hat das Bilanzrichtlinien-Gesetz die Rechtsgrundlagen für alle Kaufleute zum Teil grundlegend reformiert und die Veröffentlichungspflicht auch auf die GmbH ausgedehnt.

Sichtbarer Ausdruck dieser umfassenderen Geltung der gesetzlichen Bestimmungen ist das "Dritte Buch des HGB"[4], das sich im Bereich derjenigen Paragraphennummern befindet, die seit der Herausnahme des Aktienrechts aus dem HGB frei waren. Dieses 3. Buch des HGB ist in einen allgemeinen Teil (lex generalis), der für Unternehmen aller Rechtsformen und Größenklassen gilt[5], und in einen speziellen Teil (lex specialis) untergliedert, der ergänzende Vorschriften für Kapitalgesellschaften und Konzerne[6] sowie für Genossenschaften[7] enthält.

Neben dem mehr formalen Aspekt der Neuordnung der handelsrechtlichen Vorschriften im 3. Buch des HGB ergeben sich aus der umfassenderen Geltung des Bilanzrichtlinien-Gesetzes und durch die Kodifizierung von Rahmengrundsätzen auch materielle Änderungen für die Rechnungslegung. Es stellt sich deshalb beinahe zwangsläufig die Frage, ob und gegebenenfalls in welchem

---

1) BGBl I 1985, S. 2355

2) Zur erstmaligen Anwendung siehe Art. 23 EGHGB.

3) Zur Klarstellung sei angemerkt, daß es sich bei diesem Gesetz nicht um ein eigenständiges Gesetz handelt, sondern um ein Artikel-Gesetz, das (nur) bestehende Gesetze (z.B. das Aktiengesetz oder das Handelsgesetzbuch) ändert bzw. erweitert.

4) §§ 238-339 HGB

5) §§ 238-263 HGB (Vorschriften für alle Kaufleute)

6) §§ 264-335 HGB (Ergänzende Vorschriften für Kapitalgesellschaften)

7) §§ 336-339 HGB (Ergänzende Vorschriften für eingetragene Genossenschaften)

Umfang der Gesetzgeber mit dem Bilanzrichtlinien-Gesetz den bilanzpolitischen Spielraum des Rechnungslegenden verändert hat.

In diesem Zusammenhang kommt den allgemeinen Bewertungsgrundsätzen
in § 252 Abs. 1 HGB eine besondere Bedeutung zu. Die explizite Aufnahme
dieser Grundsätze in den Gesetzestext hat deshalb auch zu einer sehr lebhaften
Diskussion darüber geführt, welche Konsequenzen sich für den Bilanzierenden
im einzelnen aus diesen Bewertungsgrundsätzen ergeben. Die Ursache für
diese (oftmals kontrovers geführten) Diskussionen muß vor allem darin gesehen werden, daß gerade Bewertungsvorschriften i.d.R. immer auslegungsbe-
dürftig sind.

Dies gilt in besonderer Weise für die in § 252 Abs. 1 Nr. 6 HGB erstmals
kodifizierte Bewertungsstetigkeit, nach der die auf den vorhergehenden Jahresabschluß angewandten Bewertungsmethoden beibehalten werden sollen. So
stellt Selchert fest, daß die Bewertungsstetigkeit als diejenige Neuerung innerhalb der handelsrechtlichen Vorschriften bezeichnet werden muß, "welche die
Gemüter am meisten erhitzt und die größte Verunsicherung der Wirtschaftspra-
xis geschaffen hat."[8] Ein Grund hierfür ist darin zu sehen, daß bei enger Auslegung und isolierter Betrachtung des Wortlautes des § 252 Abs. 1 Nr. 6 HGB
die Vermutung durchaus naheliegt, daß die Bewertungsstetigkeit den Bilanzierenden dauerhaft an die im ersten Jahresabschluß gemäß Bilanzrichtlinien-Gesetz gewählten Bewertungsmethoden bindet. Sollte sich diese Auffassung, die
z.T. auch in der Literatur vertreten wird[9], als zutreffend erweisen, so würde
sich hieraus zwangsläufig eine drastische Einschränkung des bilanzpolitischen
Spielraums, insbesondere bei der Bewertungspolitik der Unternehmen, ergeben.

Es ist deshalb zu fragen, ob die Bewertungsstetigkeit tatsächlich in der obigen Weise inhaltlich zu konkretisieren ist oder ob diese Auslegung nicht doch
über das vom Gesetzgeber verfolgte Ziel hinausschießt.

Dabei muß berücksichtigt werden, daß diese Frage nicht allein durch eine
isolierte Untersuchung der Bewertungsstetigkeit beantwortet werden kann, da
für die Beurteilung einer Einzelvorschrift auch immer die gesamte zugrundeliegende (Gesetzes-) Konzeption beachtet werden muß. Trotzdem ist es natürlich unerläßlich, daß der Wortlaut des § 252 Abs. 1 Nr. 6 HGB inhaltlich präzisiert wird.

Darüber hinaus aber kann der Stellenwert der Bewertungsstetigkeit nur aus
der Zielsetzung des Jahresabschlusses in seiner Gesamtheit beurteilt werden.

---

8)   Selchert, F. W.: "Bewertungsstetigkeit nach dem Bilanzrichtlinie-Gesetz" (im folgenden zi-
      tiert als: "Bewertungsstetigkeit ..."), in: DB 1984, S. 1889-1894, hier: S. 1889

9)   vgl. z.B. Göllert, K./Ringling, W.: "Herstellungskostenermittlung im Lichte des neuen Bi-
      lanzrechts" (im folgenden zitiert als: "Herstellungskostenermittlung ..."), in: KRP 1983, S.
      159-168, hier: S. 159; Forster, K.-H.: "Bilanzpolitik und Bilanzrichtlinie-Gesetz - welche
      Freiräume bleiben noch ?" (im folgenden zitiert als: "Bilanzpolitik ..."), in: BB 1983, S. 32-
      37, hier: S. 35

Der Ausgangspunkt für eine solche weitergehende Beurteilung der Bewertungsstetigkeit ist in einer bilanztheoretischen Ermittlung der gesetzlichen Jahresabschlußzwecke zu sehen. Denn nur dann, wenn Klarheit darüber besteht, was der Gesetzgeber überhaupt durch den Jahresabschluß erreichen möchte, kann eine zufriedenstellende Einordnung der Bewertungsstetigkeit in die gesamte Bewertungskonzeption des HGB vorgenommen werden.

Gerade diesem Aspekt wird jedoch in den bisherigen Literaturbeiträgen zur Bewertungsstetigkeit zu wenig Beachtung geschenkt, weshalb die unterschiedlichen Standpunkte in bezug auf den Geltungsbereich des § 252 Abs. 1 Nr. 6 HGB nicht sonderlich überraschen.

Die Aufgabe der vorliegenden Arbeit besteht deshalb nicht zuletzt auch darin, durch die Berücksichtigung von bilanztheoretischen Überlegungen zur Versachlichung der kontrovers geführten Diskussionen über die Bewertungsstetigkeit beizutragen und eine auf dieser Basis fundierte Beurteilungsgrundlage anzubieten.

II. Gang der Untersuchung

Im ersten Hauptteil (Kapitel B) soll die inhaltliche Präzisierung der in § 252 Abs. 1 Nr. 6 HGB kodifizierten Vorschrift erfolgen. In diesem Teil der Arbeit kommt es somit zu der bereits erwähnten *isolierten* Untersuchung des Grundsatzes der Bewertungsstetigkeit. Dies hat zur Folge, daß Aussagen über die Stellung des Bewertungsgrundsatzes in der (gesamten) Bewertungskonzeption des aktuellen Bilanzrechts an dieser Stelle grundsätzlich unterbleiben.

Um solche für die Gesamtbeurteilung der Bewertungsstetigkeit unerläßlichen Aussagen treffen zu können, bedarf es einer bilanztheoretischen Untersuchung des aktuellen Bilanzrechts. Sie soll im zweiten Hauptteil (Kapitel C) vorgenommen werden.

Allerdings wird dabei nicht der (in der Literatur übliche) Weg über die klassischen Bilanztheorien eingeschlagen, sondern es wird eine *realtheoretische* Interpretation der Zusammenhänge versucht. Da dieser bilanztheoretischen Konzeption in der Literatur bisher wenig Beachtung geschenkt wurde, ist es nicht verwunderlich, daß sich die theoretische Fundierung dieses Ansatzes noch im Anfangsstadium befindet. Deshalb wird es erforderlich, in diesem Kapitel zunächst bilanztheoretische Überlegungen allgemeinerer Art anzustellen, bevor eine spezielle bilanztheoretische Untersuchung der Bewertungsstetigkeit durchgeführt werden kann. Auf diesem Weg werden die sich für die Bewertungsstetigkeit ergebenden Schlußfolgerungen aufgrund der bilanztheoretischen Erkenntnisse offensichtlich und auch nachvollziehbar.

Im dritten und letzten Hauptteil (Kapitel D) soll unter Berücksichtigung der in Kapitel C erarbeiteten bilanztheoretischen Erkenntnisse die Gesamtbeurteilung der Bewertungsstetigkeit im aktuellen Bilanzrecht erfolgen.

Dabei soll erstens versucht werden, das Verhältnis der Bewertungsstetigkeit zu anderen Bewertungsgrundsätzen zu beschreiben, wobei nicht nur die allgemeinen Bewertungsgrundsätze des § 252 Abs. 1 HGB, sondern auch einige nicht kodifizierte, aber dennoch die Bewertung betreffenden Grundsätze ordnungsmäßiger Buchführung berücksichtigt werden.

In engem Zusammenhang mit diesem ersten Punkt muß zweitens der Frage nachgegangen werden, welchen Einfluß die zugrundeliegende Rechtsform (Nichtkapital- oder Kapitalgesellschaften) auf den Stellenwert der Bewertungsstetigkeit hat.

Und drittens ist zu prüfen, inwiefern von einer "strengen Maßgeblichkeit" der handelsrechtlichen Bewertungsstetigkeit für die steuerrechtliche Gewinnermittlung gesprochen werden kann.

Abschließend werden in Kapitel E die herausgearbeiteten Ergebnisse nochmals thesenartig zusammengefaßt.

B. Der Grundsatz der Bewertungsstetigkeit

I. Zum Begriff "Bewertungsstetigkeit"

Da neben oder an Stelle des Wortes "Bewertungsstetigkeit" im betriebswirtschaftlichen Schrifttum z.T. auch andere Bezeichnungen verwendet werden, soll der folgende Überblick dazu dienen, die möglicherweise vorhandenen Unterschiede zwischen den einzelnen Begriffen aufzuzeigen und notwendige Abgrenzungen vorzunehmen.

Um dies zu erreichen, bedarf es zunächst einer Einordnung der Bewertungsstetigkeit in die allgemeinen Grundsätze und Prinzipien der Bilanzierung. Dabei kann festgestellt werden, daß die Bewertungsstetigkeit zu den sogenannten Prinzipien der Bilanzverknüpfung zählt, die sich im einzelnen aus der Bilanzkongruenz, der Bilanzidentität und der Bilanzkontinuität zusammensetzt.[1]

Die Bilanzkongruenz verlangt, daß die Summe der Teilbilanzen für die einzelnen Wirtschaftsjahre mit der Totalbilanz für die gesamte Lebensdauer des Unternehmens übereinstimmt.[2] Es wird darin eine Verknüpfung von Totalrechnung und Periodenrechnung gesehen, die hauptsächlich in bilanztheoretischen Abhandlungen, z.B. gerade bei Schmalenbach[3], eine nicht unwesentliche Rolle spielt.[4]

Die Bilanzidentität bezieht sich auf den Zusammenhang zwischen der Schlußbilanz eines Jahres und der Eröffnungsbilanz des folgenden Jahres. Sie stellt einen selbständigen Bewertungsgrundsatz dar[5], der im § 252 Abs. 1 Nr. 1 HGB verankert ist. Diese inhaltliche Festlegung der Bilanzidentität ist vor allem deshalb von Bedeutung, weil z.B. Wöhe[6] für die Gesamtheit der Bezie-

---

1)   vgl. Hilke, W.: "Kurzlehrbuch Bilanzpolitik" (im folgenden ebenso zitiert), 2. Aufl., Wiesbaden 1985, S. 16

2)   vgl. ebenda, S. 33

3)   Schmalenbach, E.: "Dynamische Bilanz" (im folgenden ebenso zitiert, 13. Aufl.), 13. Aufl., Köln/Opladen 1962

4)   vgl. ebenda, S. 50f.

5)   vgl. Federmann, R.: "Bilanzierung nach Handels- und Steuerrecht", 7. Aufl., Berlin 1989, S. 131f.

6)   Wöhe, G.: "Bilanzierung und Bilanzpolitik" (im folgenden zitiert als: "Bilanzierung ..."), 7. Aufl., München 1987, S. 195ff.

hungen der Schlußbilanz eines Wirtschaftsjahres zur Anfangsbilanz und zur Schlußbilanz des folgenden Wirtschaftsjahres den Terminus Bilanzkontinuität als Oberbegriff gebraucht.[7] Damit würde die Bilanzkontinuität also auch die Bilanzidentität mit einschließen. Aus Gründen der Eindeutigkeit kann die von Wöhe gewählte Definition nicht übernommen werden. Für die vorliegende Arbeit sollen vielmehr die Prinzipien der Bilanzverknüpfung den Oberbegriff bilden, um damit zum einen die Bilanzkontinuität nicht mit unterschiedlichen Begriffsinhalten aufführen zu müssen und zum anderen zwischen der Bilanzkontinuität und der Bilanzidentität eine schärfere Trennlinie ziehen zu können.[8]

Die Bilanzkontinuität, von Leffson auch als Grundsatz der Stetigkeit bezeichnet[9], tritt in zwei Ausprägungen auf.

Dabei ist erstens die formelle Bilanzkontinuität zu nennen. Dieser Teilbereich der Bilanzkontinuität erfordert die Beibehaltung des äußeren Aufbaues der Bilanz, also der Bilanzgliederung, um die Vergleichbarkeit einzelner Bilanzpositionen über mehrere Wirtschaftsjahre hinweg ermöglichen zu können (siehe dazu auch die in § 265 Abs. 1 HGB ausdrücklich erwähnte Darstellungsstetigkeit für Kapitalgesellschaften). Dieser inhaltlichen Bestimmung der formellen Bilanzkontinuität wird in der Literatur nicht uneingeschränkt gefolgt. So wählt z.B. Heinen eine weniger enge Fassung, indem er neben der gleichen inhaltlichen Abgrenzung und Benennung der Posten auch die Kontinuität der Abschreibungsform mit einbezieht.[10] Dieser Auslegung muß aber entgegengehalten werden, daß sie offensichtlich Bewertungselemente beinhaltet, die aus Gründen einer eindeutigen Systematisierung besser dem Bereich der materiellen Bilanzkontinuität zugeordnet werden sollten.

Damit ist bereits die zweite Komponente der Bilanzkontinuität angesprochen, die auch als materielle Stetigkeit oder innere Bilanzstetigkeit bezeichnet wird.[11] Sie bezieht sich im Gegensatz zur Bilanzidentität auf die Bewertung von aufeinander folgenden Schlußbilanzen eines Unternehmens, wobei in der Regel[12] zwei Teilkontinuitäten bzw. Teilstetigkeiten unterschieden werden. Es sind dies zum einen die Bewertungstetigkeit und zum anderen das Prinzip des Wertzusammenhanges. Beide Bestandteile sollen dazu beitragen, die interne

---

7)   vgl. Wöhe, G.: "Bilanzierung ...", S. 195f.; ebenso bei Federmann, R., a.a.O., S. 131ff.

8)   vgl. Heinen, E.: "Handelsbilanzen" (im folgenden ebenso zitiert), 12. Aufl., Wiesbaden 1986, S. 175f.

9)   vgl. Leffson, U.: "Die Grundsätze ordnungsmäßiger Buchführung" (im folgenden zitiert als: "Die Grundsätze ...", 7. Aufl.), 7. Aufl., Düsseldorf 1987, S. 433

10) vgl. Heinen, E.: "Handelsbilanzen", a.a.O., S. 176

11) vgl. Leffson, U.: "Die Grundsätze ...", 7. Aufl., a.a.O., S. 433

12) Im Gegensatz hierzu vgl. Federmann, R., a.a.O., S. 135f., der noch einen dritten Aspekt mit einbezieht und von einer Entscheidung über den Ansatz dem Grunde nach (auch als Ansatzkontinuität bezeichnet) spricht.

Vergleichbarkeit der Einzelbilanzen über mehrere Perioden zu gewährleisten. Das Prinzip des Wertzusammenhanges besagt, daß grundsätzlich "die in der Bilanz angesetzten Werte für die folgenden Bilanzen maßgeblich und Werterhöhungen über den letzten Bilanzansatz hinaus unzulässig sind".[13] Daß dieser Teil der materiellen Bilanzkontinuität einen eigenständigen Bewertungsgrundsatz darstellt, muß hier ausdrücklich hervorgehoben werden, um seine scharfe, eindeutige Trennung von der Bewertungstetigkeit zu verdeutlichen. Denn unter der Bewertungstetigkeit soll im folgenden lediglich die Anwendung gleicher Bewertungs*methoden* verstanden werden. In § 252 Abs. 1 Nr. 6 HGB heißt es nämlich ausdrücklich, daß die auf den vorhergehenden Jahresabschluß angewandten Bewertungs*methoden* beibehalten werden sollen.

Abschließend soll Abbildung 1 die soeben beschriebenen Zusammenhänge nochmals verdeutlichen. Gleichzeitig kann damit eine Reduzierung auf diejenigen Begriffe erfolgen, die in der vorliegenden Arbeit im weiteren verwendet werden.

---

13)   Meyer, C.: "Bilanzierung nach Handels- und Steuerrecht", 7. Aufl., Herne/Berlin 1988, S. 36

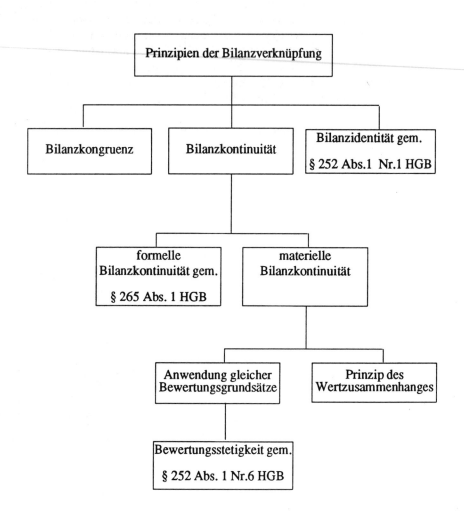

Abb. 1: Prinzipien der Bilanzverknüpfung

II. Bewertungsstetigkeit als kodifizierter Grundsatz ordnungsmäßiger Buchführung

1. Zum Wortlaut des § 252 Abs. 1 Nr. 6 HGB

Da für die sich anschließende inhaltliche Konkretisierung des Grundsatzes der Bewertungsstetigkeit der genaue Wortlaut der Vorschrift von zentraler Bedeutung ist, soll zunächst einmal § 252 Abs. 1 Nr. 6 HGB gesetzeskonform zitiert werden:

> "Die auf den vorgehenden Jahresabschluß angewandten Bewertungsmethoden sollen beibehalten werden."

Die Aufnahme dieses für alle Kaufleute geltenden Bewertungsgrundsatzes stellt ein Novum in den deutschen Rechnungslegungsvorschriften dar. Die erstmalige Kodifizierung und die Tatsache, daß die Bewertungsstetigkeit schon vor dem Inkrafttreten des Bilanzrichtlinien-Gesetzes zu großen Meinungsverschiedenheiten führte, können als Ursache dafür angesehen werden, daß die Diskussion über diese Vorschrift im Schrifttum neu entflammt ist. Verschiedentlich wird sogar behauptet, daß "kaum eine weitere sich aus den neuen Rechnungslegungsvorschriften ergebende Frage"[1] so umstritten ist, wie jene nach der Bedeutung der Bewertungsstetigkeit gemäß § 252 Abs. 1 Nr. 6 HGB. Wie weit die Spannbreite der verschiedenen Auslegungen reicht, läßt sich am besten durch die Darstellung der zwei Extrempositionen belegen. So ist auf der einen Seite davon die Rede, daß die Bewertungsstetigkeit eine "der wesentlichsten und für die Bilanzpolitik entscheidensten Neuerungen"[2] darstellt. Inhaltlich kommt es dabei zu der Feststellung, daß die Bewertungswahlrechte erheblich, im Extremfall sogar auf eine einmalige Benutzung, eingeschränkt werden.[3] Auf der anderen Seite hält Selchert derartige Befürchtungen für ein

---

1) Schneeloch, D.: "Bewertungsstetigkeit in Handels- und Steuerbilanz" (im folgenden zitiert als: "Bewertungsstetigkeit ..."), in: WPg, 1987, S.405-417, hier: S. 405

2) Forster, K.-H.: "Bilanzpolitik ...", a.a.O., S. 35; ähnlicher Meinung sind auch Göllert, K./ Ringling, W.: "Strategie statt Taktik - Bilanzpolitik im Übergang zum neuen Recht" (im folgenden zitiert als: "Strategie ..."), in: DB, 1983, S. 949-952 und S. 1004-1008, hier: S. 949

3) vgl. Pfleger, G.: "Zur Gestaltung der Bewertung im Jahresabschluß als Mittel künftiger Bilanzpolitik" (im folgenden zitiert als: "Zur Gestaltung ..."), in: DB, 1984, S. 785-789, hier: S.785; derselbe: "Die neue Praxis der Bilanzpolitik: Gestaltungsmöglichkeiten in der Handels- und Steuerbilanz nach der Bilanzreform" (im folgenden zitiert als: "Die neue Praxis ..."), 2. Aufl., Freiburg i. Br. 1986, S. 49

"Schreckgespenst"[4] und bezeichnet die Bewertungsstetigkeit lapidar als "Papiertiger"[5].

Die Frage, welche der beiden Positionen sich zumindest tendenziell als richtig erweist, kann nur nach einer kritischen Analyse des Wortlautes und damit des Begriffsinhaltes der Bewertungsstetigkeit gemäß § 252 Abs. 1 Nr. 6 HGB beantwortet werden, womit gleichzeitig die wesentliche Aufgabe dieses Kapitels angesprochen ist.

2. Gründe für eine Kodifizierung der Bewertungsstetigkeit

Ein möglicher Grund für die Kodifizierung kann darin gesehen werden, daß die Bewertungsstetigkeit eine, wenn auch nicht unumstrittene, so doch alte betriebswirtschaftliche Forderung darstellt.

Bereits im Jahre 1919 erkennt Schmalenbach, daß die "hauptsächlichste Forderung, die man an die Gewinnberechnung neben den allgemeinen Forderungen, wie Richtigkeit, Schnelligkeit usw. stellen muß"[6], in der "Vergleichbarkeit der gewonnenen Ziffern"[7] zu sehen ist. Auch Walb greift den Grundsatz der Vergleichbarkeit auf und bezeichnet ihn in einem seiner späteren Werke sogar als ein "Fundamentalprinzip der Erfolgsrechnung".[8]

Sowohl Schmalenbach als auch Walb erkennen, daß der Bewertungsstetigkeit als einem aus der Vergleichbarkeit abgeleiteten Grundsatz große Bedeutung zukommt.

So spricht z.B. Schmalenbach davon, daß nur dann ein Methodenwechsel ohne Hemmungen durchgeführt wird, wenn der Bilanzierende "den Grundsatz der Vergleichbarkeit nicht achtet."[9] Noch deutlicher wird dieser Zusammenhang dann, wenn Schmalenbach von einigen Bilanztechnikern behauptet, sie wären vorzügliche Bilanzleute, wenn die leidige Unstetigkeit sie nicht zu schlechten machte.[10]

---

4)   Selchert, F. W.: "Bewertungsstetigkeit ...", a.a.O., S. 1894

5)   ebenda

6)   Schmalenbach, E.: "Grundlagen dynamischer Bilanzlehre" (im folgenden zitiert als: "Grundlagen ..."), in: Zeitschrift für handelswissenschaftliche Forschung, 1919, S. 1-50 und S. 65-101, hier: S. 10

7)   ebenda

8)   Walb, E.: "Finanzwirtschaftliche Bilanz" (im folgenden ebenso zitiert), 3. Aufl., Wiesbaden 1966, S. 79

9)   Schmalenbach, E.: "Dynamische Bilanz" (im folgenden ebenso zitiert, 5. Aufl.), 5. Aufl., Leipzig 1931, S.108

10) vgl. Schmalenbach, E.: "Dynamische Bilanz", 5. Aufl., a.a.O., S. 108f.

Die Ausführungen von Walb gehen in die gleiche Richtung, wobei die Bewertungsstetigkeit schon sehr genau umschrieben wird, wenn er feststellt, daß die Vergleichbarkeit "zunächst eine Beharrlichkeit in der Methodenwahl"[11] erfordert.

Ob eine Vergleichbarkeit im Sinne Schmalenbachs bzw. Walbs mit Hilfe der Bewertungsstetigkeit erreichbar ist, soll an dieser Stelle nicht weiter untersucht werden. Es ist aber m.E. einsichtig, daß dem Vergleichbarkeitspostulat überhaupt nicht gedient ist, wenn man es alleine der Entscheidung des Bilanzierenden überläßt, in welcher Weise dieser Jahr für Jahr die Bewertungsmethoden ändert.

Dieser Meinung ist auch Leffson, der aber interessanterweise in der 1. Auflage seiner umfangreichen Arbeit über "Die Grundsätze ordnungsmäßiger Buchführung" auch zugeben muß, daß die Bewertungsstetigkeit "in Deutschland bisher nicht als Grundsatz ordnungsmäßiger Buchführung"[12] anerkannt ist. Allerdings machen seine weiteren Ausführungen deutlich, daß er aus betriebswirtschaftlicher Sicht diese Nichtbeachtung der Bewertungsstetigkeit für die Bilanzierung im allgemeinen für nicht richtig hält (Leffson bezeichnet die herrschende Auffassung als "irrig"[13]). Diese Sichtweise behält Leffson konsequent bei. Denn auch in der 6. Auflage seines grundlegenden Werkes besitzt die eben beschriebene Meinung weiterhin Gültigkeit, wobei hier bereits erste Anmerkungen zur 4. EG-Richtlinie zu finden sind, die später im Bilanzrichtlinien-Gesetz ihre Umsetzung erfährt.[14]

Diese kleine Auswahl von Befürwortern der Bewertungsstetigkeit zeigt bereits, daß dieser Grundsatz durchaus Eingang in die betriebswirtschaftliche Literatur gefunden hat, auch wenn in der Vergangenheit über die Bedeutung bzw. die Aufnahme der Bewertungsstetigkeit in die Grundsätze ordnungsmäßiger Buchführung unterschiedliche Standpunkte vertreten wurden.

Die Bestätigung dieser Aussage soll mit Hilfe eines "Klassikers" unter den Handbüchern der Rechnungslegung erfolgen.

Adler/Düring/Schmaltz billigen nämlich dem Grundsatz der Bewertungsstetigkeit zwar betriebswirtschaftliche Vertretbarkeit zu, gleichzeitig stellen sie aber fest, daß keine zwingende Einhaltung nach den Grundsätzen ordnungsmä-

---

11) Walb, E.: "Die Erfolgsrechnung privater und öffentlicher Betriebe" (im folgenden zitiert als: "Die Erfolgsrechnung ..."), Berlin/Wien 1926, S. 397

12) Leffson, U.: "Die Grundsätze ordnungsmäßiger Buchführung" (im folgenden zitiert als: "Die Grundsätze ..., 1. Aufl.), 1. Aufl., Düsseldorf 1964, S. 235

13) ebenda, S. 238

14) vgl. Leffson, U.: "Die Grundsätze ordnungsmäßiger Buchführung" (im folgenden zitiert als: "Die Grundsätze ..., 6. Aufl.), 6. Aufl., Düsseldorf 1982, S. 389ff. m.w.N.

ßiger Buchführung zu fordern ist.[15] Als Konsequenz für die Bilanzierung bedeutet dies, daß es keine Verpflichtung dazu gibt, bei zwei aufeinanderfolgenden Jahresabschlüssen nach den gleichen Bewertungsmethoden vorzugehen.[16]

Damit kann also zunächst festgehalten werden, daß die Bewertungsstetigkeit im betriebswirtschaftlichen Schrifttum keine unbekannte Größe darstellt. Vielmehr wird sie sehr oft als eine notwendige Forderung angesehen, um die Vergleichbarkeit zwischen einzelnen, aufeinander folgenden Jahresabschlüssen zu gewährleisten. Zweifel entstehen erst bei der Frage, ob die Bewertungsstetigkeit tatsächlich als ein Grundsatz ordnungsmäßiger Buchführung bezeichnet werden muß und, wenn ja, ob sich daraus (erhebliche) Einschränkungen für die Bilanzpolitik ergeben.

Dieser doch offensichtlich vorhandene Widerspruch zwischen betriebswirtschaftlichen Erkenntnissen einerseits und durchaus möglicher Interpretation des Bilanzrechts alter Fassung andererseits kann als erster Ansatzpunkt dienen, die nunmehr erstmals explizite Erwähnung der Bewertungsstetigkeit im Gesetzestext zu erklären. Mit der Kodifizierung wurde nämlich erreicht, daß die auch weiterhin kontrovers geführten Diskussionen über diesen Grundsatz auf eine andere (höhere) Ebene verlagert wurden. Im Mittelpunkt des wissenschaftlichen Interesses steht nicht mehr die Frage, ob es sich bei der Bewertungsstetigkeit überhaupt um einen zu beachtenden Bewertungsgrundsatz handelt; vielmehr gilt es jetzt, die verschiedenen Möglichkeiten der Auslegung einer nicht mehr abzustreitenden allgemein verbindlichen Vorschrift zu analysieren.

Neben diesem mehr formalen Aspekt der rechtlichen Verankerung eines umstrittenen Bewertungsgrundsatzes kann aus den obigen Ausführungen auch noch ein zweiter Erklärungsansatz für eine Kodifizierung der Bewertungsstetigkeit herausgearbeitet werden. Durch die mit Hilfe der Bewertungsstetigkeit angestrebte Vergleichbarkeit aufeinanderfolgender Jahresabschlüsse erhofft sich nicht nur der Gesetzgeber eine bessere Erfüllung bestimmter Jahresabschluß-Funktionen. Auch in der betriebswirtschaftlichen Literatur wird immer wieder darauf hingewiesen, daß durch den Grundsatz der Bewertungsstetigkeit die eine oder andere Jahresabschluß-Funktion betroffen ist.[17]

---

15) vgl. Adler, H./Düring, W./Schmaltz, K.: "Rechnungslegung und Prüfung der Aktiengesellschaft (im folgenden zitiert als: "Rechnungslegung ...", 4. Aufl.), Handkommentar, Bd. 1, Rechnungslegung, 4. Aufl., Stuttgart 1968, § 149 AktG Tz.29, S. 26f.

16) vgl. ebenda; der gleichen Auffassung Godin/Wilhelmi: "Aktiengesetz", Bd. 1, 3. Aufl., Berlin 1967, § 149 AktG Anm. 3, S. 820f.

17) vgl. Forster, K.-H.: "Bewertungsstetigkeit - was sie ist und was sie nicht ist" (im folgenden zitiert als: "Bewertungsstetigkeit ...), in: Gross, G. (Hrsg.), Der Wirtschaftsprüfer im Schnittpunkt nationaler und internationaler Entwicklungen, Festschrift zum 60. Geburtstag von K. v. Wysocki, Düsseldorf 1985, S. 29-43, hier: S. 34

Um diese Zusammenhänge deutlicher zu machen, bedarf es zunächst der Aufzählung der möglichen Jahresabschluß-Funktionen. Für diesen Zweck soll das Handwörterbuch des Rechnungswesens herangezogen werden. Dort werden drei solche Funktionen aufgeführt:[18] die Dokumentationsfunktion, die Gewinnfeststellungsfunktion und die Informationsfunktion. Mit Blickrichtung auf die Bewertungsstetigkeit kann festgestellt werden, daß die beiden zuletzt genannten Funktionen eindeutig im Vordergrund stehen.

Zum einen soll die Bewertungsstetigkeit nämlich verhindern, "daß die Ertragslage durch Änderungen der Bewertungsmethoden nach der einen oder anderen Seite hin bilanzpolitisch beeinflußt wird und der Jahresabschluß dadurch kein zutreffendes Bild der Ertragslage mehr vermittelt."[19] Damit kommt deutlich zum Ausdruck, daß die Bewertungsstetigkeit ein brauchbares Instrument zur Unterstützung bzw. besseren Erfüllung der Gewinnfeststellungsfunktion des Jahresabschlusses verkörpern kann.

Zum anderen, und damit zeigt sich, daß die Gewinnfeststellungsfunktion und die Informationsfunktion stark ineinander verzahnt sind, trägt ein zutreffendes Bild der Ertragslage seinen Teil dazu bei, daß die Informationsfunktion des Jahresabschlusses erfüllt werden kann. Daß darüber hinaus mit Hilfe der Bewertungsstetigkeit die Vergleichbarkeit über mehrere Perioden (= Geschäftsjahre) hinweg gesichert werden soll, stellt einen weiteren Aspekt der verbesserten Erfüllung der Informationsfunktion dar.

Ein dritter Grund für die Aufnahme der Bewertungsstetigkeit in den Gesetzestext kann letztlich der Präambel zur 4. EG-Richtlinie entnommen werden. Dort heißt es: "Die verschiedenen Bewertungsmethoden müssen, soweit erforderlich, vereinheitlicht werden, um die Vergleichbarkeit und die Gleichwertigkeit der in den Jahresabschlüssen gemachten Angaben zu gewährleisten."[20] Um dieses durch die 4. EG-Richtlinie angestrebte Ziel zu erreichen, wird vielfach verlangt, daß der Jahresabschluß auch unter Beachtung des Grundsatzes der Bewertungsstetigkeit aufgestellt werde.[21] Denn der Wechsel von einer bisher genutzten Bewertungsmethode auf eine andere - soweit die Gründe dafür einer bilanzpolitischen Zielsetzung entspringen - beeinträchtige die in der Präambel geforderte Vergleichbarkeit und Gleichwertigkeit der in aufeinanderfolgenden Jahresabschlüssen enthaltenen Aussagen über die Unternehmensentwicklung.

---

18) vgl. Wysocki, K.v./Halbinger, J.: "Bilanz, handelsrechtliche", in: HWR, 2. Aufl., hrsg. von Kosiol, E., Stuttgart 1981, Sp. 161-176, hier: Sp. 162ff.

19) Forster, K.-H.: "Bewertungsstetigkeit ...", a.a.O., S. 35

20) Vierte Richtlinie des Rates vom 25. Juli 1978 aufgrund von Artikel 54 Absatz 3 Buchstabe g) des Vertrages über den Jahresabschluß bestimmter Rechtsformen (78/660/EWG), in: Amtsblatt der Europäischen Gemeinschaften Nr. L 222 vom 14.8.1978, S. 11-31; hier: S. 11.

21) vgl. z.B. Förschle, G./Kropp, M.: "Die Bewertungsstetigkeit im Bilanzrichtlinien-Gesetz", in: ZfB, 1986, S. 873-893, hier: S. 875

Dabei wird allerdings i.d.R. übersehen, daß die in der Präambel geforderte Vergleichbarkeit und Gleichwertigkeit wohl eher im Zusammenhang mit der Koordinierung der einzelstaatlichen Vorschriften zu sehen ist. Trotzdem kann die bei der Transformation der 4. EG-Richtlinie in deutsches Recht vorgenommene Kodifizierung der Bewertungsstetigkeit als folgerichtige Vorgehensweise des Gesetzgebers bezeichnet werden. Denn gerade die explizite Aufnahme dieser Vorschrift in das deutsche Bilanzrecht könnte einen weiteren Schritt hin zur Vereinheitlichung der Rechnungslegungsvorschriften im gesamten EG-Raum bedeuten, da in den meisten anderen Ländern der EG dieser Grundsatz schon länger zweifelsfrei anerkannt und befolgt wird.[22]

---

22)   vgl. Leffson, U.: "Die Grundsätze ...", 7.Aufl., a.a.O., S. 435f.

III. Problembereiche des Grundsatzes der Bewertungsstetigkeit

Unabhängig von dem Zweck, der letztendlich ausschlaggebend für die Kodifizierung der Bewertungsstetigkeit war, wirft die inhaltliche Konkretisierung dieser Vorschrift doch erhebliche Probleme auf. Im wesentlichen lassen sich dabei drei Problembereiche unterscheiden:

Erstens ist nach dem Umfang bzw. der Reichweite der Bewertungsstetigkeit zu fragen. Es geht in diesem Punkt um die inhaltliche Bestimmung des § 252 Abs. 1 Nr. 6 HGB. So ist u.a. die Frage zu beantworten, ob sich die Bewertungsstetigkeit nur auf dieselben, die gleichen oder auf alle Bewertungsobjekte in einem Jahresabschluß bezieht.[1]

Der zweite Problembereich untersucht den Verpflichtungscharakter der Bewertungsstetigkeit für den Jahresabschlußersteller. Zu bestimmen sind in diesem Zusammenhang erstens die Auswirkungen der Formulierung der Bewertungsstetigkeit als Sollvorschrift, zweitens das Anforderungsprofil für mögliche Abweichungen gemäß § 252 Abs. 2 HGB und drittens die Bedeutung der Bewertungsstetigkeit für die Beziehungen zwischen Handels- und Steuerbilanz.

Der dritte Komplex bezieht sich schwerpunktmäßig auf das Verhältnis des Grundsatzes der Bewertungsstetigkeit zu den anderen, z.T. ebenfalls in § 252 Abs. 1 HGB kodifizierten Bewertungsgrundsätzen.[2] Es besteht in der betriebswirtschaftlichen Literatur nämlich keine Einigkeit darüber, welche Bedeutung der Bewertungsstetigkeit unter Berücksichtigung der gesamten Bewertungskonzeption zukommt.[3] Dieser dritte Problembereich wird in Kapitel B allerdings nur am Rande angesprochen. Der eigentliche Einbau der Bewertungsstetigkeit in die Bewertungskonzeption des Bilanzrichtlinien-Gesetzes und die sich daraus ergebenden Konflikte zwischen den einzelnen Bewertungsgrundsätzen erfolgt - wie bereits beim Gang der Untersuchung begründet - erst im dritten Hauptteil (Kapitel E) dieser Arbeit.

---

1)   vgl. Eckes, B.: "Bewertungsstetigkeit - Muß- oder Sollvorschrift ?", in: BB, 1985, S. 1435-1444, hier: S. 1437f. m.w.N.

2)   Aber auch z.B. die Frage, ob die Rechtsform für den Wirkungsbereich der Bewertungsstetigkeit eine Rolle spielt, gehört in diesen dritten Problembereich.

3)   vgl. Moxter, A.: "Zum neuen Bilanzrechtsentwurf" (im folgenden ebenso zitiert), in: BB, 1985, S. 1101-1103, hier: S. 1102; Eckes, B., a.a.O., S. 1436f.

IV. Abgrenzung des Umfanges der Bewertungsstetigkeit

Um den Umfang der Bewertungsstetigkeit besser bestimmen zu können, erscheint die Aufteilung in eine Sach- und eine Zeitkomponente sinnvoll.[1]

Mit dieser Zweiteilung kann zum einen erreicht werden, daß die Bewertungsstetigkeit hinsichtlich derjenigen Sachverhalte, die zu einem bestimmten Zeitpunkt (z.B. an einem Bilanzstichtag) in den Wirkungsbereich dieser Vorschrift fallen, untersucht wird (= *Sachkomponente*).

Zum anderen ist es natürlich auch von Interesse, welche Behandlung die als bedeutsam angesehenen Sachverhalte bei einer auf einen Zeitraum bezogenen Betrachtung der Bewertungsstetigkeit erfahren (= *Zeitkomponente*).

1. Untersuchung der Sachkomponente des Grundsatzes der Bewertungsstetigkeit

a) Zum Begriff der "Bewertungsmethode"

Da der Gesetzestext keine Definition für den Begriff "Bewertungsmethode" im Sinne von § 252 Abs. 1 Nr. 6 HGB enthält, kann eine Konkretisierung bezüglich Inhalt und Abgrenzung dieses Begriffes nur im Wege der Auslegung erfolgen. Allerdings muß dabei beachtet werden, daß es neben einer rein definitorischen Festlegung[2] auch möglich ist, den Begriff "Bewertungsmethode" mit Hilfe von Schrittfolgen[3] oder über konstitutive Merkmale[4] zu bestimmen.

Im folgenden soll versucht werden, sich nicht auf einen der soeben angesprochenen Ausgangspunkte der Begriffsbestimmung zu beschränken, sondern unter Beachtung aller drei Bereiche zu einer "Basis-Auslegung" des im Gesetzestext verwendeten Wortes "Bewertungsmethode" zu gelangen. Damit wird angestrebt, daß die im Schrifttum anzutreffenden Auslegungsvarianten zumindest tendenziell auf diese "Basis-Auslegung" zurückzuführen. Voraussetzung für eine solche Zusammenführung der verschiedenen Auslegungen ist aller-

---

1)   Sahner/Kammers sprechen in diesem Zusammenhang von der zeitlichen und der sachlichen Dimension des Grundsatzes der Bewertungsstetigkeit; vgl. Sahner, F./Kammers, H.: "Bilanzpolitik im Einzelabschluß und der Grundsatz der Bewertungsstetigkeit gem. § 252 Abs. 1 Nr. 6 HGB", in: BB 1988, S. 1077-1081, hier: S. 1080.

2)   vgl. z.B. Coenenberg, A. G.: "Jahresabschluß und Jahresabschlußanalyse", 11. Aufl., Landsberg am Lech 1990, S. 39f.

3)   vgl. Selchert, F. W.: "Bewertungsstetigkeit ...", a.a.O., S. 1890 m.w.N.

4)   vgl. Pfleger, G.:" Zur Gestaltung ...", a.a.O., S. 786; Eckes, B., a.a.O., S. 1435

dings, daß die häufig zur Begriffsbestimmung vorgenommene isolierte Betrachtung nur eines Ausgangspunktes aufgegeben wird.

Bei der Bestimmung des Begriffes "Bewertungsmethode" gemäß § 252 Abs. 1 Nr. 6 HGB sollte in einem ersten Schritt eine klare Abgrenzung zum Aktiengesetz von 1965 (AktG a. F.) vorgenommen werden, wo in § 162 Abs. 2 Satz 2 und Satz 4 AktG a. F. die Angabe von (Abschreibungs- und) Bewertungsmethoden im Geschäftsbericht von Aktiengesellschaften bereits verlangt wurde. Nach überwiegender Meinung konnte dabei der Begriff "Bewertungsmethode" allerdings sehr weit gefaßt werden, d.h., die Berichtspflichten schlossen nicht nur Angaben über die Ausübung von Wertansatz- und Methodenwahlrechten ein, sondern auch Informationen über die Inanspruchnahme von Bilanzierungswahlrechten (Bilanzierungsmethoden).[5]

Diese weite Fassung kann unter Berücksichtigung des Bilanzrichtlinien-Gesetzes und der damit verbundenen Änderung des Handelsgesetzbuches u.E. nicht beibehalten werden.[6] Zwar behaupten einige Autoren, daß sich aus § 252 Abs. 1 Nr. 6 HGB auch der Grundsatz der Bilanzierungsstetigkeit ableiten läßt. Sie argumentieren damit, daß der Gesetzgeber, wie auch im AktG a. F., keine strikte Trennung zwischen Bilanzierung und Bewertung vornimmt und deshalb der Begriff "Bewertungsmethode" beide Teilgebiete umfaßt.[7] Diese Ansicht erscheint jedoch bei genauerer Betrachtung des Gesetzesaufbaus rechtlich nicht haltbar:

Zum einen kommt es im dritten Buch des HGB von 1985 zu einer Aufspaltung in Ansatzvorschriften (§§ 246-251 HGB) und Bewertungsvorschriften (§§ 252-256 HGB), zum anderen erstrecken sich für Kapitalgesellschaften die Berichtspflichten im Anhang nach § 284 Abs. 2 Nr. 1 und 3 HGB ausdrücklich auf Bilanzierungsmethoden einerseits *und* Bewertungsmethoden andererseits. Aus beidem wird bereits deutlich, daß das Gesetz sehr wohl zwischen Bilanzierung und Bewertung unterscheidet.

Hieraus ergibt sich für den Begriff "Bewertungsmethode", daß dieser ab 1985 enger zu fassen ist, als es im AktG a. F. der Fall war.[8] Mit anderen Wor-

---

5)   vgl. z.B. Adler, H./Düring, W./Schmaltz, K.: "Rechnungslegung ...", 4. Aufl., a.a.O., § 160 AktG Tz. 40f., S. 768; Kropff, B.: "Rechnungslegung, Gewinnverwendung (§§ 148-178)" (im folgenden ebenso zitiert), in: Geßler, E./Hefermehl, W./Kropff, B./Eckardt, U.: "Aktiengesetz", Bd. 3, bearb. von Kropff, B., München 1973, § 160 AktG Tz. 33ff., S. 346ff.

6)   Diese Auffassung vertritt z.B. auch Schneeloch, D.: "Bewertungsstetigkeit ...", a.a.O., S. 405.

7)   vgl. Göllert, K./Ringling, W.: "Strategie ...", a.a.O., S. 949, Fn. 6; Förschle, G./Kropp, M., a.a.O., S. 880f.

8)   vgl. Kupsch, P.: "Einheitlichkeit und Stetigkeit der Bewertung gemäß § 252 Abs.1 Nr. 6 HGB" (im folgenden zitiert als: "Einheitlichkeit ..."), in: DB, 1987, S. 1101-1105 und S. 1157-1161, hier: S. 1102; Baetge, J.: "Die neuen Ansatz- und Bewertungsvorschriften" (im folgenden zitiert als: "Die neuen Ansatz- ..."), in: WPg , 1987, S.126-134, hier: S. 131

ten: Der Gesetzgeber hatte *nicht* die Absicht, mit § 252 Abs. 1 Nr. 6 HGB auch die Bilanzierungsmethode gesetzlich festzuschreiben. Zur Bestätigung dieser Aussage sei abschließend noch § 252 Abs. 1 Satz 1 HGB zitiert, wonach die in § 252 Abs. 1 Nr. 1-6 HGB aufgeführten Bewertungsgrundsätze nur "bei der *Bewertung* der im Jahresabschluß *ausgewiesenen* Vermögensgegenstände und Schulden"[9] gelten.

Damit kann die Frage, wie weit der Begriff der Bewertungsmethode unter Berücksichtigung der Systematik des Bilanzrichtlinien-Gesetzes zu fassen ist, als beantwortet angesehen werden. Nunmehr ist in einem zweiten Schritt die bereits erwähnte "Basis-Auslegung" für diesen Begriff herauszuarbeiten. Um einen für den Einstieg notwendigen Überblick über die Vielzahl der in der Literatur gewählten Begriffsbestimmungen zu ermöglichen, erscheint es sinnvoll, die auf Seite 19 folgende, keinen Anspruch auf Vollständigkeit erhebende Abbildung näher zu betrachten.

Dabei fällt auf, daß der Begriff "Bewertungsmethode" aus mehreren Bestandteilen besteht, die alle zur Begriffsbestimmung herangezogen werden müssen. Es genügt also m.E. nicht, beispielsweise nur die Schrittfolgen oder nur die Definition zur Begriffsbestimmung heranzuziehen.

Unter Berücksichtigung dieses Gesichtspunktes sollen im folgenden unter dem Begriff "Bewertungsmethode" *bestimmte in ihrem Ablauf schrittweise definierte Verfahren der Wertfindung* verstanden werden, *die den GoB entsprechen.*[10] Diese sehr weite, als "Basis-Auslegung" bezeichnete Begriffsbestimmung muß nun bezüglich ihres Inhaltes noch konkretisiert werden.[11]

---

9)   § 252 Abs. 1 Satz 1 HGB 1985

10)   ähnlich Adler, H./Düring, W./Schmaltz, K.: "Rechnungslegung und Prüfung der Unternehmen" (im folgenden zitiert als: "Rechnungslegung ...", 5. Aufl.), 5. Aufl., bearbeitet von: K.-H. Forster u.a., Stuttgart 1987, § 252 HGB Tz. 99, S. 35

11)   Gerade dieser Konkretisierung der Definition wird bei der Erklärung des Begriffes "Bewertungsmethode" in der Literatur nicht die notwendige Beachtung geschenkt. Für die in Abbildung 2 aufgeführten Definitionen hat dies zur Folge, daß sie für sich selbst schon erklärungsbedürftig werden. Sie enthalten nämlich implizit ganz bestimmte Schrittfolgen und auch konstitutive Merkmale, ohne diese allerdings inhaltlich zu präzisieren.

Bewertungsmethode

Begriffsbestimmung über

Definitionen	Schrittfolgen	Merkmale
"... bestimmte, in ihrem Ablauf definierte Verfahren der Wertfindung ..."[1]	"Eine Bewertungsmethode läßt sich deshalb verfahrensmäßig in drei Stufen zerlegen:	"Aber es ist auch eine engere Definition möglich, die auf folgende Kriterien abstellt:
"... bestimmte, in ihrem Ablauf definierte Verfahren der Wertfindung ..., die den GoB entsprechen."[2]	1) Bestimmung der relevanten Wertkategorie für das Bewertungsobjekt;	1) die Existenz definierter Verfahrensregeln, die besagen, nach welchen Prinzipien bei der Bewertung vorzugehen ist,
"... (schrittweise) Vorgehen ..., das der Bewertende durchläuft, um dem einzelnen Bewertungsobjekt einen Wert beizumessen."[3]	2) verfahrensmäßige Fixierung der relevanten Wertkategorie;	2) die intersubjektive Nachvollziehbarkeit (Wiederholbarkeit) und Nachprüfbarkeit aller Verfahrensschritte durch andere Personen,
"... Verfahren zur Bestimmung des Wertansatzes eines Bilanzpostens ..."[4]	3) betragsmäßige Festlegung der relevanten Wertkategorie auf der Grundlage des vorhandenen Datenmaterials." [10]	3) das Ergebnis der Methodenanwendung muß 'subjektinvariant' sein, ..." [12]
"... Bewertungsmaßnahmen, die planmäßig, systematisch und zielgerichtet vorgenommen werden."[5]	"... lassen sich nach Ermittlungszielen unterscheiden:	"Einer Bewertungsmethode lassen sich folgende Merkmale zuordnen:
"... Verfahren zur Ermittlung der Bewertungsmaßstäbe und Grundsätze bei der Ausübung von bestehenden Bewertungswahlrechten..."[6]	- Ermittlung von Bewertungsmaßstäben, die auf Bewertungsobjekte angewendet werden sollen;	1) planmäßige Vorgehensweise, d.h. Befolgung zu vorfestgelegter, systematischer Verfahrensschritte,
"... planmäßiges Vorgehen zur Ermittlung von Bewertungsmaßstäben, deren Anwendung auf die Einzelposten und bei der Berücksichtigung späterer Wertminderungen ..."[7]	- Ermittlung der Werte von Bewertungsobjekten mit Hilfe der Bewertungsmaßstäbe;	2) zielgerichtete Vorgehensweise, d.h. Festlegung des Geldwertes eines Vermögensgegenstandes,
"... planmäßige Zuordnung eines in Geldeinheiten ausgedrückten Wertes zu einem Bewertungsobjekt, die in einer systematischen Folge von Verfahrensschritten für die Wertbemessung zum Ausdruck kommt."[8]	- Ermittlung von Wertminderungen bei Bewertungsobjekten mit zeitlich begrenzter Nutzung." [11]	3) überprüfbare Vorgehensweise, d.h. a) Nachvollziehbarkeit und Nachprüfbarkeit aller Verfahrensschritte durch andere Personen,
"... wo Bilanzposten auf der Basis von Rechenregeln oder sonstigen systematischen Verfahrensweisen bewertet werden."[9]		b) Ergebnisgleichheit bei der Methodenanwendung durch verschiedene Personen bei gleichen Ausgangsdaten." [13]

Abb. 2: Der Begriff "Bewertungsmethode" in der Literatur

Fußnoten zu Abb. 2:

1) Sonderausschuß Bilanzrichtlinien-Gesetz (Hrsg.): "Entwurf einer Verlautbarung: Zum Grundsatz der Bewertungsstetigkeit (§ 252 Abs. 1 Nr. 6 HGB) und zu den Angaben bei Abweichungen von Bilanzierungs- und Bewertungsmethoden (§ 284 Abs. 2 Nr. 3 HGB)" (im folgenden zitiert als: "Entwurf ..."), in: WPg 1987, S. 143-145, hier: S. 144

2) Adler, H./Düring, W./Schmaltz, K.: "Rechnungslegung ...", 5. Aufl., a.a.O., § 252 HGB Tz. 99, S. 35

3) Selchert, F. W.: "Bewertungsstetigkeit ...", a.a.O., S. 1890

4) Wysocki, K.v. in: "Meinungsspiegel", BFuP 1987, S. 70-98, hier: S. 79

5) Coenenberg, A. G., a.a.O., S. 39f.

6) Glade, A.: "Rechnungslegung und Prüfung nach dem Bilanzrichtlinien-Gesetz" (im folgenden zitiert als: "Rechnungslegung ..."), Herne/Berlin 1986, S. 601

7) Budde, W.-D./Ihle, R.: "§ 252 HGB" (im folgenden ebenso zitiert), in: Beck Bil.-Komm.: Der Jahresabschluß nach Handels- und Steuerrecht , bearb. von Budde, W. D. u.a., München 1986, , S. 388-410, hier: S. 405

8) Kupsch, P.: "Einheitlichkeit ...", a.a.O., S. 1102

9) Reuter, E. in: "Meinungsspiegel", BFuP 1987, S. 70-98, hier: S. 77

10) Kupsch, P.: "Einheitlichkeit ...",a.a.O., S. 1102

11) Selchert, F. W.: "Bewertungsstetigkeit ...", a.a.O., S. 1890

12) Pfleger, G.: "Zur Gestaltung ...", a.a.O., S. 786

13) Eckes, B., a.a.O., S. 1435

Dabei sollte erstens der Begriff der *"Wertfindung"* festgelegt werden. Wenn nämlich im Rahmen einer Bewertungsentscheidung ein Wert ermittelt wird, also nicht ein vorgegebener Wert (z.B. Kaufpreis als Anschaffungskosten) zu übernehmen ist, dann läuft die Wertfindung als ein Prozeß ab.[12] Dieser Prozeß erfolgt:

- durch die Anwendung eines Bewertungsmaßstabes
- unter Beachtung allgemeiner Bewertungsgrundsätze
- nach bestimmten Ermittlungsverfahren
- auf einen Bewertungsgegenstand bezogen.

Die hier vorgenommene rein verbale Beschreibung des Wertfindungs-Prozesses hat den Nachteil, daß die Beziehungen zwischen den einzelnen Komponenten nicht deutlich genug herausgearbeitet werden können. Zum besseren Verständnis bietet es sich deshalb an, die Zusammenhänge mit Hilfe einer Abbildung zu verdeutlichen.

---

12) so auch z.B. Glade, A.: "Rechnungslegung ...", a.a.O., S. 599

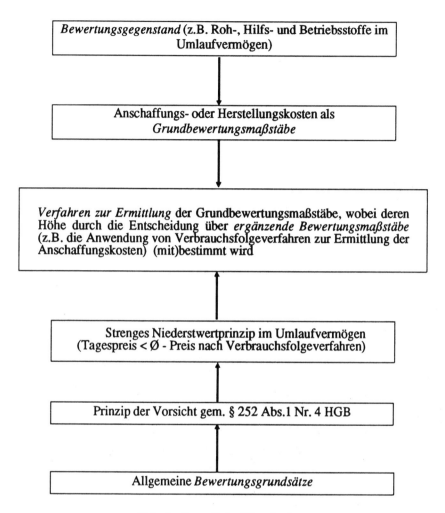

Abb. 3: Prozeß der Wertfindung

Nach der Beschreibung des Wertfindungs-Prozesses müssen zweitens zum einen die Schrittfolge und zum anderen die konstitutiven Merkmale einer Bewertungsmethode näher untersucht werden. Beide Aspekte sind in der obigen Definition implizit enthalten.

Will man dabei zunächst die Schrittfolge einer Bewertungsmethode deutlicher herausarbeiten, also mehr den (schrittweisen) Ablauf der Wertermittlung in den Vordergrund stellen, können im wesentlichen drei Stufen aufgezeigt werden, die folgendermaßen zu charakterisieren sind:

1. Ermittlung der möglichen (objektiv nachprüfbaren) Bewertungsmaßstäbe für einen Bewertungsgegenstand (Stufe 1);
2. Bestimmung des relevanten (möglicherweise vorgegebenen) Bewertungsmaßstabes und dessen verfahrensmäßige Festlegung (Stufe 2);
3. Ermittlung des Wertes eines Bewertungsgegenstandes auf der Grundlage der zum Bewertungszeitpunkt (z.b. Bilanzstichtag) vorhandenen Informationen (Stufe 3).

Diese Schrittfolge[13] soll anhand eines Vermögensgegenstandes des Umlaufvermögens (z.B. Rohstoff) beispielhaft dargestellt werden. Bei der Ermittlung der möglichen Bewertungsmaßstäbe müssen im Umlaufvermögen (wie auch im Anlagevermögen) an erster Stelle die Anschaffungs- oder Herstellungskosten aufgeführt werden, die nach § 253 Abs. 1 S. 1 HGB die Wertobergrenze bilden. Welche weiteren Bewertungsmaßstäbe (Stufe 1) im Umlaufvermögen zur Anwendung kommen können, soll die auf Seite 23 folgende Abbildung 4 kurz und prägnant veranschaulichen.

Die Notwendigkeit, den relevanten Bewertungsmaßstab zu bestimmen (Stufe 2), ergibt sich aus der Tatsache, daß neben Wertansatzpflichten, bedingt durch das strenge Niederstwertprinzip im Umlaufvermögen[14], auch Wertansatzwahlrechte existieren (siehe rechter Ast von Abbildung 4).

Für den im Beispielfall gewählten Rohstoff soll vereinfachend angenommen werden, daß keines der in Abbildung 4 erwähnten Wahlrechte zur Anwendung kommt, so daß, wenn auch keine zwingende Wertkorrektur vorzunehmen ist (siehe linker Ast von Abbildung 4), die Anschaffungskosten als Wertobergrenze den relevanten Bewertungsmaßstab darstellen.

Daran anschließend erfolgt nun die verfahrensmäßige Festlegung des in unserem Fall vorgegebenen Bewertungsmaßstabes. Dabei gilt es zu beachten, daß die Inanspruchnahme von Bewertungsvereinfachungsverfahren einen nicht unerheblichen Einfluß auf die nachfolgende betragsmäßige Bestimmung des Wertes eines Bewertungsgegenstandes (Stufe 3) haben kann.[15]

---

13) vgl. auch Kupsch, P.: "Einheitlichkeit ...", a.a.O., S. 1102; Selchert, F. W.: "Bewertungsstetigkeit ...", a.a.O., S. 1890

14) vgl. Hilke, W.: "Kurzlehrbuch Bilanzpolitik", a.a.O., S. 27f.

15) vgl. Kupsch, P.: "Einheitlichkeit ...", a.a.O., S. 1103

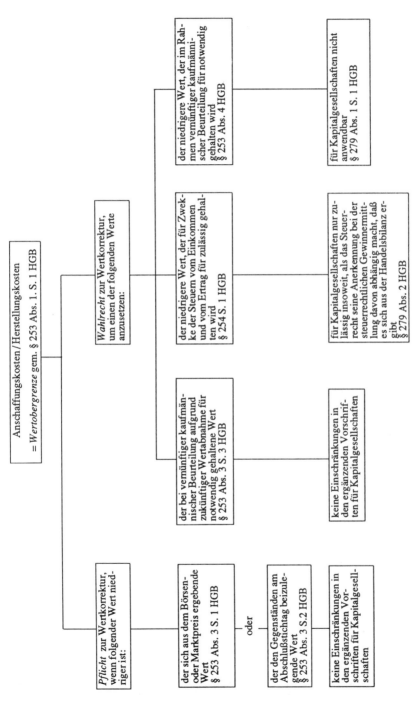

Abb. 4: Bewertungsmaßstäbe im Umlaufvermögen

So kann z.b. für den hier betrachteten Rohstoff die Wahl eines bestimmten Verbrauchsfolgeverfahrens gemäß § 256 HGB dazu führen, daß die als relevant angesehenen Anschaffungskosten (= Bewertungsmaßstab) in ihrer betragsmäßigen Bestimmung (= Stufe 3) beeinflußt werden. Z.B. hat die Anwendung von "lifo" unter der Annahme steigender Preise zur Folge, daß die Anschaffungskosten, auf diesem Wege der Sammelbewertung ermittelt, auf einem niedrigeren Niveau bleiben als bei der Anwendung der jeweiligen individuellen Anschaffungskosten.

Daneben bestehen aber auch noch unterschiedliche Möglichkeiten hinsichtlich des Umfanges der einzubeziehenden Kostenbestandteile. In diesem Zusammenhang sei an die Anschaffungsnebenkosten erinnert, die nach § 255 Abs. 1 Satz 2 HGB in die Anschaffungskosten mit aufzunehmen sind. Je nach angestrebter Bewertungsgenauigkeit im Sinne präziser verfahrensmäßiger Festlegung des relevanten Bewertungsmaßstabes können hier Ermessensspielräume erhalten bleiben oder (für immer) eingeschränkt werden. Der Bilanzersteller sollte sich deshalb der Bedeutung dieser Stufe 2 bewußt sein und nicht zuletzt wegen des Grundsatzes der Bewertungsstetigkeit überprüfen, ob er seine bilanzpolitischen Möglichkeiten nicht selbst (also freiwillig) eingrenzt.

Damit ist auch der Übergang zur Ermittlung des Wertes eines Bewertungsgegenstandes unter Berücksichtigung der vorhandenen Informationen vollzogen (Stufe 3). Dabei führen die in Stufe 2 möglicherweise genutzten Wahlrechte zur Wertkorrektur (siehe rechter Ast von Abbildung 4) bzw. die ebenfalls in Stufe 2 noch vorhandenen Ermessensspielräume dazu, daß der letztendlich in der Bilanz angesetzte Wert sehr unterschiedlich ausfallen kann.

Um die für die vorliegende Arbeit benutzte "Basis-Auslegung" für den Begriff "Bewertungsmethode" zu vervollständigen bzw. abzurunden, müssen in einem letzten Schritt die konstitutiven Merkmale für die im Ablauf definierten Verfahren der Wertfindung herausgearbeitet werden. Einer Bewertungsmethode lassen sich grundsätzlich die folgenden drei Kriterien zuordnen:[16]

1. die Existenz definierter Verfahrensregeln, die besagen, nach welchen Prinzipien bei der Bewertung vorzugehen ist;

2. die intersubjektive Nachvollziehbarkeit (Wiederholbarkeit) und Nachprüfbarkeit aller Verfahrensschritte durch andere Personen;[17]

3. das Ergebnis der Methodenanwendung muß "subjektinvariant" sein, d.h., verschiedene Individuen müssen bei gleichen Voraussetzungen (= gleiche Ausgangsdaten) zu den gleichen Ergebnissen gelangen.

---

16) vgl. Wild, J.: "Methodenprobleme in der Betriebswirtschaft", in: HWB, 4. Aufl., hrsg. von Grochla, E./ Wittmann, W., Stuttgart 1975, Sp. 2654-2677, hier: Sp. 2655

17) Damit wird auch an dieser Stelle deutlich, daß nur objektiv nachprüfbare Bewertungsmaßstäbe eine Bewertungsmethode nach § 252 Abs. 1 Nr. 6 HGB begründen.

Mit der Festlegung auf diese drei Merkmale ergeben sich zwangsläufig Konsequenzen für die Begriffsbestimmung der Bewertungsmethode.

Erstens kann nur dann von einer Bewertungsmethode gesprochen werden, wenn für eine Abfolge von Bewertungsoperationen auch eine vorab definierte Verfahrensregel vorhanden ist.

Zweitens stellen auch Wertermittlungen auf der Basis von Verfahrensspielräumen[18] immer dann eine Bewertungsmethode dar, wenn die vorhandenen Verfahrensfreiräume eindeutig festgelegt worden sind (siehe dazu auch Stufe 2 bei der Festlegung der Schrittfolge).

Und drittens können Individualspielräume[19] nicht unter den Begriff "Bewertungsmethode" gefaßt werden. Individualspielräume betreffen nämlich die aufgrund von Einzelentscheidungen festzulegende Höhe von Wertansätzen.[20] Dabei müssen für die Schätzung der Werte z.T. erhebliche Bandbreiten in Kauf genommen werden, die ihren Grund in der Subjektivität jeglicher Bewertung haben.[21]

Diese Ausführungen zur "Basis-Auslegung" für den Begriff "Bewertungsmethode" haben gezeigt, daß es nicht ausreicht, sich auf eine Komponente (siehe dazu Abbildung 2) zur Begriffsbestimmung zu beschränken. Vielmehr werden erst durch die Berücksichtigung von Definition, Schrittfolge und Merkmalen die für die weitere Arbeit wichtigen Zusammenhänge ersichtlich.

b) Bezugsobjekte des Grundsatzes der Bewertungsstetigkeit

Bei der Frage, welche Bewertungsgegenstände von der Bewertungsstetigkeit tangiert werden und welche nicht, muß zunächst auf ein Versäumnis in vielen Abhandlungen zum § 252 Abs. 1 Nr. 6 HGB hingewiesen werden.[22] Obwohl, wie bereits des öfteren ausgeführt, in § 252 Abs. 1 Satz 1 HGB ausdrücklich verlangt wird, daß sich die in Nr. 1-6 aufgeführten Bewertungsgrundsätze auf die ausgewiesenen Vermögensgegenstände und Schulden beziehen, werden sehr häufig zur Klärung der obigen Frage nur die Vermögensgegenstände herangezogen. Es entsteht damit leicht der Eindruck, daß die Bewertungsstetigkeit lediglich für die Aktivseite der Bilanz zum Tragen kommt. Diese vielleicht unbewußte Einengung soll für die vorliegende Arbeit aufgegeben werden, um in

---

18)   vgl. Pfleger, G.: "Zur Gestaltung ...", a.a.O., S.786

19)   vgl. ebenda

20)   vgl. ebenda, S. 785

21)   vgl. Hilke, W.: "Kurzlehrbuch Bilanzpolitik", a.a.O., S. 15f.

22)   vgl. Eckes, B., a.a.O., S. 1437f.; Coenenberg, A. G., a.a.O., S. 40

den folgenden Gliederungspunkten den ganzen Objektbereich der Bewertungsstetigkeit untersuchen zu können.

ba) Dieselben Vermögensgegenstände und Schulden

Für "dieselben Vermögensgegenstände und Schulden" gilt, daß sie eindeutig in den sachlichen Geltungsbereich der Bewertungsstetigkeit gehören.[23] Da
selbst Eckes diese objektbezogene Gültigkeit des § 252 Abs. 1 Nr. 6 HGB nicht
bezweifelt[24], soll an dieser Stelle auf weitere Ausführungen zu diesem Thema
verzichtet werden.[25]

bb) Gleiche und gleichartige Vermögensgegenstände und Schulden

Ob die Bewertungsstetigkeit auch beinhaltet, daß gleiche und gleichartige
Vermögensgegenstände und Schulden nach den gleichen Bewertungsmethoden
bewertet werden müssen, wird kontrovers diskutiert.

Folgt man der Auffassung von Selchert und letztlich auch Eckes, so bezieht
sich der Grundsatz der Bewertungsstetigkeit lediglich auf dieselben Bewertungsobjekte.[26] Zur Begründung weisen sie darauf hin, daß für alle Vermögensgegenstände (und Schulden), die im aktuellen Jahresabschluß erstmals bilanziert sind, primär das zentrale Prinzip der Einzelbewertung gemäß § 252
Abs. 1 Nr. 3 HGB gilt.[27]
    Die daraus ableitbare Konsequenz besteht für Eckes darin, daß *jeglicher
Neuzugang* in einem Jahresabschluß "isoliert und ohne Bezugnahme zu den in
der vorgehenden Abrechnungsperiode erworbenen Vermögensgegenständen zu
bewerten ist."[28] Demzufolge würde also auch für gleiche und gleichartige
Vermögensgegenstände und Schulden die Nutzung unterschiedlicher Bewer-

---

23)   Dieselbe Auffassung vertreten z.B. Kupsch, P.: "Einheitlichkeit ...", a.a.O., S. 1157;
      Förschle, G./Kropp, M., a.a.O., S. 882; Forster, K.-H.: "Bewertungsstetigkeit ...", a.a.O.,
      S. 36; Adler, H./Düring, W./Schmaltz, K.: "Rechnungslegung ...", 5.Aufl., § 252 HGB Tz.
      101, S. 36.

24)   vgl. Eckes, B., a.a.O., S. 1437

25)   Es sei aber darauf hingewiesen, daß bei der Untersuchung der Zeitkomponente der Bewer-
      tungsstetigkeit dieser Bereich nochmals aufgegriffen wird.

26)   vgl. Selchert, F. W.: "Bewertungsstetigkeit ...", a.a.O., S. 1892; Eckes, B., a.a.O., S. 1437f.

27)   vgl. Selchert, F. W.: "Bewertungsstetigkeit ...", a.a.O., S. 1889 bzw. Eckes, B., a.a.O., S.
      1436

28)   Eckes, B., a.a.O., S. 1437

tungsmethoden für zulässig gehalten und lediglich durch das Willkürverbot eingeschränkt werden.

Da nun der Grundsatz der Willkürfreiheit schon für das alte Recht als ungeschriebener Grundsatz ordnungsmäßiger Buchführung anerkannt wurde und trotzdem Wahlfreiheit hinsichtlich der anzuwendenden Bewertungsmethoden bestand[29], würde daraus folgen, daß die Bewertungsstetigkeit in diesem Bewertungsbereich ihre Gültigkeit verliere.

Eine derart restriktive Haltung in bezug auf den sachlichen Geltungsbereich der Bewertungsstetigkeit kann m.E. jedoch aus folgenden Gründen nicht aufrechterhalten werden:

(1) Die Aussage, daß jeglicher Neuzugang in einem Jahresabschluß "isoliert und ohne Bezugnahme zu den in der vorhergehenden Abrechnungsperiode erworbenen Vermögensgegenständen zu bewerten ist"[30], erfolgt lediglich aufgrund der von Eckes konstruierten konfliktionären Beziehung zwischen dem Prinzip der Einzelbewertung und dem Grundsatz der Bewertungsstetigkeit.[31]

Ohne das Verhältnis zwischen dem Prinzip der Einzelbewertung und dem Grundsatz der Bewertungsstetigkeit bereits an dieser Stelle zu behandeln, muß darauf hingewiesen werden, daß - wie in Kapitel D noch zu zeigen sein wird - doch erhebliche Zweifel an der Argumentation von Eckes (und auch Selchert) bestehen.[32]

(2) Es darf nicht übersehen werden, daß sich die Forderung nach Bewertungsstetigkeit aus Art. 31 Ziff. 1 b der 4. EG-Richtlinie ergibt. Dort wird generell verlangt, daß in der Anwendung der Bewertungsmethoden Stetigkeit bestehen soll. Dies bedeutet aber m.E., daß sich die Bewertungsstetigkeit auch auf gleiche und gleichartige Bewertungsobjekte bezieht.[33]

---

29) vgl. Forster, K.-H.: "Bewertungsstetigkeit und Rechnungslegung nach dem AktG 1965" (im folgenden zitiert als: "Bewertungsstetigkeit und Rechnungslegung ..."), in: WPg 1966, S. 555-559, hier: S. 555ff. m.w.N.

30) Eckes, B., a.a.O., S. 1437

31) In diesem Zusammenhang sei nochmals daran erinnert, daß auch für Selchert die Ausdehnung des Wirkungsbereiches der Bewertungsstetigkeit auf gleiche und gleichartige Vermögensgegenstände und Schulden letztlich nur aufgrund der grundsätzlich zu beachtenden Einzelbewertung abgelehnt wird; vgl. hierzu Selchert, F. W.: "Bewertungsstetigkeit ...", a.a.O., S. 1891f.

32) An dieser Stelle möge deshalb der Hinweis genügen, daß in Kapitel D letztlich herausgearbeitet wird, daß zwischen den beiden hier betrachteten Prinzipien überhaupt kein Konkurrenzverhältnis besteht.

33) Gleichzeitig könnte der Richtlinientext u.U. sogar dahingehend ausgelegt werden, daß auch für verschiedenartige Bewertungsobjekte der Grundsatz der Bewertungsstetigkeit zu berücksichtigen ist. Zu diesem Aspekt bzw. der in der vorliegenden Arbeit vertretenen Auffassung zu diesem Punkt kann aber auf die Ausführungen im nächsten Gliederungspunkt verwiesen werden.

Gestützt wird diese Ansicht durch eine entsprechende Anwendung des Grundsatzes der Bewertungsstetigkeit in anderen EG-Mitgliedsstaaten.[34]

(3) Der Grundsatz der Bewertungsstetigkeit erstreckt sich, wie der Einleitungssatz des § 252 Abs. 1 HGB deutlich macht, "auf alle in einem Jahresabschluß zu bewertenden Vermögensgenstände und Schulden, also nicht nur auf die im Vorjahr vorhanden gewesenen, sondern auch auf die im Geschäftsjahr neu zugegangenen."[35] Auch diese sind grundsätzlich nach den gleichen Methoden zu bewerten, die auf den vorhergehenden Jahresabschluß angewandt wurden.[36] Die Forderung nach Beibehaltung der Bewertungsmethoden im Sinne des § 252 Abs. 1 Nr. 6 HGB ist also nicht nur auf einzelne Bewertungsobjekte bezogen, sondern das Bilanzvermögen insgesamt soll folgerichtig und in Übereinstimmung mit den bisher angewandten Grundsätzen ermittelt werden.[37] Dieser Zusammenhang führt aber m.E. zu dem Ergebnis, daß neben denselben auch die gleichen und gleichartigen Bewertungsobjekte in den Wirkungsbereich der Bewertungsstetigkeit fallen.[38]

Unter Berücksichtigung der obigen Ausführungen kann für die vorliegende Arbeit festgehalten werden, daß eine Begrenzung der Bewertungsstetigkeit nur auf dieselben Bewertungsobjekte ganz entschieden abzulehnen ist. Vielmehr ist neben der Gültigkeit der Bewertungsstetigkeit für dieselben Bewertungsgegenstände auch die Beibehaltung von Bewertungsmethoden für gleiche und gleichartige Vermögensgegenstände und Schulden zu fordern.[39] D.h. aber auch, daß die Forderung nach der Bewertungsstetigkeit als objektübergreifend im obigen Sinne zu verstehen ist. Deshalb kann bei Neuzugängen von gleichen und gleichartigen Bewertungsobjekten eine Durchbrechung der Bewertungsstetigkeit nur noch dann erfolgen, "wenn sachliche Gründe für eine Differenzierung

---

34) vgl. hierzu die Hinweise bei Leffson, U.: "Die Grundsätze ...", 7. Aufl., a.a.O., S. 434ff. und Hafner, R.: "Der Grundsatz der Bewertungsstetigkeit nach § 252 Abs. 1 Nr. 6 HGB", in WPg 1985, S. 593-600, hier: S. 596

35) Adler, H./Düring, W./Schmaltz, K.: "Rechnungslegung ...", 5. Aufl., a.a.O., § 252 HGB Tz. 101, S. 36

36) vgl. ebenda

37) vgl. Kupsch, P.: "Einheitlichkeit ...", a.a.O., S. 1157; derselben Auffassung Förschle, G./Kropp, M., a.a.O., S. 880

38) derselben Auffassung z.B. Adler, H./Düring, W./Schmaltz, K.: "Rechnungslegung ...", 5. Aufl., a.a.O., § 252 HGB Tz. 101, S. 36; Kupsch, P.: "Einheitlichkeit ...", a.a.O., S. 1157f.

39) Derselben Auffassung ist z.B. Coenenberg, A. G., a.a.O., S. 45f.; Förschle, G./Kropp, M., a.a.O., S. 882; Forster, K.-H.: "Bewertungsstetigkeit ...", a.a.O., S. 36f.; Kupsch, P.: "Einheitlichkeit ...", a.a.O., S. 1157f. m.w.N.; a.A. sind Sahner, F./Schultzke, J.: "Allgemeine Bewertungsgrundsätze", in: Küting, K./Weber, C.-P.: Handbuch der Rechnungslegung, Stuttgart 1986, S. 567-582, hier: S. 572f.

der Bewertungsobjekte (z.b. eine wesentliche Änderung im Produktionsprozeß) bestehen."[40]

Um abschließend den Begriff "gleichartig" noch etwas griffiger zu gestalten, kann die in § 240 Abs. 4 HGB aufgeführte Gruppenbewertung für das Anlage- und Umlaufvermögen herangezogen werden. Die dort verwendeten Kriterien zur Beurteilung der Gleichartigkeit (z.b. Funktionsgleichheit bei Rohstoffen) können grundsätzlich auch auf gleichartige Vermögensgegenstände und Schulden übertragen werden.[41]

bc) Zulässigkeit von Bewertungsdifferenzierungen bei nichtgleichartigen Vermögensgegenständen und Schulden

Bei den nichtgleichartigen Vermögensgegenständen und Schulden bestehen, ähnlich wie bei den identischen Bewertungsgegenständen, keine Zweifel hinsichtlich der Beantwortung der Frage, ob die Bewertungsstetigkeit gilt oder nicht. Für nichtgleichartige Bewertungsobjekte muß die Bewertungsstetigkeit generell abgelehnt werden, da bei ihnen in der Regel völlig unterschiedliche Rahmenbedingungen bzw. sachliche Voraussetzungen vorliegen.[42]

Zur Bekräftigung dieser Aussage läßt sich anführen, daß zumindest für Kapitalgesellschaften die gesetzliche Forderung besteht[43], daß die einzelnen Bewertungsobjekte so zu bewerten sind, daß - unter Beachtung der Grundsätze ordnungsmäßiger Buchführung - ein den tatsächlichen Verhältnissen entsprechendes Bild der Vermögens-, Finanz- und Ertragslage vermittelt wird. Gerade unter diesem Gesichtspunkt wird deutlich, daß Bewertungsdifferenzierungen bei nichtgleichartigen Vermögensgegenständen und Schulden zulässig sein müssen, um den unterschiedlichen Rahmenbedingungen überhaupt gerecht zu werden.

c) Bilanzierungswahlrechte und Bewertungsstetigkeit

Die bereits vorgenommene, im Vergleich zum Aktiengesetz a. F. unterschiedliche Kennzeichnung der Bewertungsmethode (s. S. 17-18) kann als geeigneter Einstieg zur Beantwortung der Frage angesehen werden, ob die Be-

---

40) Förschle, G./Kropp, M., a.a.O., S. 882

41) vgl. zu diesen Kriterien für die Gruppenbewertung z.B. die Ausführungen von Federmann, R., a.a.O., S. 280ff. oder Coenenberg, A. G., a.a.O., S. 145 m.w.N.

42) Derselben Auffassung sind z.B. Eckes, B., a.a.O., S. 1438; Hafner, R., a.a.O., S. 595; Kupsch, P.: "Einheitlichkeit ...", a.a.O., S. 1158.

43) vgl. § 264 Abs. 2 Satz 1 HGB

wertungsstetigkeit die Bilanzierungswahlrechte mit einschließt oder nicht. Dort wurde nämlich mit Hilfe der Stellung des § 252 Abs. 1 Nr. 6 HGB in der Gesetzessystematik auf die Auslegung des Begriffes "Bewertungsmethode" geschlossen:

Die Bewertungsstetigkeit ist Bestandteil der auch im Gesetzestext so bezeichneten "Bewertungsvorschriften" (§§ 252-256 HGB) für alle Kaufleute. Hiervon losgelöst werden in einem gesonderten Abschnitt die "Ansatzvorschriften" in den §§ 246-251 HGB geregelt.

Nun weisen allerdings einige Autoren darauf hin, daß diese in den jeweiligen Überschriften der oben erwähnten Gesetzesabschnitte vorgenommene Trennung in Bilanzierung einerseits und Bewertung andererseits nicht konsequent durchgehalten wird.[44] Förschle/Kropp stellen z.B. in diesem Zusammenhang fest: "Auch im HGB wird nicht exakt zwischen Ansatz- und Bewertungsvorschriften unterschieden, denn der "Ansatz" des derivativen Geschäfts- oder Firmenwertes wird im Abschnitt "Bewertungsmethoden" geregelt (vgl. § 255 Abs. 4 HGB)"[45].

Ob sich aus dieser zweifellos vorhandenen Schwäche in der Gesetzessystematik aber zwingend ableiten läßt, daß der Gesetzgeber mit dem § 252 Abs. 1 Nr. 6 HGB auch die Bilanzierungsstetigkeit fordert[46], muß im folgenden kritisch untersucht werden.

Dabei müssen in erster Linie zusätzliche, im Gesetzestext an anderer Stelle eingefügte Paragraphen beachtet werden, die in bezug auf die Reichweite der Bewertungsstetigkeit von erheblicher Bedeutung sind.

In § 252 Abs. 1 Satz 1 HGB wird ausdrücklich darauf hingewiesen, daß die in Nr. 1-6 ausgewiesenen Grundsätze (nur)[47] bei der *Bewertung* zu beachten sind. In die gleiche Richtung weist auch die Überschrift des § 252 HGB, die mit der Bezeichnung "Allgemeine Bewertungsgrundsätze" in eindeutiger Weise den Wirkungsbereich des § 252 Abs. 1 Nr. 1-6 HGB umschreibt.

Zweitens beweist auch die Existenz von § 284 Abs. 2 Nr. 1, 3 und 4 HGB, daß der Gesetzgeber explizit zwischen Bilanzierung und Bewertung trennt. Denn in Nr. 1 und Nr. 3 des oben aufgeführten Paragraphen kommt es zur Differenzierung in Bilanzierungs- und Bewertungsmethoden. Hätte der Gesetzgeber unter den Begriff "Bewertungsmethode" in § 252 Abs. 1 Nr. 6 HGB Bewertung *und* Bilanzierung subsumiert, wäre diese im Anhang vorzunehmende Trennung nicht notwendig gewesen.

---

44)   vgl. Förschle, G./Kropp, M., a.a.O., S. 879-881 oder Göllert, K./Ringling, W.: "Strategie ...", a.a.O., S. 949

45)   Förschle, G./Kropp, M., a.a.O., S. 891, Fn 41

46)   Diese Schlußfolgerung ergibt sich z.B. bei Förschle, G./Kropp, M., a.a.O., S. 881.

47)   Einschub des Verfassers, der die im Gesetzestext vorgenommene Einschränkung lediglich noch verdeutlichen soll.

Dieser Eindruck wird noch durch die Tatsache verstärkt, daß in § 284 Abs. 2 Nr. 4 HGB nur der Begriff "Bewertungsmethode" benutzt wird, was übrigens zu recht geschieht, da dort die Gruppenbewertung und die Bewertungsvereinfachungsverfahren angesprochen werden.

Der mögliche Einwand, daß es sich bei diesen Vorschriften lediglich um Berichtspflichten für den Anhang handelt, die für bilanzpolitische Maßnahmen in der Beständebilanz und Gewinn- und Verlustrechnung keine Bedeutung haben, muß ebenfalls zurückgewiesen werden.[48] Denn nach § 264 Abs. 1 HGB bilden Beständebilanz, Gewinn- und Verlustrechnung sowie Anhang eine Einheit. Deshalb muß eine isolierte Betrachtung bzw. Interpretation des § 284 Abs. 2 Nr. 1 und 3 HGB allein für den Anhang abgelehnt werden.

Daß die Gesetzessystematik durchaus Anhaltspunkte für das richtige Verständnis von Gesetzesvorschriften liefert, kann drittens dem § 265 Abs. 1 HGB entnommen werden.

Dort wird verlangt, daß die Form der Darstellung, insbesondere die Gliederung der aufeinanderfolgenden Bilanzen sowie Gewinn- und Verlustrechnungen, beizubehalten ist, soweit nicht in Ausnahmefällen wegen besonderer Umstände Abweichungen erforderlich sind.[49]

Würde man der Argumentation von Förschle/Kropp folgen, so wäre eine solche Forderung an dieser Stelle überhaupt nicht mehr notwendig.[50] Denn für sie umfaßt der Begriff "Bewertungsmethode" in § 252 Abs. 1 Nr. 6 HGB "quasi als Oberbegriff die Gesamtheit der auf "den Jahresabschluß" als Einheit angewandten Rechnungslegungsmethoden."[51] Das kann aber nichts anderes bedeuten, als daß auch die mit § 265 Abs. 1 HGB angesprochene Gliederungsstetigkeit bereits dort mit enthalten ist.

Dieser Auffassung muß entschieden widersprochen werden. Nicht nur unsere bisherigen Ausführungen, sondern auch die Gesetzessystematik sprechen gegen eine solche Schlußfolgerung. Denn es muß zu Recht gefragt werden, wieso der Gesetzgeber zum einen die Gliederungsstetigkeit in § 265 Abs. 1 HGB und zum anderen die Bewertungsstetigkeit in § 252 Abs. 1 Nr. 6 HGB gesetzessystematisch an der richtigen Stelle kodifiziert, dies dann aber bei der Bilanzierungsstetigkeit versäumt.[52] Es wäre m.E. für den Gesetzgeber ein leichtes gewesen, die Bilanzierungsstetigkeit ebenfalls ausdrücklich innerhalb der Ansatzvorschriften zu regeln.

---

48) Diese Auffassung vertreten z.B. Förschle, G./Kropp, M., a.a.O., S. 879.

49) vgl. § 265 Abs. 1 Satz 1 HGB

50) vgl. Förschle, G./Kropp, M., a.a.O., S. 879

51) ebenda

52) Dieselbe Auffassung vertreten Sahner, F./Schultzke, J., a.a.O., S. 570; ebenso vgl. Sahner, F./Kammers, H., a.a.O., S. 1079f.

Daß solch eine Ausweitung des Stetigkeitsgebotes auf die Bilanzierungswahlrechte diskutiert wurde, kann einer Stellungnahme der Kommission Rechnungswesen im Verband der Hochschullehrer für Betriebswirtschaft entnommen werden.[53] So wurde dort u.a. gefordert, daß im Interesse der Vergleichbarkeit der Jahresabschlüsse auch die gesetzliche Verankerung der Bilanzierungsstetigkeit in den Gesetzestext aufzunehmen sei. Und dies, obwohl im damaligen Regierungsentwurf zum Bilanzrichtlinien-Gesetz die Bewertungsstetigkeit und die Gliederungsstetigkeit bereits enthalten waren.[54] Im Umkehrschluß kann dies m.E. aber nur bedeuten, daß die Kommission Rechnungswesen zum damaligen Zeitpunkt die Bewertungsstetigkeit ebenfalls als reinen
Bewertungsgrundsatz aufgefaßt hat.

Abschließend muß an dieser Stelle noch der grundsätzlich vorhandene
"time-lag" zwischen Bilanzierung und Bewertung zur Sprache kommen, der die
Begrenzung der Bewertungsstetigkeit lediglich auf Bewertungsfragen nochmals verdeutlicht.
Wie bereits erwähnt, werden in § 252 Abs. 1 Satz 1 HGB nur die ausgewiesenen Vermögensgegenstände und Schulden für die nachfolgenden Bewertungsgrundsätze bedeutsam. Nun wird aber nach herrschender Auffassung der
Begriff der Bilanzierung als "Bilanzansatz dem Grunde nach"[55] verstanden. Im
Gegensatz dazu spricht man bei der Bewertung von einem "Bilanzansatz der
Höhe nach".[56] Dies beinhaltet aber zwangsläufig ein zeitliches Auseinanderfallen dieser beiden Komponenten der Bilanzpolitik. Es wird nämlich immer
zunächst darüber befunden, ob bestimmte Posten überhaupt in die Bilanz aufzunehmen sind (= Bilanzansatz dem Grunde nach), und erst daran anschließend, also dieser Entscheidung zeitlich eindeutig nachgeordnet, kommt es zur
Bewertung der in die Bilanz aufzunehmenden Positionen.
Zur Bestätigung dieser Aussage kann auf die bereits vorgenommene Festlegung des Begriffes "Bewertungsmethode" verwiesen werden. Dort wurde herausgearbeitet, daß die Bewertung in einem Prozeß abläuft, dem als Ausgangspunkt der Bewertungsgegenstand zugrunde liegt (siehe Abbildung 3, S. 24).
Ohne diesen Bewertungsgegenstand kann der Wertfindungsprozeß nicht begin-
nen bzw. ablaufen. Genau dieser Fall tritt nun aber ein, wenn ein Bilanzierungswahlrecht dahingehend ausgenutzt wird, daß der betreffende Posten (z.B.
ein Disagio) in der Bilanz überhaupt nicht angesetzt (aktiviert) wird. In einer
solchen Situation kann deshalb zwingend auch keine Bewertung (in der Be-

---

53)   vgl. Kommission Rechnungswesen im Verband der Hochschullehrer für Betriebswirtschaft
        e.V.: "Stellungnahme zum Regierungsentwurf eines Bilanzrichtlinie-Gesetzes", in: DBW,
        1983, S. 5-15

54)   vgl. ebenda, S. 7f.

55)   Federmann, R., a.a.O., S. 166

56)   ebenda, S. 222

stände-Bilanz) mehr stattfinden. Zum besseren Verständnis der soeben beschriebenen Zusammenhänge sei zusätzlich auf die von Hilke entwickelte Abbildung zum "bilanzpolitischen Entscheidungsprozeß" hingewiesen, die das zeitliche Auseinanderfallen von Bilanzierung und Bewertung sehr deutlich zum Ausdruck bringt.[57]

Zusammenfassend kann aus den obigen Untersuchungen als Kernaussage abgeleitet werden, daß die Bewertungsstetigkeit nach § 252 Abs. 1 Nr. 6 HGB für die Ausübung von Bilanzierungswahlrechten nicht zur Anwendung kommt. Vielmehr steht dem Bilanzersteller bezüglich der Bilanzierungswahlrechte ein weiter Bereich an Maßnahmen offen, der bilanzpolitisch genutzt werden kann.[58] Deshalb muß die Behauptung, daß durch die Bewertungsstetigkeit die Vergleichbarkeit von Jahresabschlüssen hergestellt würde[59], an dieser Stelle zumindest relativiert werden. Denn wie soeben gezeigt werden konnte, kann sich diese Aussage nur auf den Bewertungsbereich beziehen. Ob sie wenigstens für dieses Teilgebiet letztendlich ihre Gültigkeit uneingeschränkt behält, werden die folgenden Gliederungspunkte zeigen.

d) Bewertungswahlrechte und Bewertungsstetigkeit

da) Wertansatzwahlrechte und Bewertungsstetigkeit

Bevor auf die Frage der Einbeziehung von Wertansatzwahlrechten in den Grundsatz der Bewertungsstetigkeit näher eingegangen wird, erscheint es notwendig, vorab die sogenannten Wertansatzwahlrechte zu definieren. Von einem Wertansatzwahlrecht wird dann gesprochen, wenn der Gesetzgeber in bestimmten, ausdrücklich aufgeführten Fällen die Wahl zwischen mehreren (mindestens zwei) Wertansätzen für ein- und dasselbe Bewertungsobjekt gestattet.[60]

Als Beispiel seien die Herstellungskosten gemäß § 255 Abs. 2 HGB angeführt, die als Bewertungsmaßstab sowohl für das Anlage- als auch für das Um-

---

57) vgl. Hilke, W.: "Kurzlehrbuch Bilanzpolitik", a.a.O., S. 140

58) vgl. Hilke, W.: "Bilanzierungswahlrechte nach neuem und altem Recht - ein vergleichender Überblick" (im folgenden zitiert als: "Bilanzierungswahlrechte ..."), in: WISU 1986, S. 539-544

59) vgl. hierzu S. 10ff. in dieser Arbeit.

60) vgl. Hilke, W.: "Änderungen bei den Bewertungswahlrechten durch das Bilanzrichtlinien-Gesetz" (im folgenden zitiert als: "Änderungen bei ..."), in: WISU 1987, S. 245-250, hier: S. 245; a.A. Göllert, K./Ringling, W.: "Strategie ...", a.a.O., S. 951ff. oder Kupsch, P.: "Einheitlichkeit ...", a.a.O., S. 1103-1105

laufvermögen gelten.[61] Sie beinhalten im Sinne eines Wertkorridors eine Wertunter- und eine Wertobergrenze.[62] Zwischen diesen Begrenzungspunkten bleibt es dem Bilanzierenden überlassen, welchen von mehreren möglichen Wertansätzen er wählt. So dürfen z.B. angemessene Teile der notwendigen Materialgemeinkosten wahlweise eingerechnet werden oder nicht.

Um neben diesem Beispiel die Bedeutung der Wertansatzwahlrechte für die Bilanzierung in ihrer Gesamtheit aufzeigen zu können, sei auf Abbildung 5 verwiesen.[63]

Dort werden getrennt nach Nichtkapital- und Kapitalgesellschaften die vorhandenen Wertansatzwahlrechte im definierten Sinne dargestellt. Die Unterscheidung nach Nichtkapital- und Kapitalgesellschaften erscheint deshalb angebracht, weil damit aufgezeigt werden kann, welche Wertansatzwahlrechte bei Kapitalgesellschaften nicht, nur eingeschränkt oder gar zusätzlich zum Einsatz kommen können. Diese Unterschiede zwischen den einzelnen Gesellschaftsformen können nämlich eine wesentliche Beeinflussung der Aussagekraft der Bewertungsstetigkeit für den Jahresabschluß nach sich ziehen.

Zusätzlich wird in Abbildung 5 eine Trennung der Wertansatzwahlrechte in drei voneinander zu unterscheidende Ebenen vorgenommen, um damit bereits an dieser Stelle deren unterschiedliche Wirkung auf den Grundsatz der Bewertungsstetigkeit zumindest anzudeuten.

Vor der detaillierten Untersuchung dieser drei Ebenen muß allerdings noch auf die Verbindung zwischen Bilanzierungs- und Bewertungswahlrechten hingewiesen werden, die in der obigen Abbildung ebenfalls vorab berücksichtigt wurde. Mit jedem Bilanzierungswahlrecht eröffnet sich dem Bilanzierenden nämlich die Möglichkeit, auch ein Wertansatzwahlrecht ("in Gestalt eines Spielraumes für den Wertansatz zwischen Null und einer bestimmten jeweiligen Obergrenze"[64]) auszunutzen. Auch diese Wertansatzwahlrechte sind bei Berücksichtigung der Bewertungsstetigkeit dahingehend zu untersuchen, ob sie Jahr für Jahr stetig angewendet werden müssen oder ob über sie nicht zu jedem Bilanzstichtag neu entschieden werden kann.

Nach diesen Vormerkungen sollen nun die nach Abbildung 5 in unterschiedliche Ebenen aufgespaltenen Wertansatzwahlrechte sukzessive (von unten nach oben) abgearbeitet werden.

In einem ersten Schritt werden deshalb zunächst die steuerlichen Wertansatzwahlrechte (dritte Ebene) betrachtet, deren Zweck in einer Steuerentlastung

---

61) Anderer Auffassung sind z.B. Sahner, F./Kammers, H., a.a.O., S. 1078, die die Einbeziehungswahlrechte bei der Ermittlung der Herstellungskosten zu den Methodenwahlrechten zählen.

62) vgl. § 255 Abs. 2 Satz 2 HGB und § 255 Abs. 2 Satz 3 und 4 HGB

63) vgl. hierzu S. 36f. in dieser Arbeit.

64) Hilke, W.: "Änderungen bei ...", a.a.O., S. 245

des Bilanzierenden zu sehen ist. Nach herrschender Meinung gilt, daß derartige Bewertungswahlrechte von der Bewertungsstetigkeit gemäß § 252 Abs. 1 Nr. 6 HGB nicht tangiert werden.[65]

Diese, auch von der bisherigen höchstrichterlichen Steuerrechtsprechung vertretene Auffassung[66] zeigt aber, daß in der Handelsbilanz durch § 254 bzw. § 254 i.V.m. § 279 Abs. 2 HGB erhebliche Bewertungsspielräume für alle Unternehmen erhalten bleiben. Die gleiche Auffassung kann auch den Beschlüssen des Rechtsausschusses zum Bilanzrichtlinien-Gesetz entnommen werden.[67] Dort heißt es ausdrücklich: "Der Stetigkeitsgrundsatz hindert den Kaufmann nicht daran, steuerrechtliche Bewertungswahlrechte, z.B. Sonderabschreibungen, von Jahr zu Jahr unterschiedlich auszuüben."[68]

Als erstes Ergebnis kann deshalb festgehalten werden, daß der sachliche Geltungsbereich der Bewertungsstetigkeit die steuerrechtlichen Wertansatzwahlrechte, also die dritte Ebene in Abbildung 5 *nicht* umfaßt.

Im Hinblick auf die vom Handelsrecht eingeräumten Wertansatzwahlrechte erweist sich die in Abbildung 5 vorgenommene Differenzierung in Ebene 1 und 2 schon deshalb als notwendig, weil die in der Literatur vorhandenen Stellungnahmen zu diesem Problembereich sehr unterschiedlich ausfallen. So stellt z.B. Coenenberg für handelsrechtliche Wertansatzwahlrechte generell fest, daß "eine Ausübung dieser Wahlrechte nur für jeden Einzelfall und damit gerade nicht planmäßig vorgenommen werden kann."[69] Die sich für ihn daraus ergebende Konsequenz ist, daß eine Anwendung der Bewertungsstetigkeit auf die handelsrechtlichen Wertansatzwahlrechte ausscheidet.[70]

Demgegenüber versucht Kupsch nachzuweisen, daß gerade für die Herstellungskosten bzw. deren jeweiligen Wertansatz durch die Bewertungsstetigkeit eine Beibehaltungspflicht besteht.[71]

Die folgenden Ausführungen werden zeigen, ob einer dieser beiden Sichtweisen zugestimmt werden kann.

---

65) vgl. Förschle, G./Kropp, M., a.a.O., S. 879; Sahner, F./Kammers, H., a.a.O., S. 1079 m.w.N.

66) vgl. Herrmann/Heuer/Raupach: "Kommentar zur Einkommensteuer und Körperschaftsteuer", 19. Aufl., bearb. von Herrmann, C. u.a., Köln 1980/82 (Stand: April 1987), § 6 EStG Anm. 92 m.w.N.

67) Beschlüsse des Rechtsausschusses (6. Ausschuß), Entwurf eines Gesetzes zur Durchführung der Vierten, Siebenten und Achten Richtlinie des Rates der Europäischen Gemeinschaften zur Koordinierung des Gesellschaftsrechts (Bilanzrichtlinien-Gesetz - BiRiLiG), in: BT-Drucksache 10/4268 vom 18.11.1985

68) BT-Drucksache 10/4268 vom 18.11.1985, S. 100

69) Coenenberg, A. G., a.a.O., S. 40

70) vgl. Coenenberg, A. G., a.a.O., S. 40

71) vgl. Kupsch, P.: "Einheitlichkeit ...", a.a.O., S. 1105

Wertansatzwahlrechte bei Nicht-Kapitalgesellschaften

Aktivseite — **Passivseite**

1. Ebene

Aktivseite: Herstellungskosten (HK I-IV) gemäß § 255 Abs. 2 u. 3 HGB

Passivseite: Diskontierungs-Zinsfuß zur Ermittlung des Barwertes von Pensionsrückstellungen

2. Ebene

Anlagevermögen

Geschäfts- oder Firmenwert mit irgendeinem Wert zwischen Null und dem aktivierungsfähigen Höchstbetrag (§ 255 Abs. 4 S. 1 HGB)

niedrigerer Zeitwert am Abschlußstichtag (vorübergehende Wertminderung, § 253 Abs. 2 S. 3 HGB)

Beibehaltungswahlrecht für niedrigeren Wertansatz nach § 253 Abs. 2 S. 3 HGB, auch wenn die Gründe dafür weggefallen sind (§ 253 Abs. 5 HGB)

Berücksichtigung eines Rest- oder Schrottwertes bei Ansatz der Anschaffungs- oder Herstellungskosten (GoB)

Umlaufvermögen

Beibehaltungswahlrecht für niedrigeren Wertansatz nach § 253 Abs. 3 HGB (§ 253 Abs. 5 HGB)

niedrigerer Wert zur Vermeidung von Wertänderungen wegen zukünftiger Wertschwankungen (§ 253 Abs. 3 S. 3 HGB)

Beibehaltungswahlrecht für niedrigeren Wertansatz nach § 253 Abs. 3 S. 3 HGB, auch wenn die Gründe dafür weggefallen sind (§ 253 Abs. 5 HGB)

Passivseite (2. Ebene):

Rückstellungen für unterlassene Instandhaltung (4.-12. Monat) mit irgendeinem Wert zwischen Null und passivierungsfähigem Höchstbetrag (§ 249 Abs. 1 S. 3 HGB)

Aufwandsrückstellungen mit irgendeinem Wert zwischen Null und passivierungsfähigem Höchstbetrag (§ 249 Abs. 2 HGB)

Rückstellungen sind nur in Höhe des Betrages anzusetzen, der nach vernünftiger kaufmännischer Beurteilung notwendig ist (§ 253 Abs. 1 S. 2 HGB)

undifferenzierte Wertansatzwahlrechte

niedrigerer Wert im Rahmen vernünftiger kaufmännischer Beurteilung (§ 253 Abs. 4 HGB)

Beibehaltungswahlrecht für den niedrigeren Wertansatz nach § 253 Abs. 4 HGB, auch wenn die Gründe dafür weggefallen sind (§ 253 Abs. 5 HGB)

Einstellung des Disagio in den aktiven Rechnungsabgrenzungsposten mit irgendeinem Wert zwischen Null und dem aktivierungsfähigen Höchstbetrag (§ 250 Abs. 3 S. 1 HGB)

3. Ebene

niedrigerer Wert, der auf einer nur steuerlich zulässigen Abschreibung beruht (§ 254 S. 1 HGB)

Beibehaltungswahlrecht für den niedrigeren Wertansatz nach § 254 S.2 i. V. m. § 253 Abs. 5 HGB, auch wenn die Gründe dafür weggefallen sind (§ 254 S.2 i. V. m. § 253 Abs. 5 HGB)

Passivseite (3. Ebene):

Sonderposten mit Rücklageanteil mit irgendeinem Wert zwischen Null und passivierungsfähigem Höchstbetrag (§ 247 Abs. 3 HGB)

Abb. 5: Wertansatzwahlrechte im Überblick

Wertansatzwahlrechte bei Kapitalgesellschaften

Aktivseite — **Passivseite**

1. Ebene

Aktivseite: Herstellungskosten (HK I-IV) gemäß § 255 Abs. 2 u. 3 HGB

Passivseite: Diskontierungs-Zinsfuß zur Ermittlung des Barwertes von Pensionsrückstellungen

2. Ebene

Anlagevermögen

Geschäfts- oder Firmenwert mit irgendeinem Wert zwischen Null und dem aktivierungsfähigen Höchstbetrag (§ 255 Abs. 4 S. 1 HGB)

niedrigerer Zeitwert bei Finanzanlagen am Abschlußstichtag (vorübergehende Wertminderung) § 253 Abs. 2 S. 3 i.V.m. § 279 Abs. 1 S. 2 HGB)

Beibehaltungswahlrecht für niedrigeren Wertansatz nach § 253 Abs. 2 S. 3 i.V.m. § 279 Abs. 1 S. 2 HGB, wenn es sich um nicht-abnutzbare Gegenstände handelt (§ 253 Abs. 5 i.V.m. § 280 Abs. 2 HGB wegen § 6 Abs. 1 Nr. 2 S. 3 EStG)

Berücksichtigung eines Rest- oder Schrottwertes bei Ansatz der Anschaffungs- oder Herstellungskosten (GoB)

Umlaufvermögen

Beibehaltungswahlrecht für niedrigeren Wertansatz nach §253 Abs. 3 HGB (253 Abs. 5 i.V.m. § 280 Abs. 2 HGB wegen § 6 Abs. 1 Nr. 2 S. 3 EStG)

niedrigerer Wert zur Vermeidung von Wertänderungen wegen zukünftiger Wertschwankungen (§ 253 Abs. 3 S. 3 HGB)

Beibehaltungswahlrecht für niedrigeren Wertansatz nach § 253 Abs.3 S. 3 HGB (§ 253 Abs. 5 i.V.m. § 280 Abs. 2 HGB wegen § 6 Abs. 1 Nr. 2 S. 3 EStG)

Passivseite:

Rückstellungen für unterlassene Instandhaltung (4.-12. Monat) mit irgendeinem Wert zwischen Null und passivierungsfähigem Höchstbetrag (§ 249 Abs. 1 S. 3 HGB)

Aufwandsrückstellungen mit irgendeinem Wert zwischen Null und passivierungsfähigem Höchstbetrag (§ 249 Abs. 2 HGB)

Rückstellungen sind nur in Höhe des Betrages anzusetzen, der nach vernünftiger kaufmännischer Beurteilung notwendig ist (§ 253 Abs. 1 S. 2 HGB)

undifferenzierte Wertansatzwahlrechte

Einstellung des Disagio in den aktiven Rechnungsabgrenzungsposten mit irgendeinem Wert zwischen Null und dem aktivierungsfähigen Höchstbetrag (§ 250 Abs. 3 S. 1 HGB)

Aufwendungen für Ingangsetzung und Erweiterung des Geschäftsbetriebes mit irgendeinem Wert zwischen Null und dem aktivierungsfähigen Höchstbetrag (§ 269 S. 1 HGB)

Aktivische latente Steuern mit irgendeinem Wert zwischen Null und dem aktivierungsfähigen Höchstbetrag (§ 274 Abs. 2 HGB)

3. Ebene

Aktivseite: niedrigerer Wert, der auf einer nur steuerlich zulässigen Abschreibung beruht, unter der Voraussetzung, daß umgekehrte Maßgeblichkeit vorliegt (§ 254 i.V.m. § 279 Abs. 2 HGB)

Passivseite: Sonderposten mit Rücklageanteil mit irgendeinem Wert zwischen Null und passivierungsfähigem Höchstbetrag, wenn umgekehrte Maßgeblichkeit gilt (§ 247 Abs. 3 i.V.m. § 273 HGB)

Abb. 5: Wertansatzrechte im Überblick - Teil 2

Um dabei die Abfolge der zu untersuchenden Ebenen dem Aufbau der zugrundeliegenden Abbildung 5 weiter anzugleichen, sollen zunächst die in der zweiten Ebene zusammengefaßten Wertansatzwahlrechte genauer betrachtet werden.

Als konstitutives Merkmal für diese Wahlrechte läßt sich eine mehr oder weniger stark ausgeprägte *Außerplanmäßigkeit* in der Inanspruchnahme feststellen. Was darunter zu verstehen ist, soll durch das folgende Beispiel verdeutlicht werden.

Durch § 253 Abs. 4 HGB besitzen (allerdings ausschließlich) Nichtkapitalgesellschaften die Möglichkeit, außerplanmäßige Abschreibungen im Rahmen vernünftiger kaufmännischer Beurteilung vorzunehmen. Der Nichtkapitalgesellschaft eröffnet sich also hinsichtlich der Bewertung allein durch dieses Wertansatzwahlrecht ein erheblicher Spielraum, da der Gesetzgeber es unterlassen hat, den Wortlaut des § 253 Abs. 4 HGB inhaltlich zu präzisieren. Damit kann der für die zweite Ebene gewählte Begriff der "Außerplanmäßigkeit" dahingehend interpretiert werden, "daß ein methodisches, d.h. einem festgelegten Plan folgendes Vorgehen nicht verlangt und i.d.R. auch nicht durchführbar ist."[72]

An dieser Stelle muß beinahe zwangsläufig gefragt werden, ob die Bewertungsstetigkeit für einen solchen Bewertungsspielraum zur Anwendung kommen kann oder ob eine dementsprechende Forderung nicht eine Überfrachtung des Stetigkeitsprinzipes nach sich ziehen würde. Zur Beantwortung der obigen Fragen soll zunächst nur der bereits erwähnte § 253 Abs. 4 HGB herangezogen werden. An diesem Beispiel kann nämlich sehr deutlich herausgearbeitet werden, daß der Grundsatz der Bewertungsstetigkeit für die "außerplanmäßigen Wertansatzwahlrechte" (siehe dazu Ebene 2) auf eine in der Literatur bisher zu wenig beachtete Grenze stößt.

Einem Wertansatz gemäß § 253 Abs. 4 HGB liegt kein objektiv nachprüfbarer Bewertungsmaßstab in betragsmäßiger Hinsicht zugrunde.[73] Die aus dieser Tatsache für die vorliegende Arbeit ableitbare Konsequenz besitzt für den Anwendungsbereich des Grundsatzes der Bewertungsstetigkeit entscheidende Bedeutung. Damit nämlich eine Bewertungsmethode i.S.d. § 252 Abs. 1 Nr. 6 HGB existiert, muß ein Bewertungsmaßstab vorhanden sein.[74] Da aber ein solcher Maßstab bei einem Wertansatz im Rahmen einer vernünftigen kaufmännischen Beurteilung (zumindest) nicht (objektiv nachprüfbar) ermittelt werden kann, ist der Bewertungsstetigkeit an dieser Stelle rein faktisch eine Grenze gesetzt.[75]

---

72)   Eckes, B., a.a.O., S. 1440

73)   vgl. Kupsch, P.: "Einheitlichkeit ...", a.a.O., S. 1104

74)   vgl. hierzu S. 20ff. in dieser Arbeit.

75)   Ähnlicher Auffassung ist Kupsch, P.: "Einheitlichkeit ...", a.a.O., S. 1104.

Diese Grenze kann ohne Schwierigkeiten auf diejenigen Wertansatzwahl-rechte der zweiten Ebene übertragen werden, die, in Analogie zum Beispiels-fall, ebenfalls einen objektiv nachprüfbaren Bewertungsmaßstab in betragsmä-ßiger Hinsicht vermissen lassen. Damit entziehen sich also auch der niedrigere Wert zur Vermeidung von Wertänderungen wegen zukünftiger Wertschwan-kungen (§ 253 Abs. 3 Satz 3 HGB) und die Ermittlung der Höhe von Rück-stellungen (§ 253 Abs. 1 Satz 2 HGB) dem Gebot der Bewertungsstetigkeit nach § 252 Abs. 1 Nr. 6 HGB.

In bezug auf den niedrigeren Zeitwert am Abschlußstichtag (§ 253 Abs. 2 Satz 3 HGB) und die verschiedenen Beibehaltungswahlrechte[76] kann festge-stellt werden, daß bei ihnen der Verweis auf die vernünftige kaufmännische Beurteilung im Gesetzestext nicht erfolgt. Trotzdem muß auch in diesem Be-reich für eine Nichtanwendung der Bewertungsstetigkeit plädiert werden, weil sowohl die Berücksichtigung wertmindernder Einflüsse als auch der Wegfall der Gründe für eine Wertminderung eindeutig diskontinuierliche Ereignisse darstellen.[77] Gerade aber für solche Bewertungstatbestände muß eine flexible Handhabung der zur Anwendung kommenden Bewertungsregeln gefordert werden, um einen ausreichenden Gläubiger - wie auch Gesellschaftsschutz zu erreichen[78].

Für die übrigen, bisher noch nicht angesprochenen "außerplanmäßigen Wertansatzwahlrechte" der zweiten Ebene, also diejenigen, die aus Bilanzie-rungswahlrechten resultieren, gelten etwas andere Verhältnisse. Deshalb soll aus Gründen der Eindeutigkeit eine gesonderte Untersuchung vorgenommen werden, um zu einer fundierten Aussage über die Gültigkeit der Bewertungs-stetigkeit in diesem Bereich zu gelangen.

Dabei kann in einem ersten Schritt, und zwar unabhängig davon, ob es sich um Nichtkapital- oder Kapitalgesellschaften handelt, zum Einstieg auf die Aus-führungen zum Themenbereich "Bilanzierungswahlrechte und Bewertungsste-tigkeit" verwiesen werden. Dort konnte deutlich gemacht werden, daß die Bi-lanzierungswahlrechte bezüglich ihrer Ausnutzung nicht in den sachlichen Geltungsbereich der Bewertungsstetigkeit gemäß § 252 Abs. 1 Nr. 6 HGB fal-len. Wenn aber für die Bilanzierungswahlrechte weiterhin gilt, daß der Bilan-zierende frei darüber entscheiden kann, "ob er ein Wirtschaftsgut, das nicht bi-

---

76) Für Nichtkapitalgesellschaften im folgenden beispielhaft aufgezählt: § 253 Abs. 2 S. 3 i.V.m. § 253 Abs. 5 HGB; § 253 Abs. 3 S. 1 und 2 i.V.m. § 253 Abs. 5 HGB; § 253 Abs. 3 S. 3 i.V.m. § 253 Abs. 5 HGB; § 253 Abs. 4 i.V.m. § 253 Abs. 5 HGB. Für das Beibehal-tungswahlrecht bei steuerrechtlichen Abschreibungen (§ 254 i.V.m. § 253 Abs. 5 HGB) gilt entsprechendes.

77) Daß damit auch eine stärkere Betonung des Vorsichtsprinzip einhergeht, soll an dieser Stelle nur am Rande erwähnt werden; vgl. hierzu auch Kupsch, P.: "Einheitlichkeit ...", a.a.O., S. 1104.

78) vgl. Wöhe, G.: "Bilanzierung ...", a.a.O., S. 395f.

4 Rümmele

lanzierungspflichtig ist, in die Bilanz aufnehmen will oder nicht"[79], dann ergibt sich daraus auch zwingend, daß die aus einem Bilanzierungswahlrecht resultierenden Wertansatzwahlrechte nicht der Bewertungsstetigkeit unterliegen können. Denn diese mit einem Spielraum für den Wertansatz zwischen Null und dem aktivierungs- bzw. passivierungsfähigen Höchstbetrag ausgestalteten Wertansatzwahlrechte weisen eine besondere Bindung an die dazugehörigen Bilanzierungswahlrechten auf.[80] Sie besteht darin, daß das Wertansatzwahlrecht nicht losgelöst von dem jeweiligen Bilanzierungswahlrecht betrachtet werden kann, sondern implizit in diesem enthalten ist.

Die aus einer so engen Beziehung sich ergebende Konsequenz kann nur darin bestehen, daß für den hier untersuchten Teilbereich der Wertansatzwahlrechte die Bewertungsstetigkeit ebenfalls nicht zum Zuge kommt. Dies steht auch im Einklang mit der bereits aufgezeigten und nach herrschender Meinung gültigen Entscheidungsfreiheit bei den Bilanzierungswahlrechten, zu der eine für diesen Teilbereich der Wertansatzwahlrechte gültige Bewertungsstetigkeit im Konflikt stehen würde.[81]

Da außerdem der Gesetzestext keine Regeln für die Ermittlung bzw. Festlegung auf einen in der Bilanz möglichen (Zwischen-) Wert enthält, fehlt auch für dieses Wertansatzwahlrecht ein objektiv nachprüfbarer Bewertungsmaßstab in betragsmäßiger Hinsicht. Damit fällt die Bewertungsstetigkeit auch für ein solches Wertansatzwahlrecht als Beschränkung aus.

Um eine abschließende Beurteilung der Beziehungen zwischen den Wertansatzwahlrechten und der Bewertungsstetigkeit vornehmen zu können, müssen jetzt noch die Wertansatzwahlrechte der ersten Ebene genauer untersucht werden. Dabei soll, im Unterschied zur Außerplanmäßigkeit als konstitutives Merkmal für die Wertansatzwahlrechte der zweiten Ebene, für die Wahlrechte der ersten Ebene die Bezeichnung *"planmäßige Wertansatzwahlrechte"* gewählt werden. Der Begriff "planmäßig" bezieht sich in diesem Zusammenhang allerdings nicht auf die erstmalige Festlegung auf einen der möglichen Wertansätze. Denn auch für die Wertansatzwahlrechte der ersten Ebene gilt, daß die Entscheidung über den ersten Wertansatz im Rahmen der vom Gesetzgeber vorgegebenen Grenzen dem subjektiven Ermessen des Bilanzerstellers überlassen bleibt.[82] Deshalb kann aus diesem Blickwinkel heraus nicht von einem "planmäßigen" Vorgehen gesprochen werden.

Um trotzdem an dieser Stelle für die Wertansatzwahlrechte der ersten Ebene eine "planmäßige" Komponente herausarbeiten zu können, muß ein an-

---

79)   Hilke, W.: "Bilanzierungswahlrechte ...", a.a.O., S. 539

80)   vgl. Hilke, W.: "Änderungen bei ...", a.a.O., S. 245

81)   Dieser Sachverhalt gilt im übrigen auch für den Rest-oder Schrottwert.

82)   vgl. Sahner, F./Kammers, H., a.a.O., S. 1081

derer Weg eingeschlagen werden. Für die hier zu untersuchenden Wahlrechte kommt nämlich, im Unterschied zu den Wertansatzwahlrechten der zweiten Ebene, der erste nach subjektivem Ermessen festgelegte Wertansatz nicht aufgrund fallweise auftretender Ereignisse zustande.[83] Deshalb stellt die Festlegung auf einen bestimmten Wertansatz, z.B. die Einbeziehung der gesamten Gemeinkosten in die Herstellungskosten, auch keine ad hoc-Entscheidung mehr dar, sondern muß als eine grundsätzliche, informatorisch fundierte Bewertungsentscheidung angesehen werden.

So kann i.d.R. davon ausgegangen werden, daß vorab die Auswirkungen von unterschiedlichen Wertansätzen auf den Jahresabschluß untersucht werden, um bei der Bestimmung des relevanten Wertansatzes das bilanzpolitische Potential der Wertansatzwahlrechte der ersten Ebene in gewünschter Weise auszunutzen.

Diese durchaus mögliche und gesetzlich erlaubte Gestaltung des Jahresabschlusses läßt es gerechtfertigt erscheinen, die Wertansatzwahlrechte der ersten Ebene mit dem Zusatz "planmäßig" zu versehen, auch wenn ansonsten dieser Begriff in der Bilanzierung nur bei den Abschreibungen, nicht aber bei den Wertansätzen benutzt wird.

Für den sachlichen Geltungsbereich der Bewertungsstetigkeit hat die in den obigen Ausführungen aufgezeigte "planmäßige" Komponente eine bedeutsame Konsequenz: Die Wertansatzwahlrechte der ersten Ebene dürfen nur bei der erstmaligen Festlegung im Rahmen subjektiven Ermessens ausgenutzt werden.[84] Für die Jahresabschlüsse der Folgejahre wird dieser im Rahmen subjektiven Ermessens gewählte Wertansatz aufgrund seiner planmäßigen Komponente zu einer Bewertungsmethode i.S.d. § 252 Abs. 1 Nr. 6 HGB, von der nur in begründeten Ausnahmefällen abgewichen werden darf.

Die bisherigen Ausführungen zu den Wertansatzwahlrechten der ersten Ebene beschränkten sich weitestgehend darauf, die Frage zu beantworten, ob die Bewertungsstetigkeit generell für diese Wertansatzwahlrechte zur Anwendung kommt oder nicht. Dabei wurde nicht versucht, eine strikte Trennung zwischen der Sach- und Zeitkomponente der Bewertungsstetigkeit vorzunehmen. Vielmehr ging es darum, den planmäßigen Charakter dieser Wahlrechte schon an dieser Stelle aufzuzeigen, um für den gesamten Geltungsbereich der Bewertungsstetigkeit eine grundsätzliche Entscheidung zu fällen.

Aber auch in bezug auf die Sachkomponente der Bewertungsstetigkeit im speziellen muß für die Wertansatzwahlrechte der ersten Ebene noch folgender Aspekt beachtet werden: Bei der bereits vorgenommenen Ermittlung der Bezugsobjekte des Grundsatzes der Bewertungsstetigkeit konnte festgestellt werden, daß nicht alle Vermögensgegenstände und Schulden der Bewertungsste-

---

83) vgl. Kupsch, P.: "Einheitlichkeit ...", a.a.O., S. 1104

84) Der gleichen Auffassung sind Sahner, F./Kammers, H., a.a.O., S. 1081.

tigkeit unterliegen.[85] So gehören neben den identischen nur noch die gleichen bzw. gleichartigen Vermögensgegenstände und Schulden in den Gültigkeitsbereich des Stetigkeitsgebotes. Diese grundsätzliche Einschränkung hinsichtlich der Bewertungsobjekte darf bei Beachtung der Wertansatzwahlrechte der ersten Ebene nicht vernachlässigt werden.

Wenn nun aber Sahner/Kammers zu dem Ergebnis gelangen, daß im Rahmen der "Herstellungskostenermittlung eine objektübergreifende Beibehaltung von Bewertungsmethoden"[86] zu fordern sei, dann könnte dies leicht zu Fehlinterpretationen der von diesem Wertansatzwahlrecht betroffenen Bezugsobjekte führen.

Unter der objektübergreifenden Beibehaltung von Bewertungsmethoden darf nämlich nicht ein einheitliches Herstellungskonzept für alle Bewertungsobjekte in einem Jahresabschluß verstanden werden. Vielmehr beschränkt sich die Bewertungsstetigkeit auch für den Wertansatz bei den Herstellungskosten auf die identischen und gleichen bzw. gleichartigen Bewertungsgegenstände.[87] Es wäre demnach z.B. nicht zulässig, daß bei der Erstellung von zwei Gebäuden die jeweils gewählte Bewertungsmethode zur Ermittlung der Herstellungskosten bei gleichen Verhältnissen unterschiedlich ausfällt. Demgegenüber besteht natürlich sehr wohl die Möglichkeit, die Herstellungskosten für die Fertigerzeugnisse nach einer im Vergleich zu den Gebäuden anderen Bewertungsmethode (z.B. HK II oder IV) zu ermitteln.

Diese Beispiele zeigen, daß die Bewertungsstetigkeit durchaus objektübergreifend wirkt. Aber, und diese doch wesentliche Einschränkung betonen nicht nur Sahner/Kammers zu wenig, die gleiche Handhabung des Wertansatzwahlrechtes gilt eben nur bei identischen Bewertungsobjekten bzw. innerhalb von gleichen und gleichartigen Bewertungsgruppen. Darüber hinaus, also bei den nichtgleichartigen (verschiedenen) Vermögensgegenständen, steht es dem Rechnungslegenden offen, welchen Wertansatz er bei der ersten Festlegung der Herstellungskosten wählt. Denn es ist nicht einzusehen, wieso der Bilanzierende im Rahmen subjektiven Ermessens das Wertansatzwahlrecht bei den Herstellungskosten für alle Vermögensgegenstände einheitlich in Anspruch nehmen sollte.

Diese (durchaus mögliche) Alternative steht zwar zur Auswahl, sie bietet sich aber für z.T. völlig unterschiedliche Bewertungsgruppen (z.B. Gebäude und Vorräte) nicht an. Die einheitliche Ausnutzung eines so bedeutsamen bilanzpolitischen Parameters würde nämlich zur Folge haben, daß der Bilanzer-

---

85)   vgl hierzu auch S. 25ff. in dieser Arbeit.

86)   Sahner, F./Kammers, H., a.a.O., S. 1081

87)   Diese Einschränkung wird bei Sahner/Kammers vernachlässigt, wenn sie die Bewertungsstetigkeit als unabhängig von den einzelnen Bewertungsobjekten betrachten; vgl. dazu Sahner, F./Kammers, H., a.a.O., S. 1081.

steller sein Ergebnisbeeinflussungspotential freiwillig einschränken würde.[88] Nimmt er dagegen Bewertungsdifferenzierungen beim Wertansatz der Herstellungskosten vor, dann ergeben sich durch Sachverhaltsgestaltungen vor dem Bilanzstichtag ganz erhebliche Beeinflussungsmöglichkeiten des Jahresüberschusses bzw. -fehlbetrages. Zu denken ist in diesem Zusammenhang beispielsweise an eine Beschleunigung des Absatzes von lediglich mit Teilkosten bewerteten Erzeugnissen einer Produktgruppe, die, wenn sie gelingt, eine größere Ergebniswirkung nach sich zieht als ein Mehrabsatz von mit Vollkosten bewerteten Erzeugnissen einer anderen Produktgruppe.[89]

Nachdem nun auch die Auswirkungen der Bewertungsstetigkeit auf die Wertansatzwahlrechte der ersten Ebene untersucht worden sind, können abschließend die Beziehungen zwischen einer in bezug auf die Sachkomponente betrachteten Bewertungsstetigkeit und den in Abbildung 5 insgesamt aufgeführten Wertansatzwahlrechten auf folgende Weise zusammengefaßt werden:

Für die überwiegende Mehrheit der Wertansatzwahlrechte besteht *keine* Verpflichtung zur Beibehaltung der im vorgehenden Jahresabschluß angewandten Bewertungsmethoden. Wie in den obigen Ausführungen gezeigt werden konnte, greift die Bewertungsstetigkeit weder für die Wertansatzwahlrechte der zweiten noch für diejenigen der dritten Ebene. Damit verbleibt bei den Wertansatzwahlrechten ein großer Freiraum für bilanzpolitische Maßnahmen, der von der Bewertungsstetigkeit zumindest in bezug auf ihre Sachkomponente nicht eingeschränkt wird.

Für die Wertansatzwahlrechte der ersten Ebene erfolgt durch die Bewertungsstetigkeit eine wesentliche Einschränkung. Zum einen darf der Bilanzierende nur für die erste Inanspruchnahme dieser Wertansatzwahlrechte noch frei über die Höhe der zu wählenden Bewertungsmethode entscheiden. Damit kann bei unveränderten Verhältnissen für die Folgejahre auch in bezug auf den sachlichen Geltungsbereich von einer Gültigkeit der Bewertungsstetigkeit gesprochen werden. Zum anderen ist i.d.R. die zum Zeitpunkt 01 gewählte Bewertungsmethode zusätzlich auf die zum selben Zeitpunkt vorhandenen gleichen und gleichartigen Bewertungsgegenstände bzw. Bewertungsgruppen zu übertragen, d.h. dort gleichermaßen anzuwenden.

---

88)   vgl. Pfleger, G.: "Zur Gestaltung ...", a.a.O., S. 788

89)   vgl. ebenda

db) Methodenwahlrechte und Bewertungsstetigkeit

Neben den gerade behandelten Wertansatzwahlrechten beinhaltet der Begriff "Bewertungswahlrechte" auch noch die sogenannten Methodenwahlrechte. "Mit Hilfe der Methodenwahlrechte kann insofern Bilanzpolitik betrieben werden, als sie die Wahl bestimmter Bewertungs- und Abschreibungsmethoden in das Ermessen des Bilanzierenden stellen."[90]

Dabei soll nochmals darauf aufmerksam gemacht werden, daß die Einbeziehungswahlrechte bei der Ermittlung der Herstellungskosten nicht zu den Methodenwahlrechten, sondern zu den Wertansatzwahlrechten zählen (siehe dazu auch Abbildung 5).

Außerdem stellen die Abschreibungsmethoden nach herrschender Meinung einen Teil der Bewertungsmethoden gemäß § 252 Abs. 1 Nr. 6 HGB dar.[91] Die Bestätigung dieser Aussage kann ohne größere Schwierigkeiten mit Hilfe der Ausführungen zum Begriff der Bewertungsmethode vorgenommen werden. Die Abschreibungsmethoden erfüllen nämlich zweifelsfrei die dort herausgearbeiteten Anforderungen an eine Bewertungsmethode.

Nach diesen Vorbemerkungen bietet es sich für eine detaillierte Untersuchung der Beziehungen zwischen den Methodenwahlrechten und dem Grundsatz der Bewertungsstetigkeit an, die dem Bilanzierenden zur Verfügung stehenden Methodenwahlrechte kurz darzustellen, um, jeweils daran anschließend, eine Aussage hinsichtlich der Gültigkeit der Bewertungsstetigkeit in diesem Bereich treffen zu können.

Ein erstes, sehr bedeutsames Methodenwahlrecht existiert bei den *planmäßigen Abschreibungen* auf *abnutzbare* Vermögensgegenstände des Anlagevermögens. In § 253 Abs. 2 HGB heißt es: "Bei Vermögensgegenständen des Anlagevermögens, deren Nutzung zeitlich begrenzt ist, sind die Anschaffungs- und Herstellungskosten um planmäßige Abschreibungen zu vermindern." Da der Begriff "planmäßige Abschreibungen" auch im HGB von 1985 inhaltlich nicht präzisiert wurde, stehen den Kapital- und Nichtkapitalgesellschaften in der Handelsbilanz weiterhin alle bisher bekannten Abschreibungsmethoden[92] (also z.B. lineare, geometrisch-degressive oder Leistungs-Abschreibung) alternativ zur Verfügung.[93]

---

90) vgl. Hilke, W.: "Änderungen bei ...", a.a.O., S. 245

91) vgl. z.B. Glade, A.: "Rechnungslegung ...", a.a.O., S. 601

92) vgl. auch Adler, H./Düring, W./Schmaltz, K.: "Rechnungslegung ...", 4. Aufl., a.a.O., § 154 AktG Tz. 32ff., S. 437ff.

93) vgl. Hilke, W.: "Änderungen bei ...", a.a.O., S. 245; Forster, K.-H.: "Bilanzpolitik ...", a.a.O., S. 32f.

Eine Begrenzung erfährt dieses auch als "Methodenfreiheit" bezeichnete Wahlrecht zum einen durch den Inhalt der Grundsätze ordnungsmäßiger Buchführung.[94] So dürfen durch die gewählte Abschreibungsmethode erstens keine willkürlichen stillen Reserven gelegt werden, und zweitens soll die jeweils gewählte Abschreibungsmethode durch die wirtschaftlichen Gegebenheiten zu rechtfertigen sein.[95]

Obwohl diese Grenzen also zu beachten sind, "wird man praktisch alle in der kaufmännischen Bilanzierungspraxis gebräuchlichen und anerkannten Abschreibungsmethoden zulassen müssen, die nicht offensichtlich den jeweiligen wirtschaftlichen Gegebenheiten widersprechen."[96] Damit beschränken die Grundsätze der ordnungsmäßigen Buchführung das eigentliche Methodenwahlrecht in einem nur geringen Ausmaß.

Zum anderen ist natürlich zu fragen, ob und, wenn ja, wie sich die Berücksichtigung der Bewertungsstetigkeit auf die freie Methodenwahl bei den Abschreibungen im abnutzbaren Anlagevermögen auswirkt.

Die Beantwortung des ersten Teils der Frage, ob die Bewertungsstetigkeit bei diesem Methodenwahlrecht überhaupt greift, kann ohne Schwierigkeiten erfolgen. Denn die Abschreibungsmethoden stellen, wie bereits erwähnt, eine Untermenge der Bewertungsmethoden dar. Das bedeutet aber, daß dieses Methodenwahlrecht bei den planmäßigen Abschreibungen in der Sachkomponente des Grundsatzes der Bewertungsstetigkeit (implizit) enthalten ist.

Deshalb können sich die folgenden Ausführungen darauf beschränken, die aus der Gültigkeit der Bewertungsstetigkeit ableitbaren Konsequenzen für die planmäßigen Abschreibungen im abnutzbaren Anlagevermögen aufzuzeigen.

Die durch § 252 Abs. 1 Nr. 6 HGB kodifizierte Vorschrift spricht, wie bereits herausgearbeitet wurde, neben denselben auch die gleichen und gleichartigen Vermögensgegenstände (und Schulden) an. Ein in diesem Sinne objektübergreifendes Bezugsobjekt beschneidet den bilanzpolitischen Aktionsradius bei den planmäßigen Abschreibungen im Anlagevermögen in erheblichem Umfang.[97]

Solange nämlich keine begründeten Ausnahmefälle vorliegen, die ein Abweichen von der angewandten Bewertungsmethode immer ermöglichen, besteht die "Methodenfreiheit" bei den planmäßigen Abschreibungen gerade nicht mehr für jedes einzelne Wirtschaftsgut. Vielmehr muß auch für gleiche und

---

94) vgl. Göllert, K./Ringling, W.: "Strategie ...", a.a.O., S. 951

95) vgl. Adler, H./Düring, W./Schmaltz, K.: "Rechnungslegung ...", 4. Aufl., a.a.O., § 154 AktG Tz. 32, S. 438

96) Adler, H./Düring, W./Schmaltz, K.: "Rechnungslegung ...", 4. Aufl., a.a.O., § 154 AktG Tz. 32, S. 438; diese Auffassung vertreten, wenn auch m.a.W. umschrieben, die Herausgeber der aktuellen 5. Auflage (vgl. Adler, H./Düring, W./Schmaltz, K.: "Rechnungslegung ...", 5. Aufl., a.a.O., § 253 HGB Tz. 338f., S. 111f.).

97) vgl. Göllert, K./Ringling, W.: "Strategie ...", a.a.O., S. 951

gleichartige Vermögensgegenstände (= Bewertungsgruppen) dem Grundsatz nach gelten, daß sich innerhalb einer solchen Gruppe die Abschreibungsmethoden nicht voneinander unterscheiden dürfen.[98] Das gewählte Abschreibungsverfahren für ein Bewertungssobjekt innerhalb einer Gruppe bestimmt also die insgesamt für die Gruppe zu wählende Abschreibungsmethode und umgekehrt.

Zusätzlich muß in diesem Zusammenhang noch auf eine enge Beziehung zwischen den Wertansatz- und den Methodenwahlrechten hingewiesen werden, die oftmals übersehen wird. Bei den Wertansatzwahlrechten, die aufgrund eines Bilanzierungswahlrechtes entstehen, beeinflußt der nicht in den Geltungsbereich der Bewertungsstetigkeit fallende Spielraum für den Wertansatz die Abschreibungsbasis in ganz erheblichem Umfang.[99] Als Beispiel sei hier der Geschäfts-oder Firmenwert angeführt, für den es in § 255 Abs. 4 Satz 3 HGB ausdrücklich heißt, daß seine Abschreibung auch planmäßig auf die Geschäftjahre verteilt werden kann, in denen er voraussichtlich genutzt wird. Diese planmäßige Abschreibungsmöglichkeit bezieht sich jedoch lediglich auf den Betrag, der tatsächlich in die Handelsbilanz aufgenommen wird. Wie gezeigt werden konnte[100], steht dem Bilanzierenden aber offen, ob er den Geschäfts- oder Firmenwert ganz oder teilweise in der Handelsbilanz aktiviert, d.h., er kann sich frei für jeden beliebigen Zwischenwert entscheiden (Wertansatzwahlrecht) und damit die Abschreibungsbasis vorab entscheidend beeinflussen.[101]

Das zweite hier zu untersuchende Methodenwahlrecht ist darin begründet, daß sich je nach Art des Vermögensgegenstandes die der Bewertung zugrunde zu legenden Anschaffungs- oder Herstellungskosten entweder individuell oder unter Zuhilfenahme von sog. *Bewertungsvereinfachungsverfahren* ermitteln lassen. Diese bewußte Abweichung vom Prinzip der Einzelbewertung wird aus Gründen der Arbeitsvereinfachung allgemein akzeptiert.[102] Derartige handelsrechtlich zulässige besondere Bewertungsmethoden sind:

- Festbewertung gemäß § 240 Abs. 3 i.V.m. § 256 HGB,
- Gruppenbewertung gemäß § 240 Abs. 4 i.V.m. § 256 HGB,

---

98)   vgl. Göllert, K./Ringling, W.: "Strategie ...", a.a.O., S. 951

99)   Also nicht nur die Abschreibungsdeterminanten wie die Festlegung der Nutzungsdauer, die Wahl der Abschreibungsmethode, der Wechsel der Abschreibungsmethode, der Ansatz eines Restwertes und die Vereinfachungsregel bestimmen die Abschreibungsbasis, sondern auch der zeitlich vorgelagerten Entscheidung über die Höhe des Wertansatzes kommt erhebliche Bedeutung zu.

100)   vgl. hierzu S. 39f. in dieser Arbeit.

101)   vgl. Pougin, E.: "Bilanzpolitik", in: Schriften zur Unternehmensführung, Bd. 10: Bilanzpolitik und Bilanztaktik, Wiesbaden 1969, S. 5-28, hier: S. 15; Hilke, W.: " Änderungen bei ...", a.a.O., S. 245

102)   vgl. Glade, A.: "Rechnungslegung ...", a.a.O., S. 601f.

- Durchschhnittsbewertung gemäß § 240 Abs. 4 HGB und den Grundsätzen ordnungsmäßiger Buchführung,
- Verbrauchs- bzw. Veräußerungsfolgeverfahren gemäß § 256 S. 1 HGB.

Ohne auf jedes der soeben aufgezählten Bewertungsvereinfachungsverfahren detailliert eingehen zu müssen[103], kann insgesamt für diese Verfahren ein gemeinsames Merkmal herausgestellt werden: Sie alle sind durch eine stabile Abfolge von Arbeitsschritten gekennzeichnet.[104] Damit erfüllen sie aber geradezu vorbildlich die Anforderungen, die an eine Bewertungsmethode im Sinne der Vorschrift des § 252 Abs. 1 Nr. 6 HGB zu stellen sind.[105]

Deshalb kann bezüglich des Wirkungsbereiches der Bewertungsstetigkeit festgehalten werden, daß auch dieses Methodenwahlrecht dem Stetigkeitsgebot unterliegt. Allerdings sind die bilanzpolitischen Konsequenzen aus der Gültigkeit in diesem Bereich mehr im Zeitaspekt der Bewertungsstetigkeit zu sehen, weshalb an dieser Stelle keine weiteren Ausführungen zu diesem Thema erfolgen sollen.

In bezug auf die Sachkomponente der Bewertungsstetigkeit kann damit abschließend resümiert werden, daß sowohl für die Methodenfreiheit bei den planmäßigen Abschreibungen im abnutzbaren Anlagevermögen als auch für die Bewertungsvereinfachungsverfahren in ihrer Gesamtheit das Stetigkeitsgebot gemäß § 252 Abs. 1 Nr. 6 HGB grundsätzlich gilt.

2. Untersuchung der Zeitkomponente des Grundsatzes der Bewertungsstetigkeit

a) Bedeutung der Bezugnahme auf den vorhergehenden Jahresabschluß in § 252 Abs. 1 Nr. 6 HGB

Nachdem in den bisherigen Ausführungen mehr darauf abgehoben wurde, welche Bewertungstatbestände von der Bewertungsstetigkeit generell erfaßt werden, soll im nun folgenden Teil der Arbeit die zweifelsfrei vorhandene zeitliche Dimension des § 252 Abs. 1 Nr. 6 HGB im Mittelpunkt einer kritischen Betrachtung stehen.

---

103) vgl. hierzu z.B. Hilke, W.: "Kurzlehrbuch Bilanzpolitik", a.a.O., S. 93ff. oder Federmann, R., a.a.O., S. 280ff.

104) vgl. Federmann, R., a.a.O., S. 136

105) vgl. S. 20ff. in dieser Arbeit.

Dabei muß in diesem Gliederungspunkt zunächst die Zeitkomponente der Bewertungsstetigkeit inhaltlich konkretisiert werden. Der Grund hierfür ist darin zu sehen, daß die Formulierung "die auf den vorhergehenden Jahresabschluß angewandten Bewertungsmethoden"[106] in der Literatur unterschiedlich ausgelegt wird.

So behauptet z.B. Eckes, "daß sich die Bewertungsstetigkeit nur an dem Verhältnis zweier unmittelbar aufeinanderfolgender Jahresabschlüsse, genauer an der Beziehung zwischen dem zu erstellenden und dem vorangegangenen Jahresabsschluß zu orientieren hat."[107] Dies würde zwangsläufig dazu führen, daß die in früheren Jahresabschlüssen angewandten Bewertungsmethoden keinerlei Bedeutung für den laufenden (aktuellen) Jahresabschluß hätten.

Eine solch enge Auslegung des § 252 Abs. 1 Nr. 6 HGB in bezug auf die Zeitkomponente lehnen nicht nur Förschle/Kropp entschieden ab.[108] Aber gerade bei ihnen zeigt sich die Gegenposition zu Eckes besonders deutlich. So weisen Förschle/Kropp darauf hin, daß "die Verknüpfung aufeinanderfolgender Abschlüsse durch das Stetigkeitsprinzip immer zugleich auch die Verknüpfung der nicht unmittelbar aufeinanderfolgenden Jahresabschlüsse"[109] beinhaltet.

Aus diesen in der Literatur vertretenen Extrempositionen wird bereits deutlich, daß je nach gewählter Auslegung der im Gesetzestext nicht eindeutig festgelegten Zeitkomponente der Bewertungsstetigkeit ein größerer bzw. kleinerer Wirkungsbereich des Stetigkeitsgebotes zustandekommt.

Wenn allerdings, wie bei der Abgrenzung in bezug auf die Sachkomponente geschehen, die Bewertungsstetigkeit auf die Wertansatzwahlrechte der ersten Ebene und auf die Methodenwahlrechte beschränkt wird, erscheint es durchaus angebracht, der von Förschle und Kropp vertretenen Auslegung zuzustimmen.

Um dies belegen zu können, bietet es sich an, zunächst die enge Auslegung von Eckes und die sich daraus ergebenden Konsequenzen näher zu betrachten. Dabei sollen die Zusammenhänge am Beispiel des Wertansatzwahlrechtes für die Herstellungskosten bei den Fertigerzeugnissen verdeutlicht werden. Die strenge Auslegung von Eckes hätte nämlich zwangsläufig zur Folge, daß das Wertansatzwahlrecht für die Herstellungskosten im Beispielsfall auch unter Berücksichtigung der Bewertungsstetigkeit immer dann erneut ausgenutzt werden könnte, wenn (zufällig) am Bilanzstichtag des vorhergehenden Jahres keine Fertigerzeugnisse mehr vorhanden gewesen wären. Dies deshalb, weil, streng dem Wortlaut des § 252 Abs. 1 Nr. 6 HGB folgend, für den hier beschriebenen Beispielsfall im "vorhergehenden Jahresabschluß" von diesem Wertansatz-

---

106)   § 252 Abs. 1 Nr. 6 HGB

107)   Eckes, B., a.a.O., S. 1437

108)   Dieselbe Auffassung vertreten auch Forster, K.-H.: "Bilanzpolitik ...", a.a.O., S.35; derselbe: "Bewertungsstetigkeit ...", a.a.O., S. 36; Adler, H./Düring, W./Schmaltz, K.: "Rechnungslegung ...", 5. Aufl., a.a.O., § 252 HGB Tz. 102, S. 36.

109)   Förschle, G./Kropp, M., a.a.O., S. 881f.

wahlrecht (im Sinne einer angewandten Bewertungsmethode) überhaupt kein Gebrauch gemacht wurde.

Dieses Beispiel zeigt sehr eindrucksvoll, daß bei der von Eckes geforderten Bezugnahme auf nur zwei aufeinanderfolgende Jahresabschlüsse die Beibehaltung der angewandten Bewertungsmethoden über einen mehr als zwei Jahre umfassenden Zeitraum nicht gewährleistet werden könnte.

Daß dabei die Beschränkung der Bewertungsstetigkeit im Extremfall sogar rein zufällig (siehe obiges Beispiel) eintreten kann, muß als erstes Warnsignal für eine solche Interpretation der Zeitkomponente des Stetigkeitsgebotes angesehen werden.

Aber auch die Tatsache, daß aufgrund von Sachverhaltsgestaltungen[110] vor dem Bilanzstichtag derartige Unterbrechungen des zeitlichen Geltungsbereiches der Bewertungsstetigkeit bewußt herbeigeführt werden können, spricht gegen die Auslegung von Eckes.

Unter Berücksichtigung der obigen Ausführungen läßt sich die Zeitkomponente der Bewertungsstetigkeit folgendermaßen festlegen:

Es muß gefordert werden, "auch zwischenzeitlich nicht relevant gewesene Bewertungsmethoden fortzuführen, soweit nicht geänderte Verhältnisse für eine andere Bewertungsmethode sprechen."[111]

Diese Ausdehnung des zeitlichen Geltungsbereiches bedeutet jedoch nicht, daß auch nur ab und zu einmal (diskontinuierlich) auftretende Sachverhalte von der Bewertungsstetigkeit erfaßt werden. Die für die Sachkomponente der Bewertungsstetigkeit herausgearbeiteten Einschränkungen bestätigen diese Aussage. Denn gerade die Tatsache, daß die Bilanzierungswahlrechte und die Wertansatzwahlrechte der zweiten und dritten Ebene weiterhin ohne Beschränkung zur Verfügung stehen, zeigt, daß der Gesetzgeber den für diskontinuierlich auftretende Bewertungstatbestände notwendigen bilanzpolitischen Freiraum erkennt und auch bestehen läßt.

Zusammenfassend kann an dieser Stelle deshalb festgehalten werden, daß der § 252 Abs. 1 Nr. 6 HGB eine weite Auslegung der zeitlichen Dimension der Bewertungsstetigkeit (= mehr als zwei unmittelbar aufeinanderfolgende Jahresabschlüsse) durchaus zuläßt. Sie ist nach den obigen Ausführungen m.E. sogar zu fordern.

---

110) vgl. Hilke, W.. "Kurzlehrbuch Bilanzpolitik", a.a.O., S. 35ff;

111) Adler, H./Düring, W./Schmaltz, K.: "Rechnungslegung ...",5. Aufl., a.a.O., § 252 HGB Tz. 102, S. 36; der gleichen Auffassung sind Sahner, F./Kammers, H., a.a.O., S. 1081.

b) Auswirkungen der zeitlichen Dimension des § 252 Abs. 1 Nr. 6 HGB auf den Geltungsbereich der Bewertungsstetigkeit

Durch die Berücksichtigung der im vorigen Gliederungspunkt beschriebenen Zeitkomponente der Bewertungsstetigkeit gelingt es, den Geltungsbereich des § 252 Abs. 1 Nr. 6 HGB zu vervollständigen bzw. abzurunden. Dabei kommt der bereits vorgenommenen Untersuchung der Sachkomponente der Bewertungsstetigkeit eine große Bedeutung zu, da sie die Grundlage für eine Jahr für Jahr gleiche Anwendung der Bewertungsmethoden (= zeitliche Dimension) bildet. Allerdings müssen auch die für den sachlichen Geltungsbereich herausgearbeiteten Begrenzungen der Reichweite der Bewertungsstetigkeit in die Untersuchung einbezogen werden, um die Auswirkungen der Zeitkomponente des § 252 Abs. 1 Nr. 6 HGB in ihrer Gesamtheit richtig beurteilen zu können.

Es bietet sich deshalb für die folgenden Ausführungen an, die Abfolge der thesenartig zusammengefaßten einzelnen Aussagen zur zeitlichen Dimension der Bewertungsstetigkeit an das bei der Untersuchung der Sachkomponente verwendete Gliederungsschema anzugleichen.

Bei der Untersuchung der Bezugsobjekte des § 252 Abs. 1 Nr. 6 HGB konnte gezeigt werden, daß die Forderung nach der Bewertungsstetigkeit objektübergreifend zu verstehen ist. Neben den identischen unterliegen also auch die gleichen und gleichartigen Vermögensgegenstände und Schulden dem Grundsatz der Bewertungsstetigkeit.

Damit kann erstens festgehalten werden, daß für "*dieselben* Vermögensgegenstände und Schulden" unbestritten gilt, daß sie bei unveränderten Wertverhältnissen von Jahr zu Jahr nach den gleichen Bewertungsmethoden zu bewerten sind.[112] Wurde z.B. ein Gegenstand des Anlagevermögens im Vorjahr linear abgeschrieben, so ist er auch weiterhin linear abzuschreiben, solange nicht veränderte Sachverhalte zu einer Änderung des Abschreibungsplanes zwingen.[113] Denn jeder Übergang auf eine andere Abschreibungsmethode würde zwangsläufig einen (unter Berücksichtigung der Bewertungsstetigkeit nicht erlaubten) Wechsel der Bewertungsmethode für "denselben Vermögensgegenstand" bedeuten. Die einzige Ausnahme von diesem Beispielsfall ist darin zu sehen, daß der Gesetzgeber grundsätzlich auch die Kombination von Abschreibungsmethoden (insbesondere von der degressiven und der linearen Methode) zuläßt. Da jedoch eine solche Kombination nur dann vorgenommen werden darf, wenn sie im Rahmen eines Planes erfolgt,[114] paßt auch dieser Ausnahme-

---

112)   vgl. Hafner, R., a.a.O., S. 595f. m.w.N.

113)   vgl. Forster, K.-H.: "Bewertungsstetigkeit ...", a.a.O., S. 36

114)   vgl. Federmann, R., a.a.O., S. 300

fall zu den vorangegangenen Ausführungen. Die Kombination von Abschreibungsmethoden stellt nämlich selbst eine Bewertungsmethode im Sinne des § 252 Abs. 1 Nr. 6 HGB dar, von der im Zeitablauf grundsätzlich nicht abgewichen werden darf.

Gleichzeitig muß darauf hingewiesen werden, daß bei einer Berücksichtigung der zeitlichen Dimension die Bewertungsstetigkeit in diesem Bereich zwingend das Prinzip des sogenannten Wertzusammenhanges nach sich zieht.[115] Es kann deshalb für identische Vermögensgegenstände und Schulden festgehalten werden, daß die materielle Bilanzkontinuität in vollem Umfang gilt, obwohl nach dem Bilanzrichtlinien-Gesetz nur die Bewertungsstetigkeit explizit vorgeschrieben wird.[116]

Zweitens bewirkt die objektübergreifende Gültigkeit der Bewertungsstetigkeit, daß auch für *gleiche* und *gleichartige* Vermögensgegenstände und Schulden die Zeitkomponente der Bewertungsstetigkeit zum Tragen kommt.

Eine im Vorjahr oder zu einem früheren Zeitpunkt gewählte Bewertungsmethode (also z.B. auch die Kombination von der degressiven und der linearen Abschreibungsmethode) ist damit auch für jene gleichen und gleichartigen Vermögensgegenstände und Schulden von Bedeutung, die zum Zeitpunkt des letzten (also des vorhergehenden) Jahresabschlusses noch gar nicht im Unternehmen vorhanden waren.[117] Eine andere Bewertung bzw. die Anwendung einer anderen Bewertungsmethode ist deshalb unter Beachtung der Zeitkomponente der Bewertungsstetigkeit grundsätzlich nur noch dann möglich, wenn ein begründeter Ausnahmefall gemäß § 252 Abs. 2 HGB vorliegt.[118]

Für die *Bilanzierungswahlrechte*, die, wie herausgearbeitet, nicht in den sachlichen Geltungsbereich der Bewertungsstetigkeit fallen, ergibt sich durch die Berücksichtigung der Zeitkomponente des § 252 Abs. 1 Nr. 6 HGB ein Zusatzaspekt. Immer dann, wenn die Entscheidung über die Ausnutzung eines Bilanzierungswahlrechtes in der Weise ausfällt, daß der betreffende Posten in der Bilanz angesetzt wird, muß zwingend auch eine Bewertung dieses Postens erfolgen. Dabei liegt es im Ermessen des Bilanzierenden, wie er möglicher-

---

115) Kupsch ist derselben Auffassung, bezeichnet die Bindung der Bewertungsstetigkeit an identische Bewertungsobjekte jedoch als Wertstetigkeit; vgl. hierzu Kupsch, P.: "Einheitlichkeit ...", a.a.O., S. 1157.

116) Kupsch vertritt eine andere Auffassung. Nach seinem Verständnis umfaßt die Bewertungsstetigkeit generell sowohl die Wertstetigkeit als auch die Beibehaltung der angewandten Bewertungsmethoden (Bewertungsstetigkeit i.e.S.); vgl. Kupsch, P.: "Einheitlichkeit ...", a.a.O., S. 1157.

117) vgl. Forster, K.-H.: "Bewertungsstetigkeit ...", a.a.O., S. 36f.; Kupsch, P.: "Einheitlichkeit ...", a.a.O., S. 1157f. m.w.N.

118) Auf diese ausdrücklich im Gesetzestext erlaubte Abweichung von der Bewertungsstetigkeit wird in Abschnitt V (Verpflichtungscharakter der Bewertungsstetigkeit) noch ausführlich eingegangen.

weise vorhandene Bewertungswahlrechte bei der "Bilanzierung der Höhe nach" ausnutzt. Da nun aber der sachliche Geltungsbereich der Bewertungsstetigkeit die Bilanzierungswahlrechte nicht mit einschließt, bleiben auch diese nachgelagerten Bewertungswahlrechte für jede erneute Ausnutzung des jeweiligen Bilanzierungswahlrechtes erhalten.[119] Allerdings ist unter Beachtung des Zeitaspektes der Bewertungsstetigkeit festzustellen, daß nach erfolgter Ausübung solcher Ansatzwahlrechte die Bewertung des entsprechenden Postens in Folgejahren grundsätzlich[120] stetig zu erfolgen hat.[121] Damit wird nicht zuletzt verhindert, daß die Ausnutzung von Bilanzierungswahlrechten beliebig rückgängig gemacht werden kann.[122]

Mit Hilfe eines konkreten Beispiels soll versucht werden, den soeben beschriebenen Zusammenhang zwischen den Bilanzierungswahlrechten und der Zeitkomponente der Bewertungsstetigkeit noch zu verdeutlichen.

Kommt es z.B. zur Aktivierung eines derivativen Geschäfts- oder Firmenwertes (§ 255 Abs. 4 HGB) in der Bilanz, so können in bezug auf die "Bilanzierung der Höhe nach" mehrere Bewertungswahlrechte in Anspruch genommen werden.[123] Es besteht also (jeweils) im Jahr der Aktivierung ein doch erheblicher Bewertungsfreiraum für diesen Bilanzposten, der m.E. auch von der Bewertungsstetigkeit nicht eingeschränkt wird. So kann z.B. der derivative Geschäfts- oder Firmenwert in jedem der Aktivierung folgenden Geschäftsjahr zu einem Viertel (= Mindestabschreibung) getilgt werden.[124] Entscheidet sich der Bilanzierende für eine solche Vorgehensweise, so definiert er damit aber gleichzeitig eine bestimmte Abschreibungsmethode (bzw. Bewertungsmethode

---

119)   Die einzige Beschränkung für diesen Bewertungsbereich besteht damit lediglich im generell zu beachtenden Willkürverbot.

120)   Der Grundsatz der Bewertungsstetigkeit kann aber nur dann zur Anwendung kommen, wenn die Bewertung auch tatsächlich auf der Grundlage einer im Sinne des § 252 Abs. 1 Nr. 6 HGB erkennbaren Bewertungsmethode erfolgt.

121)   ähnlich bei Förschle, G./Kropp, M., a.a.O., S. 881

122)   vgl. ebenda

123)   Neben dem mit jedem Bilanzierungswahlrecht grundsätzlich verbundenen Wertansatzwahlrecht (Ansatz mit irgendeinem Wert zwischen Null und dem aktivierungs- oder passivierungsfähigen Höchstbetrag) bestehen nach § 255 Abs. 4 HGB noch zwei weitere Bewertungswahlrechte. Erstens ist nach § 255 Abs. 4 Satz 2 HGB für einen Firmenwert in jedem auf die Aktivierung folgenden Geschäftsjahr lediglich ein Mindest-Abschreibungsbetrag (25%) vorgeschrieben. D.h., der Bilanzierende kann auch einen höheren Abschreibungsbetrag wählen. In diesem Zusammenhang stellt sich sofort die Frage, ob in diesem Fall dann noch von einer Bewertungsmethode im Sinne des § 252 Abs. 1 Nr. 6 HGB gesprochen werden kann. Zweitens darf nach § 255 Abs. 4 Satz 3 HGB die Abschreibung eines Firmenwertes aber auch planmäßig auf die Geschäftsjahre verteilt werden, in denen der Firmenwert voraussichtlich genutzt wird. Dieses Wahlrecht eröffnet dem Bilanzierenden die Möglichkeit, über die zuvor genannte maximale Abschreibungsdauer von vier Jahren hinauszugehen; vgl. hierzu auch Hilke, W.: "Änderungen bei ...", a.a.O., S. 247.

124)   vgl. § 255 Abs. 4 Satz 2 HGB

gemäß § 252 Abs. 1 Nr. 6 HGB). Unter Berücksichtigung der zeitlichen Dimension der Bewertungsstetigkeit muß dann davon ausgegangen werden, daß diese in dem der Übernahme folgenden Geschäftsjahr erstmals angewandte Bewertungsmethode auch für die folgenden (drei) Jahre beizubehalten ist.

Die bereits bei der sachlichen Abgrenzung des Umfanges der Bewertungsstetigkeit vorgenommene Unterscheidung der *Wertansatzwahlrechte* in drei Ebenen erscheint auch für die Untersuchung der Zeitkomponente sinnvoll, weil damit die Auswirkungen einer Berücksichtigung der zeitlichen Dimension des § 252 Abs. 1 Nr. 6 HGB ebenfalls bereichsbezogen aufgezeigt werden können.

Vorab soll allerdings für alle Wertansatzwahlrechte, unabhängig davon, ob es sich um steuerrechtliche oder handelsrechtliche handelt, ein gemeinsamer Aspekt in bezug auf die Zeitkomponente der Bewertungsstetigkeit hervorgehoben werden.[125] In Analogie zu den Bilanzierungswahlrechten folgt aus einer objektbezogenen Betrachtung, daß für *dieselben* Vermögensgegenstände und Schulden, die bereits im vorhergehenden Jahresabschluß bilanziert wurden, die bisherigen Wertansätze bei unveränderten Wertverhältnissen beizubehalten bzw. entsprechend fortzuführen sind.[126] Dabei liegt die Betonung eindeutig auf dem Hinweis, daß es sich um unveränderte Wertverhältnisse handelt. Ob die Bewertungsstetigkeit darüber hinaus eine im Zeitablauf gleichmäßige Inanspruchnahme von Wertansatzwahlrechten bei *nicht identischen* Bewertungsobjekten gebietet, soll in Anlehnung an Abbildung 5 sukzessiv überprüft werden.

Für die steuerlichen Wertansatzwahlrechte (Ebene 3 in Abb. 5) kann bezüglich des zeitlichen Geltungsbereiches der Bewertungsstetigkeit festgehalten werden, daß diese Wahlrechte keinen weiteren Beschränkungen unterliegen. "Der Grundsatz der Stetigkeit ist *nicht* auf Vorschriften des Steuerrechts anzuwenden, auch wenn diese zulässigerweise auf die Handelsbilanz angewendet werden, ..."[127] Dies bestätigen auch die Erläuterungen zum Gesetzesentwurf, in denen ausdrücklich darauf hingewiesen wird, daß die Bewertungsstetigkeit den Kaufmann nicht daran hindern soll, steuerliche Bewertungswahlrechte von Jahr zu Jahr unterschiedlich (auf nicht identische Bewertungsobjekte) auszuüben.[128] Damit stellt das in § 254 Satz 1 HGB bzw. § 254 Satz 1 i.V.m. § 279 Abs. 2 HGB aufgeführte Wertansatzwahlrecht einen doch erheblichen Bewertungsfreiraum für den Rechnungslegenden dar, der weder in sachlicher noch in zeitlicher Hinsicht durch die Bewertungsstetigkeit eine Einschränkung erfährt. Au-

---

125) Dabei gilt es noch einmal hervorzuheben, daß für die Wertansatzwahlrechte, mit Ausnahme derjenigen der ersten Ebene, gezeigt werden konnte, daß sie *nicht* in den sachlichen Geltungsbereich der Bewertungsstetigkeit fallen.

126) vgl. Kupsch, P.: "Einheitlichkeit ...", a.a.O., S. 1103

127) Biener, H./Berneke, W.: "Bilanzrichtlinien-Gesetz", Düsseldorf 1986, S. 91

128) vgl. BT-Drucksache 10/4268 vom 18.11.1985, S. 100

ßerdem fällt eine solch unterschiedliche Ausübung auch nicht unter die begründeten Ausnahmefälle, da eine Abweichung vom Grundsatz der Bewertungsstetigkeit (§ 252 Abs. 2 HGB) nicht vorliegt.

Auch im Hinblick auf die Wertansatzwahlrechte der zweiten Ebene erscheint eine im Zeitablauf unveränderte Inanspruchnahme bei nicht identischen Bewertungsobjekten nicht zwingend geboten. Eine solche Auslegung der Bewertungsstetigkeit würde m.E. die Aussagefähigkeit des Jahresabschlusses sogar erheblich beeinträchtigen.

Dies gilt insbesondere für das nur den Nicht-Kapitalgesellschaften offenstehende Wertansatzwahlrecht nach § 253 Abs. 4 HGB.[129] Denn angenommen, der im Rahmen vernünftiger kaufmännischer Beurteilung wählbare niedrigere Wertansatz würde in zeitlicher Hinsicht der Bewertungsstetigkeit unterliegen, so bestünde durch die Inanspruchnahme dieses Wertansatzwahlrechtes für die Folgeperioden ein *Zwang* zur Bildung stiller Reserven.

Daß der Gesetzgeber eine solche Vorgehensweise nicht gewollt hat, kann dem als allgemeine Vorschrift eingestuften § 242 Abs. 1 Satz 1 HGB entnommen werden. Dort heißt es, daß jeder Kaufmann für den Schluß eines jeden Geschäftsjahres einen das Verhältnis seines Vermögens und seiner Schulden darstellenden Abschluß aufzustellen hat. Genau diese Darstellung des Verhältnisses aber wäre durch eine Beachtung der Bewertungsstetigkeit in zeitlicher Hinsicht gefährdet bzw. nicht mehr gewährleistet.

Deshalb kann festgehalten werden, daß das Wertansatzwahlrecht nach § 253 Abs. 4 HGB auch in zeitlicher Hinsicht keine Beschränkung durch den Grundsatz der Bewertungsstetigkeit erfährt. Das gleiche gilt außerdem auch für das Wertansatzwahlrecht nach § 253 Abs. 1 Satz 2 HGB.[130]

Ob die übrigen "außerplanmäßigen" Wertansatzwahlrechte der zweiten Ebene zu einer Ausweitung des zeitlichen Geltungsbereiches der Bewertungsstetigkeit führen, ist nunmehr zu untersuchen.

Dabei kann zum einen wiederum auf die bereits durchgeführte Untersuchung des Verhältnisses zwischen den Bilanzierungswahlrechten und der Zeitkomponente der Bewertungsstetigkeit zurückgegriffen werden. Dort wurde festgestellt, daß die Ausnutzung der sich aus den Bilanzierungswahlrechten ergebenden Wertansatzwahlrechte auch in zeitlicher Hinsicht nicht in den Geltungsbereich der Bewertungsstetigkeit fällt.[131] Für solche nachgelagerten

---

129) vgl. hierzu auch Kupsch, P.: "Einheitlichkeit ...", a.a.O., S. 1104

130) Denn auch Rückstellungen sind (nur) in der Höhe des Betrages anzusetzen, der nach vernünftiger kaufmännischer Beurteilung notwendig ist. Da aber z.B. die Rückstellungshöhe für Prozesse nach vernünftige kaufmännischer Beurteilung von Jahr zu Jahr unterschiedlich ausfallen kann, könnte auch bei diesem Wertansatzwahlrecht die starre Anwendung dieses Bewertungsmaßstabes dem § 242 Abs. 1 Satz 1 HGB zuwiderlaufen.

131) vgl. hierzu die Ausführungen über den zeitlichen Geltungsbereich der Bewertungsstetigkeit bei den Bilanzierungswahlrechten (S. 51-53).

Wertansatzwahlrechte werden vielmehr die jeweiligen Bilanzierungswahlrechte maßgeblich, und für diese besteht sachlich wie auch weitestgehend zeitlich[132] keine Beschränkung durch die Bewertungsstetigkeit.

Zum anderen konnte für die jetzt noch zu betrachtenden Wertansatzwahlrechte der zweiten Ebene[133] schon bei der Abgrenzung der Sachkomponente der Bewertungsstetigkeit gezeigt werden, daß sie entweder auf diskontinuierlichen Ereignissen beruhen oder aber ihre Ausnutzung lediglich der vernünftigen kaufmännischen Beurteilung unterliegt. Diese Wertansatzwahlrechte stellen somit ein nicht zu unterschätzendes Instrument für eine vorsichtige Bilanzierung dar, wie sie nach § 252 Abs. 1 Nr. 4 HGB gefordert wird. Damit muß an dieser Stelle aber auch gefragt werden, ob zwischen der Bewertungsstetigkeit und dem Prinzip der Vorsicht nicht ein Konflikt besteht.

Wäre nämlich für die hier zu untersuchenden Wertansatzwahlrechte das Stetigkeitsgebot zwingend zu beachten, so würde dies mit Sicherheit eine starre Anwendung des Vorsichtsprinzips in diesem Bereich zur Folge haben.[134] Oder noch deutlicher ausgedrückt: Eine Berücksichtigung aller vorhersehbaren Risiken und Verluste, wie sie in § 252 Abs. 1 Nr. 4 HGB ausdrücklich gefordert wird, würde entfallen bzw. wäre nicht mehr möglich. Faktisch würde die Bewertungsstetigkeit die aus dem Vorsichtsprinzip resultierenden Wertansatzwahlrechte zu Wertansatzgeboten für spätere Perioden umfunktionieren, obwohl sich die (vernünftige kaufmännische) Beurteilung der zu berücksichtigenden Risiken im Zeitablauf durchaus ändern kann.[135]

Ohne an dieser Stelle schon eingehender das Verhältnis von Vorsichtsprinzip und Bewertungsstetigkeit untersuchen zu wollen, erscheint es doch mehr als fraglich, ob eine im obigen Sinn starre Anwendung des Vorsichtsprinzips im Interesse des Gesetzgebers liegt. Schon alleine Gläubiger- und Gesellschafterschutzerwägungen sprechen gegen eine derartige Handhabung des Vorsichtsprinzips.

Deshalb kann m.E. als vorläufiges Ergebnis festgehalten werden, daß auch diese letzte Teil-Gruppe der Wertansatzwahlrechte der zweiten Ebene nicht in den zeitlichen Geltungsbereich der Bewertungsstetigkeit fällt.

Um den zeitlichen Geltungsbereich der Bewertungsstetigkeit für die Wertansatzwahlrechte vollständig zu umschreiben, muß abschließend die Untersu-

---

132) In zeitlicher Hinsicht muß daran erinnert werden, daß nur für die Fortführung bzw. Abwicklung eines entsprechenden Postens die Bewertungsstetigkeit zur Anwendung kommen kann; vgl. S. 52f. in dieser Arbeit.

133) Gemeint sind der niedrigere Zeitwert am Abschlußstichtag (§ 253 Abs. 2 Satz 3 HGB) und die verschiedenen, aus § 253 Abs. 5 HGB resultierenden Beibehaltungswahlrechte. Die dabei jeweils zu beachtenden Einschränkungen für die Kapitalgesellschaften können der Abbildung 5 auf Seite 36 entnommen werden.

134) Derselben Auffassung ist Moxter, A.: "Zum neuen Bilanzrechtsentwurf", a.a.O., S. 1102.

135) vgl. Kupsch, P.: "Einheitlichkeit ...", a.a.O., S. 1105

chung auch noch für die Wertansatzwahlrechte der ersten Ebene durchgeführt werden. Dabei beeinflußt die Tatsache, daß bei der Untersuchung des sachlichen Geltungsbereichs der Bewertungsstetigkeit für diese Wertansatzwahlrechte eine "planmäßige Komponente" herausgearbeitet wurde, die folgenden Ausführungen in erheblichem Ausmaß.

Die Planmäßigkeit der Inanpruchnahme der hier zu untersuchenden Wertansatzwahlrechte hat nämlich zur Folge, daß die Bewertungsstetigkeit auch in bezug auf ihre zeitliche Dimension maßgeblich wird. Denn der Wertansatz, für den bei der erstmaligen Festlegung zweifelsonne Wahlfreiheit besteht, wird wegen der planmäßigen Komponente zu einer Bewertungsmethode im Sinne des § 252 Abs. 1 Nr. 6 HGB, die es für die Folgejahre beizubehalten gilt. Die Wertansatzwahlrechte der ersten Ebene werden damit auch durch die Beachtung des zeitlichen Geltungsbereichs der Bewertungsstetigkeit für die Folgejahre in Wertansatzgebote umgewandelt.[136]

Zusammenfassend kann festgehalten werden, daß die Wertansatzwahlrechte in ihrer Gesamtheit auch in bezug auf die Zeitkomponente des § 252 Abs. 1 Nr. 6 HGB nur sehr begrenzt dem Grundsatz der Bewertungsstetigkeit unterliegen:

Für die Wertansatzwahlrechte der zweiten und dritten Ebene gilt, daß sie nur die für alle Wertansatzwahlrechte gültige Beschränkung bei den identischen Bewertungsobjekten zu berücksichtigen haben. Darüber hinausgehende Konsequenzen hat die Beachtung der Zeitkomponente der Bewertungsstetigkeit für diese Wertansatzwahlrechte nicht. Eine weitergehende Beeinträchtigung der Wahlfreiheit des Wertansatzes erfahren lediglich die Wertansatzwahlrechte der ersten Ebene. Sie werden für die Folgejahre zu Wertansatzgeboten umfunktioniert.

Erst mit der folgenden Untersuchung der *Methodenwahlrechte* können die Ausführungen zum zeitlichen Geltungsbereich der Bewertungsstetigkeit abgeschlossen werden. Dabei bildet auch für diesen Teil der Bewertungswahlrechte die Sachkomponente des § 252 Abs. 1 Nr. 6 HGB den Ausgangspunkt.

Sowohl für die Abschreibungsmethoden als auch für die Bewertungsvereinfachungsverfahren konnte bereits herausgearbeitet werden, daß sie die Anforderungen, die an eine Bewertungsmethode gemäß § 252 Abs. 1 Nr. 6 HGB zu stellen sind, erfüllen. Sie sind alle durch eine stabile bzw. planmäßige Abfolge von Arbeitsschritten gekennzeichnet.

Damit stehen auch die Auswirkungen der zeitlichen Dimension des § 252 Abs. 1 Nr. 6 HGB auf die Methodenwahlrechte in ihrer Gesamtheit von vornherein fest: Ähnlich wie bei den Wertansatzwahlrechten der ersten Ebene bin-

---

136) Diese Auffassung vertreten auch z.B. Sahner, F./Kammers, H., a.a.O., S. 1080f. und Göllert, K./Ringling, W.: "Strategie ...", a.a.O., S. 949.

det die Bewertungsstetigkeit den Bilanzierungspflichtigen dauerhaft an die erstmalige Festlegung bei den Methodenwahlrechten.[137]

Es besteht also z. B. für die planmäßigen Abschreibungen auf abnutzbare Wirtschaftsgüter des Anlagevermögens zwar weiterhin die sog. Methodenfreiheit im Rahmen der Grundsätze ordnungsmäßiger Buchführung, aber diese Wahlfreiheit ist nur noch für die erstmalige Festlegung gegeben. Für die Folgejahre gilt, bei gleichzeitiger Beachtung des sachlichen Geltungsbereiches der Bewertungsstetigkeit[138], daß die gewählte Abschreibungsmethode (die eventuell auch aus einer Kombination zweier Methoden bestehen kann) grundsätzlich beizubehalten ist.[139]

---

137) Derselben Auffassung sind z.B. Forster, K.-H.: "Bilanzpolitik ...", a.a.O., S. 35 und Kupsch, P.: "Einheitlichkeit ...", a.a.O., S. 1105.

138) Der sachliche Geltungsbereich umfaßt neben den identischen auch die gleichen bzw. gleichartigen Vermögensgegenstände und Schulden. Damit wird durch die Wahl der Abschreibungsmethode für einen Vermögensgegenstand des Anlagevermögens zugleich die für die Gruppe der gleichen bzw. gleichartigen Vermögensgegenstände zu wählende Abschreibungsmethode bestimmt.

139) Derselben Auffassung sind auch Eckes, B., a.a.O., S. 1441, Selchert, F. W.: "Bewertungsstetigkeit ...", a.a.O., S. 1890 und Göllert, K./Ringling, W.: "Strategie ...", a.a.O., S. 951.

V. Verpflichtungscharakter der Bewertungsstetigkeit

1. Bewertungsstetigkeit als Sollvorschrift

In den bisherigen Ausführungen ging es darum, den Inhalt der Bewertungsstetigkeit in ihrer Formulierung als "Beibehaltung angewendeter Bewertungsmethoden des vorhergehenden Jahresabschlusses" - losgelöst vom Aspekt einer Soll- oder Mußvorschrift - herauszuarbeiten.

Die Bewertungsstetigkeit ist aber im Vergleich zu den übrigen gesetzlichen Bewertungsgrundsätzen (§ 252 Abs. 1 Nr. 1-5 HGB) lediglich als Sollvorschrift formuliert.[1] Es stellt sich deshalb die Frage, ob der Bewertungsstetigkeit damit ein geringerer Verpflichtungscharakter zukommt.

Daß es bei dieser Frage überhaupt zu unterschiedlichen Standpunkten in der Literatur kommen konnte, liegt nicht zuletzt im Ablauf des Gesetzgebungsverfahrens begründet. Denn in § 259 Abs. 1 Nr. 1 HGB - RegE war die Bewertungsstetigkeit zunächst - wie die anderen Bewertungsgrundsätze - als Mußvorschrift ("sind beizubehalten") ausgestaltet.[2]

Erst im Bericht des Rechtsausschusses wurde hieraus eine Sollvorschrift, ohne daß diese Änderung jedoch in den Gesetzeserläuterungen behandelt wurde. Dort heißt es nur: "§ 252 Abs. 1 Satz 1 Nr. 6 HGB entspricht § 259 Abs. 1 Satz 2 HGB-E mit der Maßgabe, daß der Stetigkeitsgrundsatz als Sollvorschrift gefaßt ist."[3]

Vor diesem Hintergrund vertritt z.B. Eckes die Ansicht, daß eine Sollvorschrift letztlich nichts anderes als eine Empfehlung oder eine Wegweisung des Gesetzgebers darstelle, von der ohne Rechtsfolge abgewichen werden dürfe.[4]

Durch eine solch großzügige Auslegung wäre aber der Zweck des Stetigkeitsprinzips praktisch aufgehoben; materielle Änderungen gegenüber dem

---

1) In den Grundsätzen nach Nr. 1 bis 5 wird das jeweilige Gebot mit "ist" oder "sind" ausgedrückt.

2) vgl. Gesetzesentwurf der Bundesregierung: Entwurf eines Gesetzes zur Durchführung der Vierten Richtlinie des Rates der Europäischen Gemeinschaften zur Koordinierung des Gesellschaftsrechts (Bilanzrichtlinie-Gesetz), in: BT-Drucksache 10/317 vom 26.8. 1983, S. 1-153, hier: S. 13

3) BT-Drucksache 10/4268 vom 18.11.1985, S. 100

4) vgl. Eckes, B., a.a.O., S. 1443; die gleiche Auffassung vertritt auch Söffing, G.: "Der Stetigkeitsgrundsatz in steuerrechtlicher Sicht", DB 1987, S. 2598-2603, hier: S. 2599

Aktiengesetz von 1965 ergäben sich nicht.[5] "Im Endeffekt würde man so das Wort "sollen" zum "nicht brauchen" degenerieren lassen."[6]

Um zu belegen, daß doch einiges gegen eine solche Interpretation, wie sie z.B. von Eckes vorgenommen wird, spricht, kann zunächst auf Helmrich verwiesen werden. Für ihn - einen der Konzipierer des Bilanzrichtlinien-Gesetzes als Vorsitzender des Rechtsausschusses des Deutschen Bundestages - sollte mit der Wortlautänderung keine Abschwächung der Bewertungsstetigkeit einhergehen. Vielmehr sollte damit lediglich eine Klarstellung dahingehend erfolgen, daß der Grundsatz der Bewertungsstetigkeit nicht als absolutes Prinzip gefordert werden kann.[7] Denn bei der Beibehaltung des Stetigkeitsgebotes in der ursprünglichen Fassung als Mußvorschrift und der gleichzeitigen Zulässigkeit von Abweichungen in § 259 Abs. 2 HGB-RegE hätten sich erhebliche Interpretationsschwierigkeiten ergeben.

Allerdings überzeugt diese Begründung zur Umgestaltung der Bewertungsstetigkeit von einer Muß- in eine Sollvorschrift nur teilweise. So bleibt z.B. die Frage offen, warum die anderen Bewertungsgrundsätze des § 252 Abs. 1 HGB weiterhin als Mußvorschriften aufgeführt werden. Legt man nämlich die Argumentation von Helmrich zugrunde, dann hätten konsequenterweise auch die in § 252 Abs. 1 Nr. 1-5 HGB kodifizierten Bewertungsgrundsätze als Sollvorschriften ausgestaltet werden müssen.[8] Denn der § 252 Abs. 2 HGB stellt keine spezielle Ausnahmevorschrift allein für die Bewertungsstetigkeit dar, sondern gilt ausdrücklich für *alle* Grundsätze des § 252 Abs. 1 HGB.

Obwohl also offensichtlich ein Bruch in der Gesetzeslogik vorliegt, können die Ausführungen von Helmrich doch als erster Hinweis dafür angesehen werden, daß der Gesetzgeber mit der Einführung des Stetigkeitsprinzips mehr als nur eine unverbindliche Empfehlung geben wollte.

Zweitens meinen auch Biener/Berneke, daß die Umwandlung der Bewertungsstetigkeit in eine Sollvorschrift keine Auswirkungen auf ihren Verpflichtungscharakter beinhaltet. Sie heben zur Begründung darauf ab,[9] daß das Wort

---

5)   Derselben Auffassung sind z.B. Förschle, G./Kropp, M., a.a.O., S. 876, Kupsch, P.: "Einheitlichkeit ...", a.a.O., S. 1159 und Hafner, R., a.a.O., S. 594.

6)   Hafner, R., a.a.O., S. 594

7)   vgl. Helmrich, H.: "Umsetzung der Bilanz- und Konzernbilanzrichtlinie in das deutsche Recht", in: WPg 1984, S. 625-629, hier: S. 628f.

8)   vgl. Kupsch, P.: "Einheitlichkeit ...", a.a.O., Fn. 63, S. 1159

9)   vgl. Biener, H./Berneke, W., a.a.O., S. 91

"sollen" in der deutschen Gesetzessprache im Sinne von "müssen" oder "nicht dürfen" verwendet wird.[10]

Ferner weisen Biener/Berneke nur darauf hin, daß die Stellungnahmen der beteiligten Kreise und die Anhörungen im Gesetzgebungsverfahren deutlich gemacht haben, daß sich der Grundsatz der Bewertungsstetigkeit bisher in der Praxis nicht durchgesetzt hat.[11] Aus dieser Tatsache aber abzuleiten, daß der Gesetzgeber für das BiRiLiG das Wort "sollen" gewählt und nicht entsprechend dem Regierungsentwurf das Wort "müssen" übernommen hat, ergibt keinen Sinn. Denn gerade durch die Formulierung als Sollvorschrift kommt es dazu, daß die Diskussion über den Verpflichtungscharakter der Bewertungsstetigkeit zumindest in einigen Stellungnahmen der Literatur fortgesetzt wird.[12]

Trotzdem kann auch für Biener/Berneke im Ergebnis festgehalten werden, daß sie in der Formulierung der Bewertungsstetigkeit als Sollvorschrift keine Abschwächung des Verpflichtungscharakters des § 252 Abs. 1 Nr. 6 HGB sehen.

Ein letzter - und vielleicht auch der bedeutendste - Hinweis darauf, wie die als Sollvorschrift aufgeführte Bewertungsstetigkeit zu verstehen ist, kann einer Erwiderung von Niessen auf den bereits mehrfach angesprochenen Aufsatz von Eckes entnommen werden.[13]

Niessen, der zum Zeitpunkt dieser Erwiderung die Position eines Abteilungsleiters bei der EG-Kommission in Brüssel innehatte, stellt nämlich fest, daß die Frage nach dem Verpflichtungscharakter des Stetigkeitsgebotes bei einer Gesamtbetrachtung des § 252 HGB unmißverständlich beantwortet wird. Dabei legt er ein besonderes Gewicht auf den Absatz 2 der zitierten Vorschrift, der Abweichungen von den Bewertungsgrundsätzen des § 252 Abs. 1 HGB nur in begründeten Ausnahmefällen gestattet.[14]

Wegen des Ausnahmecharakters dieser Regelung muß nach Niessen davon ausgegangen werden, daß der Umfang möglicher Abweichungsfälle auch für die Sollvorschrift des § 252 Abs. 1 Nr. 6 HGB begrenzt ist.[15] Das heißt: Alle Abweichungen, die sich nicht auf die Ausnahmefälle vom Stetigkeitsgebot

---

10)   Dieser Auffassung muß aber m.E. widersprochen werden. So stellt z.B. Creifelds fest, daß der Begriff "sollen" im juristischen Sprachgebrauch sehr wohl unterschiedlich interpretiert werden kann. Dabei reichen die Interpretationen von "nicht brauchen" über "müssen" bzw "nicht dürfen" bis zu "im Regelfall zu tun oder zu unterlassen"; vgl. Creifelds, C.: "Rechtswörterbuch", hrsg. von C. Creifelds, 5. Aufl., München 1978, S. 1023.

11)   vgl. Biener, H./Berneke, W., a.a.O., S. 91

12)   vgl. z.B. Eckes, B., a.a.O., S. 1443f.; Söffing, G., a.a.O., S. 2599f.

13)   vgl. Niessen, H.: "Bewertungsstetigkeit - Muß- oder Sollvorschrift ?", in: BB 1985, S. 1642

14)   vgl. ebenda

15)   vgl. ebenda

sowohl in bezug auf den sachlichen als auch auf den zeitlichen Geltungsbereich beschränken, sind untersagt.[16]

Abschließend soll noch auf die Ausführungen von Müller hingewiesen werden, die in gewissem Sinne eine Zwischenstellung zu dem bisher Gesagten einnehmen.[17] Seiner Meinung nach kann die unterschiedliche Formulierung der Nr. 6 gegenüber den Nummern 1 bis 5 des § 252 Abs. 1 HGB dahingehend ausgelegt werden, daß das Prinzip der Bewertungsstetigkeit im Rang unter den anderen Prinzipien des § 252 Abs. 1 HGB steht. Eine solche Nachrangigkeit hat für Müller aber zwangsläufig zur Folge, daß z.B. das Vorsichtsprinzip eine Abweichung vom Grundsatz der Bewertungsstetigkeit rechtfertigt, ohne daß § 252 Abs. 2 HGB mit seinen besonderen Voraussetzungen ("nur in begründeten Ausnahmefällen") in der oben gegebenen Auslegung bemüht werden müßte.[18]

Zusammenfassend muß an dieser Stelle festgestellt werden, daß eine verbindliche Stellungnahme über den Verpflichtungscharakter der Bewertungsstetigkeit abschließend nur unter Berücksichtigung der gesamten Bewertungskonzeption des HGB abgegeben werden kann. Gerade unter diesem Blickwinkel stellen die Ausführungen von Müller aber einen interessanten Ansatzpunkt dar. Ohne die noch vorzunehmende fundierte Untersuchung der dem Bilanzrecht zugrundeliegenden Jahresabschlußzwecke können seine - oben (nur kurz) skizzierten - Schlußfolgerungen allerdings nicht nachvollzogen werden.

2. Bedeutung der Abweichungsregelung für begründete Ausnahmefälle nach § 252 Abs. 2 HGB

Bei den Abweichungen vom Grundsatz der Bewertungsstetigkeit sind grundsätzlich drei Fälle zu unterscheiden:
- Abweichungen von der Bewertungsstetigkeit, die der Gesetzgeber (zwingend) vorschreibt;
- Abweichungen von der Bewertungsstetigkeit, die der Gesetzgeber im Sinne eines Wahlrechtes offenläßt;
- Abweichungen von der Bewertungsstetigkeit in begründeten Ausnahmefällen.

---

16)   So auch Kupsch, P.: "Einheitlichkeit ...", a.a.O., S. 1159 m.w.N.

17)   vgl. Müller, W.: "Zur Rangordnung der in § 252 Abs. 1 Nr. 1 bis 6 HGB kodifizierten allgemeinen Bewertungsgrundsätze", in: Havermann, H. (Hrsg.): Bilanz- und Konzernrecht, Festschrift zum 65. Geburtstag von R. Goerdeler, Düsseldorf 1987, S. 397-410, hier: S. 406f.

18)   vgl. ebenda

Während diese eindeutige Trennung in drei Abweichungsmöglichkeiten im Regierungsentwurf zum Bilanzrichtlinien-Gesetz noch enthalten war[19], beschränkt sich der Wortlaut des § 252 Abs. 2 HGB nur noch auf den zuletztgenannten Fall. Damit könnte leicht der Eindruck entstehen, daß die Bewertungsstetigkeit nur noch bei "begründeten Ausnahmefällen" eine Einschränkung erfährt, die beiden zunächst genannten Abweichungsfälle also nicht mehr zu berücksichtigen wären.

Dieser Eindruck trügt jedoch. Denn dem Bericht des Rechtsausschusses kann zu dieser Reduzierung des § 252 Abs. 2 HGB u.a. folgendes entnommen werden: "§ 252 Abs. 2 HGB faßt die Bestimmungen des § 259 Abs. 2 Satz 1 und 2 HGB-E klarer und entspricht Artikel 31 Abs. 2 Satz 1 der Vierten Richtlinie. In den Ausnahmefällen gelten die für diese Fälle einschlägigen Grundsätze ordnungsmäßiger Buchführung. Die Geltung gesetzlicher Bewertungsvorschriften versteht sich von selbst."[20]

Diese Begründung des Gesetzgebers zeigt deutlich, daß mit der beschriebenen Änderung des Wortlautes keine inhaltlichen Konsequenzen in bezug auf die möglichen Abweichungsfälle beabsichtigt waren. Die oben aufgeführten drei Fälle für Abweichungen von der Bewertungsstetigkeit besitzen also weiterhin ihre Gültigkeit. Aber, und dieser Aspekt muß m.E. besonders hervorgehoben werden, die beiden zuerst genannten Fälle, also die gesetzlich vorgeschriebenen bzw. die gesetzlich wahlweise zugelassenen Bewertungsabweichungen, fallen nicht in den durch § 252 Abs. 2 HGB abgedeckten Bereich der Abweichungen.

Trotzdem stellen auch sie eine wesentliche Größe für die Gesamtbeurteilung der Bewertungsstetigkeit dar, da sie in nicht unerheblichem Umfang den Wirkungsbereiches des § 252 Abs. 2 Nr. 6 HGB beeinflussen. Bevor deshalb auf die "begründeten Ausnahmefälle" nach § 252 Abs. 2 HGB näher eingegangen wird, sollen zunächst - der Dreiteilung des Regierungsentwurfs folgend - die gesetzlich vorgeschriebenen bzw. die zugelassenen Bewertungsabweichungen untersucht werden.

Zwingende Abweichungen von einer im vorhergehenden Jahresabschluß angewandten Bewertungsmethode ergeben sich i.d.R. immer dann, wenn die Bewertungsstetigkeit als allgemeiner Bewertungsgrundsatz hinter spezielle Regelungen des Gesetzes zurücktreten muß.

An erster Stelle müssen dabei die für alle Kaufleute geltenden Bewertungsvorschriften des § 253 HGB und § 256 HGB näher betrachtet werden.

Sowohl aus § 253 Abs. 2 Satz 3 HGB als auch aus § 253 Abs. 3 Satz 1 und 2 HGB ergeben sich nämlich zwingend erforderliche Abweichungen von der

---

19)   vgl. Forster, K.-H.: "Bewertungsstetigkeit ...", a.a.O., S. 39

20)   Biener, H./Berneke, W., a.a.O., S. 92

Bewertungsstetigkeit, wenn die dort beschriebenen Sachverhalte auftreten. Das strenge Niederstwertprinzip verlangt in diesen Fällen, daß die Fortführung der Wertansätze des vorangegangenen Jahresabschlusses aufgegeben wird. Genauer gesagt sind (außerplanmäßige) Abschreibungen vorzunehmen, damit die Vermögensgegenstände mit dem niedrigeren Wert angesetzt werden. Von einer Beibehaltung der im vorhergehenden Jahresabschluß angewandten Bewertungsmethode kann nicht mehr gesprochen werden.[21]

Ebenso ist von den in § 256 HGB aufgeführten Bewertungsvereinfachungsverfahren abzuweichen, wenn die für das jeweilige Verfahren maßgeblichen Voraussetzungen nicht mehr bestehen. Beispielsweise müssen die in § 240 Abs. 3 HGB genannten Voraussetzungen für die Festbewertung kumulativ erfüllt sein. Ist nur eine der Voraussetzungen nicht mehr gegeben, so fehlt es an der gesetzlichen Grundlage für eine Beibehaltung des Verfahrens der Festbewertung, d.h., der Bilanzierende ist verpflichtet, auf die Einzelbewertung überzugehen. Auch dies stellt natürlich einen Wechsel in der Bewertungsmethode dar und führt deshalb zu einem gesetzlich vorgeschriebenen Abweichen von der Bewertungsstetigkeit.[22]

Zweitens muß für die Kapitalgesellschaften der § 280 Abs. 1 HGB beachtet werden. Dort heißt es, daß für eine Abschreibung nach § 253 Abs. 2 Satz 3 oder Abs. 3 oder § 254 Satz 1 HGB grundsätzlich eine Pflicht zur Wertaufholung (= Zuschreibung) besteht.[23] Auch hier handelt es sich um eine gesetzliche Verpflichtung zur Abweichung von der Bewertungsstetigkeit. Die Beibehaltung des niedrigeren Wertansatzes nach § 253 Abs. 5 HGB (= angewandte Bewertungsmethode gemäß § 252 Abs. 1 Nr. 6 HGB in bezug auf die Zeitkomponente der Bewertungsstetigkeit) muß i.d.R. der strengeren Vorschrift des § 280 Abs. 1 HGB weichen.

Neben diesen aufgrund spezieller Bewertungsvorschriften vorhandenen Pflichten, die Bewertungsstetigkeit zu unterbrechen, müssen in einem letzten Punkt die Beziehungen zwischen der Stetigkeit und anderen, ebenfalls übergreifend wirkenden Gesetzesnormen überprüft werden. Dieser dritte Aspekt untergliedert sich dabei nochmals in zwei Bereiche.

Zum einen muß überall dort, wo das Stetigkeitsgebot im Konflikt zu anderen allgemeinen Bewertungsgrundsätzen steht, eine Interessenabwägung stattfinden. So ist in diesem Zusammenhang z.B zu fragen, ob zwischen der Bewertungsstetigkeit und dem Vorsichtsprinzip nicht eine Konkurrenzbeziehung besteht. Daß dies durchaus unterschiedlich gesehen wird, zeigen die Stellung-

---

21) Derselben Auffassung ist z.B. Kupsch, P.: "Einheitlichkeit ...", a.a.O., S. 1159.

22) vgl. Eckes, B., a.a.O., S. 1443; Selchert, F. W.: "Bewertungsstetigkeit ...", a.a.O., S. 1893

23) Als Voraussetzungen für eine solche (zwangsweise vorzunehmende) Zuschreibung sind folgende Aspekte von Bedeutung: Erstens müssen die Gründe für die jeweils vorgenommene Abschreibung weggefallen sein; zweitens kann das faktische Wertaufholungswahlrecht nach § 280 Abs. 2 HGB nicht in Anspruch genommen werden.

nahmen zu diesem Problemkreis. Während z.B. Forster zu dem Ergebnis kommt, daß die Bewertungsstetigkeit nicht im Gegensatz zum Grundsatz der Vorsicht steht[24], stellt Moxter das Vorsichtsprinzip als zentrale Bewertungsregel in den Mittelpunkt seiner Betrachtungen.[25] Eine vorsichtige Bewertung hat für Moxter grundsätzlich den Vorrang, d.h., das Stetigkeitsgebot muß gegenüber dem Vorsichtsprinzip zurücktreten.[26] Schon diese wenigen Anmerkungen zu diesem Problemfeld zeigen, daß die Bewertungsstetigkeit nicht losgelöst von der gesamten Bewertungskonzeption des Bilanzrichtlinien-Gesetzes beurteilt werden kann. Vielmehr besteht zwischen der Bewertungsstetigkeit und den anderen Bestandteilen der Bewertungskonzeption ein oftmals wechselseitiges Verhältnis, das es zu beachten (und zu untersuchen[27]) gilt.

Zum anderen müssen für die Kapitalgesellschaften die ergänzenden Vorschriften der §§ 264ff. HGB beachtet werden. Mit der sich auf die gesamte Bilanzierung erstreckenden Forderung nach einem den tatsächlichen Verhältnissen entsprechenden Bild der Vermögens-, Finanz- und Ertragslage hat der Gesetzgeber eine Generalnorm für die Rechnungslegung aufgestellt, die in bezug auf die Bewertungsstetigkeit eine nicht zu unterschätzende Bedeutung erlangt. So müßte bei strenger Auslegung dieser Generalnorm bei jeder Verfälschung der Vermögens-, Finanz- oder Ertragslage die Forderung nach einer stetigen Bewertung hinter den vom Gesetzgeber in § 264 Abs. 2 HGB geforderten "true and fair view" zurücktreten.[28] Ob eine derart enge Auslegung der Einblicksregelung in der Bilanzierungspraxis überhaupt möglich und vom Gesetzgeber erwünscht ist, muß m.E. allerdings bezweifelt werden.[29]

Die *zulässigen Abweichungen* von der Bewertungsstetigkeit - von Forster auch als "Unterbrechungswahlrechte" bezeichnet[30] - bedürfen zunächst einer

---

24)   vgl. Forster, K.-H.: "Bewertungsstetigkeit ...", a.a.O., S. 37f.

25)   vgl. Moxter, A.: "Zum neuen Bilanzrechtsentwurf", a.a.O., S. 1102

26)   vgl. ebenda

27)   In bezug auf die Untersuchung der (möglicherweise) vorhandenen konflikthaften Beziehungen zwischen der Bewertungsstetigkeit und den übrigen Bewertungsgrundsätzen muß auf Kapitel D verwiesen werden. Erst dort erfolgt unter Beachtung der bilanztheoretischen Erkenntnisse aus Kapitel C der Einbau der Bewertungsstetigkeit in die Bewertungskonzeption des Bilanzrichtlinien-Gesetzes. Die obigen, knappen Ausführungen dienen deshalb lediglich dazu, die Bedeutung der Abweichungsregelung nach § 252 Abs. 2 HGB richtig (im Sinne von: vollständig) beurteilen zu können.

28)   vgl. z.B. Sahner, F./Schultzke, J., a.a.O., S. 574; Forster, K.-H.: "Bewertungsstetigkeit ...", a.a.O., S. 39f.; Kupsch, P.: "Einheitlichkeit ...", a.a.O., S. 1159

29)   Dieser Aspekt kann aber erst nach einer eingehenden Untersuchung der gesetzlichen Jahresabschlußzwecke und der sich daraus ergebenden Konsequenzen abschließend beurteilt werden (vgl. Kapitel C i.V.m. dem Einbau der Bewertungsstetigkeit in die Bewertungskonzeption des HGB von 1985).

30)   Forster, K.-H.: "Bewertungsstetigkeit ...", a.a.O., S. 40

inhaltlichen Konkretisierung. Es stellt sich nämlich die Frage, ob Sachverhalte, die nicht mehr unter das Stetigkeitsgebot fallen, als Unterbrechungswahlrechte anzusehen sind oder nicht.

Daß eine solche Frage durchaus berechtigt ist, zeigen beispielsweise die Ausführungen von Kupsch zu diesem Problemkreis.[31] Für ihn beziehen sich die zulässigen Abweichungen aufgrund gesetzlicher Vorschriften auf Wertansatz- und Beibehaltungswahlrechte, da diese grundsätzlich nicht dem Stetigkeitspostulat unterliegen.[32]

Kupsch ist dahingehend zuzustimmen, daß die von ihm angesprochenen Wertansatz- und Beibehaltungswahlrechte tatsächlich nur sehr beschränkt in den Wirkungsbereich des § 252 Abs. 1 Nr. 6 HGB fallen.[33]

Es erscheint aber wenig sinnvoll, diese Teilmenge der Bewertungswahlrechte als Unterbrechungswahlrechte zu bezeichnen. Denn der Grundsatz der Bewertungsstetigkeit kann überhaupt nur dann unterbrochen werden, wenn er zuvor zur Anwendung gekommen ist. Gerade dieser Sachverhalt liegt aber, wie gezeigt werden konnte, bei den von Kupsch angesprochenen Wertansatz- und Beibehaltungswahlrechten nicht vor.

Deshalb muß an dieser Stelle festgehalten werden, daß die von Kupsch aufgeführten Wahlrechte nicht unter die Kategorie der zulässigen Abweichungen von der Bewertungsstetigkeit subsumiert werden dürfen.

Damit reduzieren sich die Unterbrechungswahlrechte bezüglich der Bewertungsstetigkeit auf solche Fälle, die erst im Zeitablauf eine Wahlmöglichkeit hinsichtlich der Bewertung eröffnen.

Zu denken ist hierbei an die bereits angesprochene Möglichkeit der Nutzung von Bewertungsvereinfachungsverfahren (z.B. Festbewertung). Die dafür vom Gesetzgeber vorgeschriebenen Anforderungen können sich in der Regel erst im Zeitablauf (z.B. nach 3 Jahren) einstellen. Zu diesem (vorher nicht bestimmbaren) Zeitpunkt muß der Rechnungslegende aber die Wahlmöglichkeit besitzen, von der Einzelbewertung auf die Festbewertung überzugehen, obwohl eine solche Änderung der Bewertungsmethode gleichzeitig eine Unterbrechung der Bewertungsstetigkeit darstellt.

---

31) vgl. Kupsch, P.: "Einheitlichkeit ...", a.a.O., S. 1159f.; ähnliche Beispiele verwenden auch Eckes, B., a.a.O., S. 1443; Selchert, F. W.: "Bewertungsstetigkeit ...", a.a.O., S. 1893; Forster, K.-H.: "Bewertungsstetigkeit ...", a.a.O., S. 40.

32) vgl. Kupsch, P.: "Einheitlichkeit ...", a.a.O., S. 1159

33) So konnte bei der Bestimmung des sachlichen Geltungsbereiches der Bewertungsstetigkeit gezeigt werden, daß nur die Wertansatzwahlrechte der ersten Ebene stetig angewendet werden müssen (siehe S. 40ff.). Und auch in bezug auf die Zeitkomponente der Bewertungsstetigkeit zeigte sich, daß unter der Annahme unveränderter Wertverhältnisse grundsätzlich nur die Wertstetigkeit für dieselben und gleichen bzw. gleichartigen Vermögensgegenstände und Schulden zu beachten ist (siehe dazu S. 50-52 und S. 53ff.).

Als dritte und letzte Möglichkeit, und nur diese wird im § 252 Abs. 1 Nr. 6 HGB ausdrücklich erwähnt, erlaubt der Gesetzgeber eine Abweichung von der Bewertungsstetigkeit in *begründeten Ausnahmefällen*. Was jedoch als Ausnahmefall in Frage kommt, wird im Bilanzrichtlinien-Gesetz nicht näher erläutert. Es ist deshalb nicht weiter verwunderlich, daß in der Literatur versucht wurde, diese (scheinbare) Lücke im Gesetzestext durch entsprechende Ausnahmekataloge auszufüllen.

Die in unzähligen Aufsätzen und Kommentaren zum § 252 Abs. 2 HGB entwickelten Kataloge[34] hatten jedoch lediglich zur Folge, daß die Frage, wie weit oder wie eng der Begriff "begründeter Ausnahmefall" auszulegen ist, immer wieder für kontrovers geführte Diskussionen sorgte.[35] Als Resultat dieser Bemühungen kann m.E. festgehalten werden, daß die Unsicherheit über den Bedeutungsinhalt des § 252 Abs. 2 HGB eher noch zu- als abgenommen hat.

Aus diesem Grund soll in der vorliegenden Arbeit eine nach welchen Gesichtspunkten auch immer systematisierte Auflistung von "begründeten Ausnahmefällen" nicht angestrebt werden.[36] Vielmehr erscheint es (in diesem Fall) auch im Sinne des Gesetzgebers angebracht, dem Rechnungslegenden selbst die Entscheidung darüber zu überlassen, welche Tatbestände er (als ordentlicher Kaufmann) als begründete Ausnahmefälle im Sinne des § 252 Abs. 2 HGB ansieht. Die Grenze für eine Inanspruchnahme des § 252 Abs. 2 HGB kann nämlich nur darin gesehen werden, daß erstens der jeweilige Ausnahmefall sachlich begründet sein muß und zweitens die Ausnahmefälle bei der Prüfung des Jahresabschlusses intersubjektiv nachvollziehbar sein müssen. Nur durch die Anwendung dieser Kriterien wird eine für alle Parteien vertretbare (einzelfallbezogene) Handhabung des § 252 Abs. 2 HGB möglich und gleichzeitig das Zustandekommen neuer Diskussionen über die Vollständigkeit und Akzeptanz von Ausnahmekatalogen von vornherein verhindert.

Abschließend, und die Ausführungen zum § 252 Abs. 2 HGB (bzw. zu den zahlreichen in der Literatur vorhandenen Ausnahmekatalogen) könnten nicht

---

34)   vgl. z.B. Forster, K.-H.: "Bewertungsstetigkeit ...", a.a.O., S. 40f.; derselbe: "Bilanzpolitik ...", a.a.O., S. 35; Adler, H./Düring, W./Schmaltz, K.: "Rechnungslegung ...", 5. Aufl., a.a.O., § 252 HGB Tz. 107, S. 38; Kupsch, P.: "Einheitlichkeit ...", a.a.O., S. 1159f.; Eckes, B., a.a.O., S. 1443; Pfleger, G.: "In welchen Ausnahmefällen darf vom Grundsatz der Bewertungsstetigkeit abgewichen werden ?" (im folgenden zitiert als: "In welchen Ausnahmefällen ..."), in: DB, 1986, S. 1133-1136, hier: S. 1133f.

35)   vgl. z.B. Kupsch, P.: "Einheitlichkeit ...", a.a.O., S. 1159; Selchert, F. W. : "Bewertungsstetigkeit ...", a.a.O., S. 1894; Adler, H./Düring, W./Schmaltz, K.: "Rechnungslegung ...", 5. Aufl., a.a.O., § 252 HGB Tz. 108, S. 38; Förschle, G./Kropp, M., a.a.O., S. 885f. m.w.N.

36)   Zu denken wäre aber z.B. an einen Eigentümerwechsel oder den Hinzutritt oder Austritt wesentlicher Mitgesellschafter und der damit oftmals verbundenen Neuorientierung der Geschäftspolitik; in diesem Zusammenhang kann es durchaus zweckmäßig sein, an die Stelle der bisherigen Bewertungsmethoden andere treten zu lassen; vgl. hierzu und zu weiteren begründeten Ausnahmefällen z.B. auch Forster, K.-H.: "Bewertungsstetigkeit ...", a.a.O., S. 40f.

Abschließend, und die Ausführungen zum § 252 Abs. 2 HGB (bzw. zu den zahlreichen in der Literatur vorhandenen Ausnahmekatalogen) könnten nicht treffender abgeschlossen werden, muß noch einmal Helmrich zitiert werden. Für ihn steht nämlich fest, daß das Leben und die Wirtschaftsabläufe allemal erfindungsreicher sind als das, "was wir gemeinsam uns ausdenken und auf das Papier bringen können. Es gibt keine Vorschrift, die solche Dinge versucht hat, die nicht im Laufe der nächsten 15 Jahre durch Rechtsprechung und durch Gesetzesnovellierungen auf das Zehnfache angewachsen wäre."[37]

---

37)   Helmrich, H.: "Umsetzung ...", a.a.O., S. 629

C. Bilanztheoretische Grundlagen für eine Gesamtbeurteilung der Bewertungsstetigkeit

I. Entwicklungsstufen der Bilanztheorie

1. Zum Begriff "Bilanztheorie"

Die in der Bilanzliteratur dargestellten verschiedenen Bilanzkonzeptionen werden häufig umfassender als Bilanztheorien bezeichnet. Allerdings, so stellt Le Coutre fest, entspricht der Inhalt des viel gebrauchten Begriffs "Bilanztheorie" nicht vollständig den Ansprüchen, denen im allgemeinen eine Theorie genügen muß.[1] Daß dem so ist, wird auch z.B. von Heinen nicht bezweifelt, aber für ihn stellt dieser Mangel nur ein wissenschaftstheoretisches Problem dar.[2] Seiner Meinung nach lassen sich in der Wissenschaftstheorie zwei Betrachtungsweisen unterschciden[3], die einer Bestimmung des Begriffes "Bilanztheorie" zugrundegelegt werden können.[4]

Erstens kann die Bilanztheorie als widerspruchsfreies Aussagesystem aufgefaßt werden, d.h., ausgehend von bestimmten Prämissen erfolgt die logisch schlüssige Durchdringung eines Ausschnittes der Realität.[5] Da - wie es häufig der Fall ist - ein in dieser Weise aufgestellter Ordnungsentwurf gleichzeitig als erstrebenswerter Idealzustand angesehen wird, bezeichnet z.B. Heinen diesen Theorietyp auch als "Idealtheorie".[6]

Legt man diesen (normativen) Theorietyp den bilanztheoretischen Überlegungen zugrunde, dann erklärt sich z.B. das Zustandekommen von unterschiedlichen Jahresabschlußzwecken innerhalb der einzelnen idealtheoretischen Ansätze beinahe von alleine. Denn je nach Prämissenauswahl und Standort des

---

1) vgl. Le Coutre, W.: "Bilanztheorien" (im folgenden ebenso zitiert), in: HWB, 3. Aufl., hrsg. von Seischab, H./Schwantag, K., Stuttgart 1956-1962, Sp. 1153-1177, hier: Sp. 1154

2) vgl. Heinen, E.: "Handelsbilanzen", a.a.O., S. 31

3) vgl. hierzu Schmidt, R.-B.: "Wirtschaftslehre der Unternehmung, Bd. 1: Grundlagen und Zielsetzung" (im folgenden zitiert als: "Wirtschaftslehre ..."), 2. Aufl., Stuttgart 1977, S. 20ff. m.w.N.; Heinen, E.: "Einführung in die Betriebswirtschaftslehre" (im folgenden zitiert als: "Einführung ..."), 9. Aufl., Wiesbaden 1985, S. 17f.

4) vgl. Heinen, E.: "Handelsbilanzen", a.a.O., S. 31ff.

5) vgl. ebenda, S. 32

6) Heinen, E.: "Einführung ...", a.a.O., S. 18

tionsmöglichkeiten für ein- und denselben Ausschnitt der (Bilanzierungs-)Realität.

Die Bedeutung der idealtheoretischen Ansätze der Bilanztheorie ist deshalb auch nicht (oder nur in einem relativ geringen Umfang) in der Erhellung der in der Bilanzierungspraxis tatsächlich ablaufenden Prozesse zu sehen, sondern in der Anregungsfunktion für Betrachtungen de lege ferenda.[7] In diesem Sinne stellt der idealtheoretische Ansatz der Bilanztheorie eine unentbehrliche Denkhilfe dar, mit der mögliche Zusammenhänge und damit verbundene Prozesse innerhalb des Jahresabschlusses besser beschrieben und beurteilt werden können.

Dem Begriff "Bilanztheorie" kann wissenschaftstheoretisch aber auch ein zweiter, den "Idealtheorien" gegensätzlicher Theorietyp zugrundegelegt werden, der werturteilsfrei formuliert ist. Er verfolgt als theoretisches Wissenschaftsziel die Gewinnung von sog. "Realtheorien".[8]

Eine Theorie in diesem Sinn ernennt nicht mögliche oder erstrebenswerte Bilanzmodelle zum theoretischen Forschungsziel, sondern soll Informationen darüber liefern, was in der Wirklichkeit tatsächlich geschieht.[9]

Für die auf diesen Theoriebegriff aufbauenden bilanztheoretischen Arbeiten bedeutet dies aber zwangsläufig, daß sie auf der Grundlage des aktuellen Bilanzrechts (de lege lata) durchzuführen sind.[10]

Um den Unterschied zum erstgenannten Theoriebegriff noch zu verdeutlichen, kann auf das oben verwendete Beispiel der unterschiedlichen Jahresabschlußzwecke bei idealtheoretischen Ansätzen zurückgegriffen werden. Eine solche Vielzahl unterschiedlicher Jahresabschlußzwecke, wie sie dort aufgezeigt wurde, kann bei realtheoretischen Betrachtungen nicht zustandekommen. Es besteht nämlich nicht die Möglichkeit, die Wahl der zugrundeliegenden Jahresabschlußzwecke in Abhängigkeit von der Prämissenauswahl und dem Standort des Bilanztheoretikers vorzunehmen. Vielmehr finden in einer realtheoretischen Analyse nur diejenigen Jahresabschlußzwecke Beachtung, die der Gesetzgeber in den Bestimmungen für Handels- und Steuerbilanz vorgegeben hat. Die realtheoretischen Ansätze der Bilanztheorie basieren damit auf den "gesetzlichen Jahresabschlußzwecken".[11]

---

7) vgl. Heinen, E.: "Handelsbilanzen", a.a.O., S. 32

8) Schmidt, R.-B.: "Wirtschaftslehre ...", a.a.O., S. 23

9) vgl. ebenda, S. 23; Heinen, E.: "Handelsbilanzen", a.a.O., S. 32f.

10) vgl. Wilsdorf, F.: "Rechnungslegungszwecke der Handelsbilanz und Steuerbilanz nach Inkrafttreten des Bilanzrichtlinien-Gesetzes", Frankfurt am Main 1988, S. 2

11) vgl. ebenda, S. 3

An dieser Stelle muß darauf hingewiesen werden, daß den weiteren Ausführungen der zweite Theorietyp zugrundegelegt wird. Dabei können folgende Gründe, die für eine realtheoretische Betrachtung sprechen, angeführt werden:

Erstens - und dieser Punkt kann unabhängig von der jeweils betrachteten Aufgabenstellung gesehen werden - gewinnt der realtheoretische Ansatz in der Betriebswirtschaftslehre im allgemeinen zunehmend an Bedeutung.[12] Dieser Entwicklung hat die bilanztheoretische Forschung bisher aber nur bedingt Rechnung getragen. Erst in der allerjüngsten Zeit setzt sich auch in der Bilanzliteratur die Ansicht durch, daß real- und idealtheoretische Betrachtungsweisen zu unterscheiden sind.[13] Heinen deutet diese Entwicklung dahingehend, daß "die weißen Flecken auf der Karte bilanztheoretischer Forschung"[14] erkannt worden sind und daß deshalb die zukünftige wissenschaftliche Bilanzarbeit sich mehr am realtheoretischen Ansatz der Bilanztheorie zu orientieren hat.[15]

Zweitens bietet sich gerade nach Inkrafttreten eines neuen Gesetzes, in unserem Fall des Bilanzrichtlinien-Gesetzes, zunächst eine bilanztheoretische Erforschung der Zusammenhänge de lege lata an. Es erscheint zu einem solchen Zeitpunkt weniger sinnvoll, bereits schon wieder Betrachtungen de lege ferenda vorzunehmen, ohne das gerade eingeführte, nunmehr gültige Bilanzrecht erschöpfend untersucht zu haben. Überlegungen de lege ferenda sollten zumindest schwerpunktmäßig in der Konzeptionsphase und nicht in der Durchsetzungsphase eines Gesetzes im Vordergrund der wissenschaftlichen Bilanzarbeit stehen. Dies umso mehr, als Betrachtungen de lege ferenda zu einer Zunahme der Rechtsunsicherheit führen können, da in der Bilanzierungspraxis der Unterschied zwischen Bilanzmodellen und der gesetzlichen Realität nicht immer erkannt wird.

Da nach Schneider außerdem die persönlichen Wunschvorstellungen einiger Autoren hinsichtlich der Zwecke der Rechnungslegung nicht selten als Wille des Gesetzgebers ausgegeben werden[16], erfährt die Rechtsunsicherheit in der Bilanzierungspraxis häufig sogar noch eine Steigerung.

Drittens zeigen die Diskussionen über die Bewertungsgrundsätze im allgemeinen sowie über den Inhalt und Geltungsbereich der Grundsätze in § 252 Abs. 1 HGB im besonderen, daß in diesem Bereich auch unter bilanztheoreti-

---

12)   vgl. Heinen, E.: "Handelsbilanzen", a.a.O., S. 33

13)   vgl. Wilsdorf, F., a.a.O., S. 2 m.w.N.

14)   Heinen, E.: "Handelsbilanzen", a.a.O., S. 33

15)   vgl. Heinen, E.: "Handelsbilanzen", a.a.O., S. 33

16)   vgl. Schneider, D.: "Erfolgsermittlung als Rechnungsziel - ein empirischer und wissenschaftsgeschichtlicher Test" (im folgenden zitiert als: "Erfolgsermittlung ..."), in: ZfbF 1978, S. 326-347, hier: S. 331

schen Gesichtspunkten eine detaillierte Untersuchung der Zusammenhänge und Beziehungen noch aussteht.

Dabei erscheint eine solche Untersuchung weniger aus Gründen der (isolierten) inhaltlichen Konkretisierung eines einzelnen Bewertungsgrundsatzes ratsam (siehe dazu Kapitel B), sondern sie stellt in erster Linie für die Einordnung bzw. Stellung der Einzelgrundsätze innerhalb der gesamten Bewertungskonzeption eine notwendige Voraussetzung dar. Deshalb muß m.E. auch für die Bewertungsstetigkeit eine derartige bilanztheoretische Untersuchung gefordert werden. Für einen im 3. Buch des HGB ausdrücklich aufgeführten Bewertungsgrundsatz kann dies aber nur bedeuten, daß die Betrachtung de lege lata vorzunehmen ist und somit der realwissenschaftliche Ansatz der Bilanztheorie zum Zuge kommt. Denn letztendlich kann die Bewertungsstetigkeit nur dann richtig beurteilt werden, wenn zuvor der vom Gesetzgeber beabsichtigte Sinn und Zweck der Jahresabschlußrechnung erkannt und die Aufgabe der Bewertungsstetigkeit in dieser (gesetzlichen) Grundkonzeption ausgemacht worden ist. Für diese Aufgabe ist der realwissenschaftliche Ansatz in der Bilanztheorie aber geradezu prädestiniert.

2. Bilanztheorien im Überblick

a) Klassische Bilanztheorien

In den Lehrbüchern zur allgemeinen Betriebswirtschaftslehre[17] und zur Bilanzierung[18] stellen die sog. "klassischen Bilanztheorien" sehr häufig den Ausgangspunkt für die bilanztheoretischen Untersuchungen dar. Die damit üblicherweise verbundene Unterteilung der Bilanztheorie in eine statische, dynamische und organische Bilanzauffassung ist allerdings nicht unumstritten.[19] So weist z.B. Schneider darauf hin, daß die Reduzierung des bilanztheoretischen Wissens auf eine solche schematische Dreiteilung zumindest in zeitlicher Hinsicht nicht nur unvollständig, sondern darüber hinaus auch fragwürdig geordnet und gewichtet ist.[20] Für die vorliegende Arbeit jedoch erscheint die (reduzierte)

---

17) vgl. dazu z.B. Wöhe, G.: "Einführung in die Allgemeine Betriebswirtschaftslehre" (im folgenden zitiert als: "Einführung ..."), 16. Aufl., München 1986, S. 1098ff.; Schierenbeck, H.: "Grundzüge der Betriebswirtschaftslehre", 10. Aufl., Oldenburg 1989, S. 481ff.

18) vgl. z.B. Coenenberg, A. G., a.a.O., S. 717ff.; Heinen, E.: "Handelsbilanzen", a.a.O., S. 36ff.; Moxter, A.: "Bilanzlehre, Bd. 1: Einführung in die Bilanztheorie" (im folgenden zitiert als: "Einführung ..."), 3. Aufl., Wiesbaden 1984, S. 5ff.; Wöhe, G.: "Bilanzierung ...", a.a.O., S. 51

19) vgl. Schneider, D.: "Entwicklungsstufen der Bilanztheorie" (im folgenden zitiert als: "Entwicklungsstufen ..."), in: WiSt 1974, S. 158-164

20) vgl. Schneider, D.: "Entwicklungsstufen ...", a.a.O., S. 158

klassische Unterteilung in statische, dynamische und organische Bilanztheorie vor allem aus zwei Gründen durchaus sinnvoll.

Erstens ist es trotz verschiedenartiger Ansätze bisher noch nicht gelungen, ein allgemein anerkanntes Ordnungsschema der Bilanztheorien zu entwickeln. Eine solche durchaus reizvolle Aufgabenstellung bildet sowohl inhaltlich als auch dem Umfang nach einen geeigneten Ausgangspunkt für eine eigenständige, sich auf ein solches Thema beschränkende Arbeit.

Und zweitens - und dieser Aspekt erscheint noch bedeutsamer - wird auch durch die Beschränkung auf "die unheilige Dreifaltigkeit von statischer, dynamischer und organisatorischer Bilanzauffassung"[21] deutlich, welcher Theorietyp den klassischen Bilanztheorien (in ihrer Gesamtheit) zugrundeliegt, was wiederum zwingend zur Beantwortung der Frage führt, ob diese Theorien für eine bilanztheoretische Fundierung der Bewertungsstetigkeit im realwissenschaftlichen Sinne überhaupt geeignet erscheinen.

Bei der statischen Bilanztheorie wird die Hauptaufgabe der Bilanz (= primärer Bilanzzweck) in der Ermittlung und Darstellung des Vermögens- und Schuldenstandes an einem bestimmten Stichtag gesehen.[22] Eine in diesem Sinne verstandene Bilanz soll dem Eigentümer, dem Gläubiger und der Öffentlichkeit Rechenschaft über den Zustand (= Status) des Unternehmens am Bilanzstichtag geben.[23] Hinsichtlich der Interpretation der Bilanz als Zustandsbild besteht innerhalb der Gruppe statischer Bilanztheoretiker ein grundsätzliches Einvernehmen. Trotzdem haben sich in bezug auf die Funktionen der Bilanz im Zeitablauf unterschiedliche Auffassungen entwickelt, die es im folgenden kurz zu kennzeichnen gilt.

Die ältere statische Bilanzauffassung, deren Hauptvertreter Hermann Veit Simon ist, sieht die jährliche Bilanz als reine Vermögensbilanz.[24] Die Gläubiger sollen durch Gegenüberstellung des Vermögens und der Schulden darüber informiert werden, ob und wie ihre Forderungen durch das vorhandene Vermögen gedeckt sind. Es interessieren daher vorrangig die Höhe und Zusammensetzung des Vermögens und des Kapitals.[25] Demgegenüber besitzt die Gewinn- und Verlustrechnung eine untergeordnete Bedeutung; das heißt zugleich: sie wird als von der Bilanz weitgehend unabhängige Sonderrechnung betrachtet. Die Gewinnermittlung in der älteren statischen Bilanzauffassung ist "ein

---

21) Schneider, D.: "Entwicklungsstufen ...", a.a.O., S. 161

22) vgl. Schweitzer, M.: "Bilanztheorien" (im folgenden ebenso zitiert), in: HWB, 4. Aufl., hrsg. von Grochla, E./Wittmann, W., Stuttgart 1974-1976, Sp. 927-947, hier: Sp. 933f.

23) vgl. Wöhe, G.: "Bilanzierung ...", a.a.O., S. 224

24) vgl. Moxter, A.: "Einführung ...", a.a.O., S. 5

25) vgl. Coenenberg, A. G., a.a.O., S. 726

zwangsläufig anfallendes Nebenprodukt der jährlichen Vermögensermittlung: Gewinn wird statisch als Vermögenszuwachs verstanden."[26]

An dieser Stelle sei bereits darauf aufmerksam gemacht, daß auch das Bilanzrichtlinien-Gesetz in diesem Sinne statisches Gedankengut enthält.[27] So heißt es z.B. in § 242 Abs. 1 HGB, daß "der Kaufmann ... einen das Verhältnis seines Vermögens und seiner Schulden darstellenden Abschluß ... aufzustellen" hat.

Allerdings sollte die zu keiner Zeit bestrittene Existenz vermögensrechnerischer Aspekte innerhalb des 3. Buches des HGB nicht dazu (ver-)führen, die (ältere) statische Bilanzauffassung zur (alleinigen) Grundlage der handelsrechtlichen Vorschriften zu erheben. Den Äußerungen von Wöhe, die in diese Richtung gehen, kann deshalb nicht zugestimmt werden.[28]

Die neuere statische Bilanzauffassung, die eine Weiterentwicklung der statischen Bilanztheorie darstellt, ist eng mit dem Namen Walter Le Coutre verbunden.[29] Die totale Bilanz von Le Coutre, "die alle Beziehungen der Bilanz zum Wirtschaftsleben systematisch erfaßt und formal wie materiell logisch in Einklang bringt",[30] hat neben der Rechenschaftslegung über das der Unternehmung zugeführte Kapital und der Erfolgsvermittlung die zusätzliche Funktion, die Kapitalstruktur des Unternehmens zum Ausdruck zu bringen.[31]

Um dieser zusätzlichen Funktion gerecht zu werden, interpretiert Le Coutre - im Gegensatz zur älteren statischen Bilanzauffassung - seine Bilanz als eine nominale Kapitalbestandsrechnung, die der Überwachung der Sicherheit und Erhaltung des der Unternehmung zugeführten Kapitals dienen soll. Sie ist also nur Kapitalbilanz, keine Vermögensbilanz, kann aber einer solchen in gewissem Grade angenähert werden.[32] Gleichzeitig erkennt Le Coutre, daß die Anforderungen, die an eine totale Bilanzauffassung zu stellen sind, nur dann erfüllt werden können, wenn für die jeweilige Funktion getrennte Bilanzen auf-

---

26) Moxter, A.: "Einführung ...", a.a.O., S. 5

27) Eine derartige auch im Bilanzrichtlinien-Gesetz noch vorzufindende tendenzielle Ausrichtung an statischem Gedankengut kommt nicht von ungefähr. Die ältere statische Bilanzauffassung wird nämlich vorwiegend in Schriften und Kommentaren juristischer Autoren vertreten, zu denen auch Hermann Veit Simon zu zählen ist. Die ältere statische Bilanzauffassung kann deshalb auch als erster Versuch verstanden werden, eine Bilanz im Rechtssinne zu entwickeln. Allerdings scheiterte dieser Versuch daran, daß keine einheitliche Auffassung bei den Bilanzierungs- und Bewertungsprinzipien vertreten wurde; vgl. dazu die Ausführungen von Heinen, E.: "Handelsbilanzen", a.a.O., S. 37.

28) vgl. Wöhe, G.: "Bilanzierung ...", a.a.O., S. 224

29) vgl. Le Coutre, W.: "Grundzüge der Bilanzkunde" (im folgenden zitiert als: "Grundzüge ..."), Teil 1, 4. Aufl., Wolfenbüttel 1949

30) Le Coutre, W.: "Bilanztheorien", a.a.O., Sp. 1172

31) vgl. Federmann, R., a.a.O., S. 82

32) Le Coutre, W.: "Bilanztheorien", a.a.O., Sp. 1162

gestellt werden.[33] So macht Le Coutre deutlich, daß die Aufgabe der Gewinnermittlung nicht ein Nebenprodukt der Vermögensrechnung darstellt, sondern allein der Gewinn- und Verlustrechnung zukommt. Die Gewinn- und Verlustrechnung steht damit in der Form einer Kapitalbewegungsbilanz gleichrangig neben der Beständebilanz.[34] Zusätzlich wird die Forderung aufgestellt, daß neben der Erfolgsbilanz auch Umsatz- und Leistungsbilanzen als weitere Kapitalbewegungsbilanzen gesondert aufzuführen sind.[35]

Abschließend kann für die statischen Ansätze in der Bilanztheorie insgesamt festgehalten werden, daß sie, auch wenn verschiedentlich anderslautende Meinungen vertreten werden, sowohl eine Gliederungs- als auch eine Bewertungslehre beinhalten. Je nach zugrundeliegender Auffassung haben sich Bilanzierungs- und Bewertungsprinzipien entwickelt, die auch im dritten Buch des HGB teilweise wieder Beachtung gefunden haben. Eine in diese Richtung gehende detailliertere Untersuchung der statischen Bilanztheorie würde aber an dieser Stelle zu weit führen.[36] Es kann jedoch in bezug auf die hier interessierende Bewertungsstetigkeit festgestellt werden, daß die statische Bilanztheorie diesem Bewertungsgrundsatz keine besondere Beachtung schenkt.

Die Entwicklung einer dynamischen Bilanztheorie hat sich in Ansätzen bereits gegen Ende des vorigen Jahrhunderts in mehreren Arbeiten abgezeichnet. Der eigentliche Durchbruch zu einer geschlossenen Theorie wie auch die Kennzeichnung durch den Begriff "Dynamik" wird jedoch erst von Schmalenbach mit der Veröffentlichung seiner "Grundlagen dynamischer Bilanzlehre" im Jahre 1919 vollzogen.

Schmalenbach sieht in der "kaufmännischen Gewinnrechnung" den primären Zweck einer Bilanzrechnung.[37] Seine Forderung, einen vergleichbaren Periodenerfolg als Maßstab für eine "richtige Betriebssteuerung" zu ermitteln, verdeutlicht die gegenüber der statischen Bilanztheorie andere Sichtweise: "Des Kaufmanns gesamtwirtschaftliche Funktion ist nicht, reich zu sein oder zu werden; und wer sein Vermögen zu oft zählt, tut unproduktive Arbeit. Aber den Erfolg soll er messen, fort und fort messen; ..."[38]

---

33) Le Coutre, W.: "Die totale Bilanz" (im folgenden ebenso zitiert), in: Bott, K. (Hrsg.): Lexikon des kaufmännischen Rechnungswesens, Bd. IV, 2. Aufl., Stuttgart 1957, Sp. 2555-2604, hier: Sp. 2601f.

34) vgl. Federmann, R., a.a.O., S. 82

35) vgl. Le Coutre, W.: "Die totale Bilanz", a.a.O., Sp. 2601f.

36) vgl. hierzu z.B. Heinen, E.: "Handelsbilanzen", a.a.O., S. 36-45 m.w.N.

37) vgl. Schmalenbach, E.: "Grundlagen ...", a.a.O., S. 4f.; Schmalenbach, E.: "Dynamische Bilanz", 13. Aufl., a.a.O., S. 50

38) Schmalenbach, E.: "Dynamische Bilanz", 13. Aufl., a.a.O., S. 49

Um diesem Anspruch gerecht zu werden, geht Schmalenbach zunächst von einer Fiktion aus. Würden die Gesamtlebensdauer eines Unternehmens und die Bilanzperiode übereinstimmen, so würde in einer solchen Totalperiode jeder Ertrag zu einer Einnahme und jeder Aufwand zu einer Ausgabe. Die von Schmalenbach in den Mittelpunkt der Betrachtungen gestellte Erfolgsrechnung könnte in diesem Fall durch eine einfache Kassenrechnung ersetzt werden.[39] "Aber dieser Fall ist nur angenommen; in der Wirklichkeit gibt es ihn nicht."[40] Erstens kommt eine derartige Totalrechnung für die betrieblichen Dispositionen zu spät, zweitens ist die Bilanzperiode (= Geschäftsjahr) in der Regel kürzer als die Gesamtlebensdauer (= Totalperiode) eines Unternehmens und drittens besteht ein gesetzlicher Zwang (Handels- und Steuerrecht) zur Aufstellung einer Jahresbilanz.[41]

Deshalb tritt an die Stelle der Totalrechnung die periodische Erfolgsrechnung, "d.h. eine Erfolgsrechnung der mitten im Leben stehenden Unternehmungen."[42] Die Erfolgsperiodisierung führt aber zu zeitlichen Verwerfungen zwischen Ausgaben und Aufwand einerseits und Einnahmen und Ertrag andererseits (sog. schwebende Geschäfte), die es zu berücksichtigen und auszugleichen gilt. Das geeignete Instrument, diese Aufgabe zu lösen, ist für Schmalenbach die Bilanz, deren Inhalt somit durch Aufwands- und Ertragsrechnung bestimmt wird. "Man sieht aus ihr, was noch nicht aufgelöst ist. Das noch nicht Aufgelöste stellt noch nicht vorhandene aktive Kräfte oder passive Verpflichtungen dar. Die Bilanz ist mithin die Darstellung des Kräftespeichers der Unternehmung."[43]

Damit zeigt sich an dieser Stelle besonders deutlich, daß der Kernidee der dynamischen Bilanztheorie, nämlich einen vergleichbaren und verursachungsgerechten Periodenerfolg zu ermitteln, alles untergeordnet wird. Die Bilanz stellt nichts anderes dar als ein umfassendes Abgrenzungs- oder Abrechnungskonto, das eine möglichst genaue Periodisierung gewährleisten soll. Der Ausweis des Vermögens und des Kapitals durch eine Bilanz spielt in der dynamischen im Gegensatz zur statischen Bilanztheorie keine herausragende Rolle.

Diese soeben aufgezeigte Rangordnung prägt natürlich auch die Bilanzierungs- und Bewertungsprinzipien, die Schmalenbach seiner dynamischen Bilanzlehre zugrundelegt. Ohne auf die einzelnen Prinzipien detailliert einzugehen, erscheint es an dieser Stelle trotzdem angebracht, auf eine Forderung im Rahmen der dynamischen Bewertungslehre besonders hinzuweisen. Um näm-

---

39) vgl. Coenenberg, A. G., a.a.O., S. 728

40) Schmalenbach, E.: "Dynamische Bilanz", 13. Aufl., a.a.O., S. 65

41) Auch Schmalenbach erkennt bereits diese Restriktionen; vgl. Schmalenbach, E.: "Dynamische Bilanz", 13. Aufl., a.a.O., S. 65.

42) ebenda, S. 65

43) Schmalenbach, E.: "Dynamische Bilanz", 13. Aufl., a.a.O., S. 74

lich die Vergleichbarkeit des Erfolges verschiedener Perioden zu ermöglichen, verlangt Schmalenbach für die Erfolgsrechnung:

> Ohne besonderen Anlaß darf die Abrechnungsmethode nicht gewechselt werden.[44]

Also bereits für Schmalenbach stellt die Bewertungsstetigkeit - wenn auch nicht unter dieser Bezeichnung - einen zentralen, aus dem Prinzip der Vergleichbarkeit sich ergebenden Grundsatz der Bewertungslehre dar.

Allerdings muß schon an dieser Stelle darauf aufmerksam gemacht werden, daß Schmalenbach die Forderung nach Beibehaltung gleicher Gewinnermittlungsmethoden nicht konsequent durchhält. Er ist trotz seiner zugrundeliegenden theoretischen Konzeption den Bewertungsgepflogenheiten der Praxis so zugetan, daß er z.B. auch eine vorsichtige Ermittlung des Erfolges zuläßt.[45] Le Coutre weist in diesem Zusammenhang deshalb zurecht darauf hin, daß Schmalenbach durch die Berücksichtigung von Risiken und der Anerkennung des Vorsichtsprinzips die reale Vergleichbarkeit der errechneten Erfolge wieder einschränkt.[46]

Abschließend kann zur dynamischen Bilanztheorie noch festgestellt werden, daß sie von Walb und Kosiol vor allem formaltheoretisch eine konsequente Weiterentwicklung erfahren hat. Während Walb noch zwischen Konten der Zahlungsreihe und Konten der Leistungsreihe unterscheidet und damit zu einer Zweikontentheorie für das Gesamtsystem der Buchhaltung gelangt[47], verzichtet Kosiol mit seiner pagatorischen Interpretation von Buchhaltung und Bilanz auf diese Unterscheidung. Für ihn läßt sich die gesamte Buchhaltung und Bilanz allein auf die Kategorien Einnahmen und Ausgaben zurückführen.[48]

Diese keinen Anspruch auf Vollständigkeit erhebenden Hinweise auf die Weiterentwicklung der dynamischen Bilanztheorie sollen an dieser Stelle genügen. Für detaillierte Untersuchungen dieser progressiveren Strömungen sei auf die oben angegebene Literatur verwiesen.

Um die Ausführungen zu den klassischen Bilanztheorien abzurunden, darf die organische Bilanztheorie, deren Begründer und profiliertester Vertreter Fritz Schmidt ist, nicht fehlen.

---

44)   Schmalenbach, E.: "Dynamische Bilanz", 13. Aufl., a.a.O., S. 74

45)   vgl. Heinen, E.: "Handelsbilanzen", a.a.O., S. 50

46)   vgl. Le Coutre, W.: "Bilanztheorien", a.a.O., Sp. 1160

47)   vgl. Walb, E.: "Finanzwirtschaftliche Bilanz", a.a.O., S. 23ff.

48)   vgl. Kosiol, E.: "Bilanzreform und Einheitsbilanz" (im folgenden ebenso zitiert), Berlin/Stuttgart 1949, S. 41ff.

"Organisch" bezeichnet Schmidt seine Bilanztheorie deshalb, weil er die Unternehmung als eine Zelle "im Organismus der Gesamtwirtschaft" versteht.[49] Diese Sichtweise geht mit der Forderung einher, daß das "betriebswirtschaftliche Geschehen nicht nur im engen Bereich der Unternehmung zu untersuchen ist".[50] Damit neigt die Organik zumindest tendenziell zu einer volkswirtschaftlichen Betrachtungsweise, die die bilanztheoretische Konzeption von Schmidt entscheidend mitgeprägt hat.[51]

Vor diesem Hintergrund werden dann auch die weiteren Ausführungen von Schmidt verständlicher. So soll z.B. von Erfolg im Sinne der organischen Bilanz nur dann gesprochen werden, "wenn die Unternehmung durch den Erlös aus ihren Waren mindestens in der Lage ist, ihre relative Stellung in der Produktion der Gesamtwirtschaft zu behaupten."[52] Diese Forderung nach relativer Substanzerhaltung (im Sinne von Schmidt als relative Kapitalerhaltung verstanden), die ihren Ursprung in der gütermäßig-realen Orientierung der organischen Bilanzlehre hat, sowie die damit einhergehende Dominanz des Tageswertprinzips können gleichzeitig als die charakteristischen Merkmale der organischen Konzeption angesehen werden.[53] Für Schmidt besitzt demnach der Anschaffungswert nur noch historische Bedeutung, d.h., "als Maßstab für die Beurteilung des Gewinnanteils im Erlös nach vollzogenem Umsatz"[54] wird man ihn nicht verwenden dürfen.

Die Anwendung des Tageswertprinzips ist jedoch nicht nur für die Ermittlung des Erfolges von Bedeutung, sondern findet auch in der organischen Vermögensrechnung ihren Niederschlag. Nach Schmidt verfolgt die Vermögensrechnung das Ziel, den marktmäßig objektivierten Ertragswert zu ermitteln.[55] Hierbei handelt es sich um die Summe der Tagesbeschaffungswerte aller in der Unternehmung arbeitenden Vermögensteile, also um den Reproduktionswert der Unternehmung.[56]

Demnach umfaßt die organische Bilanztheorie, neben dem an dieser Stelle nicht behandelten Beitrag zur Konjunkturlehre[57], zwei heterogene Teilrechnungen: eine Rechnung der unvollendeten Umsätze (= Vermögensteile am Bilanzstichtag auf der Basis der Tagesbeschaffungswerte) als Bestandsrechnung

---

49) vgl. Schmidt, F.: "Die organische Tageswertbilanz", 3. Aufl., Leipzig 1929, S. 43

50) Schmidt, F., a.a.O., S. 42

51) vgl. Moxter, A.: "Einführung ...", a.a.O., S. 57

52) Schmidt, F., a.a.O., S. 127

53) vgl. Heinen, E.: "Handelsbilanzen", a.a.O., S. 63

54) Schmidt, F., a.a.O., S. 65

55) vgl. ebenda, S. 114ff.

56) vgl. ebenda, S. 114

57) vgl. Schmidt, F., a.a.O., S. 295ff.

und eine Rechnung der vollendeten Umsätze (= tageswert- bzw. umsatztagbezogene Gegenüberstellung der Verkaufserlöse und Kosten der Produkte) als Erfolgsrechnung.[58]

Zusammenfassend kann nach den Ausführungen zur statischen, dynamischen und organischen Bilanztheorie festgestellt werden, daß alle drei Interpretationsmöglichkeiten ein gemeinsames Merkmal aufweisen. Für die Vertreter dieser sog. "klassischen Bilanztheorien" ist es nämlich unerläßlich, daß sie zunächst sehr deutlich definieren, was sie unter einer Bilanz verstehen wollen. Je nach zugrundeliegender Bilanzanschauung kommt es daran anschließend zu einer Festlegung der relevanten Bilanzaufgaben, aus denen wiederum Verfahrensweisen, Regelungen und Prinzipien für die Bilanzierung abgeleitet werden. Eine solche Vorgehensweise weist eindeutig daraufhin, daß den klassischen Bilanztheorien der idealwissenschaftliche Theorieansatz zugrunde liegt.

Diese Art des "Theoretisierens" kann als erster Hinweis für die Beantwortung der Frage dienen, in welchem Bereich die Bewertungsstetigkeit eingesetzt werden kann. Gerade die hier durchgeführte Untersuchung zeigt nämlich, daß je nach Standort und Prämissenauswahl die Bewertungsstetigkeit eine über- oder untergeordnete Rolle spielt. Beispielsweise wird sie in der Schmalenbach'schen Dynamik, wie gezeigt werden konnte, explizit aufgeführt und benötigt, um einen vergleichbaren Periodenerfolg zu ermöglichen. Aber - und dieser Aspekt bleibt oftmals unerwähnt - selbst bei Schmalenbach steht die Bewertungsstetigkeit schon in Konkurrenz zu anderen (Bewertungs-)Prinzipien.

Zur Berücksichtigung derartiger Konkurrenzbeziehungen und der damit verbundenen Hierarchiebildung innerhalb einer Bewertungskonzeption bieten die idealtheoretischen Bilanztheorien aber, wenn überhaupt, nur innerhalb ihrer Modellannahmen eine Lösung an. Für die Bilanzierungspraxis erscheinen solche Lösungen als nicht ausreichend, weshalb im folgenden die neueren Ansätze in der Bilanztheorie in die Betrachtung mit einbezogen werden müssen.

b) Neuere Ansätze in der bilanztheoretischen Diskussion

Bevor die neueren Tendenzen in der Bilanztheorie behandelt werden, bedarf die von Schneider als "bilanztheoretischer Winterschlaf" bezeichnete Zeitspanne[59], die ungefähr von 1930 bis 1965 reicht, einer kurzen Erläuterung.

---

58)   vgl. Schweitzer, M.: "Bilanztheorien", a.a.O., Sp. 934f.

59)   Schneider, D.: "Renaissance der Bilanztheorie ?" (im folgenden zitiert als: "Renaissance ..."), in: ZfbF 1973, S. 29-58, hier: S. 29

Um das Jahr 1930 deutete sich nämlich die "Entthronung der Bilanz"[60] als Mittelpunkt der betriebswirtschaftlichen Forschung an. Tatsächlich können ab diesem Zeitpunkt innerhalb der Bilanzforschung deutliche Anzeichen einer Erstarrung festgestellt werden.[61] Für diese Entwicklung war neben der erdrückkenden Existenz der klassischen Bilanztheorien eine grundsätzliche Neuorientierung der Betriebswirtschaftslehre verantwortlich.[62] Die wissenschaftliche Diskussion verlagerte sich auf andere Problemstellungen, insbesondere traten die Produktions- und Kostentheorie, die Investitionstheorie und die Kostenrechnung in den Vordergrund der Betrachtung.[63]

Für das Wiedererwachen des Interesses an der Bilanztheorie in der Mitte der sechziger Jahre zeichnete zum einen die Aktienrechtsreform von 1965 verantwortlich. Auch wenn diese Reform in der Sache für die Rechnungslegung weniger geändert hat als stets verkündet wurde, bewirkte sie doch, daß wieder intensiver über bilanztheoretische Fragen nachgedacht wurde.[64]

Zum anderen, und dieser Aspekt dürfte noch wichtiger gewesen sein, trugen auch die Erkenntnisse der betriebswirtschaftlichen Entscheidungs-, Organisations- und Informationstheorie dazu bei, das Interesse an Bilanzfragen neu zu entdecken.[65] Allerdings führte diese Unterschiedlichkeit der Ansatzpunkte in der Folgezeit dazu, daß die systematische Darstellung der vorhandenen Weiterentwicklung erschwert wurde und auch heute noch wird.

Trotzdem können aber nach dem Schwerpunkt der einzelnen Ansätze vor allem fünf grundlegende Tendenzen in der neueren bilanztheoretischen Diskussion[66] festgestellt werden:

(1) Konzeptionen, die die Kapitalerhaltung in den Mittelpunkt ihrer Betrachtungen stellen; vor allem die Ausschüttung und Besteuerung von sog. "Scheingewinnen" soll mit bilanziellen Mitteln verhindert werden;

(2) Konzeptionen, die die Bilanzrechung zu einem zukunftsbezogenen Informations- und Entscheidungsinstrument ausbauen wollen;

(3) Konzeptionen, die die vorhandenen unterschiedlichen Bilanzaufgaben durch eine sog. "Mehrzweckbilanz" zu lösen versuchen. Dabei soll das Grundmodell (= Jahresabschluß) durch Ergänzungs- bzw. Neben-

---

60) vgl. Nicklisch, H.: "Die Entthronung der Bilanz", in: DBW 1932, S. 2-5

61) vgl. Moxter, A.: "Bilanztheorien" (im folgenden ebenso zitiert), in: HdWW, ungekürzte Studienausgabe, hrsg. von Albers, W. u.a., Stuttgart 1988, S. 670-686, hier: S. 685

62) vgl. Schneider, D.: "Renaissance ...", a.a.O., S. 29

63) vgl. Heinen, E.: "Handelsbilanzen", a.a.O., S. 70

64) vgl. Schneider, D.: "Entwicklungsstufen ...", a.a.O., S. 162

65) vgl. Heinen, E.: "Handelsbilanzen", a.a.O., S. 70f.

66) vgl. ebenda, S. 71f. m.w.N.; Federmann, R., a.a.O., S. 84f. m.w.N.

rechnungen auf die jeweilige Entscheidungssituation oder den jeweiligen Informationsempfänger abgestimmt werden;

(4) Konzeptionen, die auf der Basis des bestehenden Bilanzrechts - also ausgehend von der Handelsbilanz - eine Verbesserung der Bilanzierung durch Änderungen von Gliederungs- und Bewertungsvorschriften herbeiführen wollen;

(5) Konzeptionen, die den Informationsgehalt von Bilanzen, insbesondere der Bilanzen für externe Adressaten, als zu niedrig einschätzen. Diese, auch als Antibilanztheorien bezeichneten Ansätze wollen die herkömmliche Bilanzrechnung durch effizientere finanzwirtschaftliche Rechenwerke ersetzen oder zumindest erweitern.

Nach diesem kurzen Überblick über die neueren Ansätze bzw. Tendenzen innerhalb der Bilanztheorie stellt sich die Frage, inwieweit auf die genannten Konzepte zur Lösung der Auslegungs- und Einordnungsprobleme bei der Bewertungsstetigkeit zurückgegriffen werden kann. Dabei muß, ähnlich wie bei den klassischen Bilanztheorien, leider festgestellt werden, daß auch innerhalb der neueren Ansätze die rechtlichen Normen nur den Ausgangspunkt der Betrachtungen bilden. Im Laufe der weiteren Ausführungen entfernen sich die jeweiligen Konzeptionen aber immer mehr von der durch den Gesetzgeber bestimmten sog. "Bilanz im Rechtssinne".[67] Dabei können grob zwei unterschiedliche Entwicklungsrichtungen bei den fünf aufgeführten Konzeptionen festgestellt werden.

Erstens wird versucht, eine für bestimmte betriebswirtschaftliche Zielvorstellungen geeignetere (bessere) Bilanz zu entwicklen. Je nach zugrundeliegender Zielpräferenz bilden sich deshalb unterschiedliche Bilanzkonzepte heraus, ohne daß die Bilanz selbst in Frage gestellt wird. In den Punkten 1 - 4 spiegelt sich diese Entwicklung wider.

Eine noch rigorosere Methode, den zugrundeliegenden gesetzlichen Rahmen zu sprengen, stellen zweitens die Antibilanztheorien (siehe Punkt 5) dar. Im Gegensatz zur erstgenannten Entwicklungsrichtung wird die Bilanz de lege lata als Rechenwerk grundsätzlich abgelehnt, da sie die geforderten (betriebswirtschaftlich wünschenswerten) Aufgaben nicht erfüllen kann.

Bei beiden Vorgehensweisen wird deutlich, daß auch bei ihnen der idealtheoretische Theorietyp vorherrscht. Als vorläufiges Ergebnis kann deshalb festgehalten werden, daß diese neueren bilanztheoretischen Entwicklungstendenzen für die Lösung der bei der Bewertungsstetigkeit vorhandenen Abgrenzungsfragen nicht geeignet sind.

Um trotzdem die Bewertungsstetigkeit (im Sinne der vorliegenden Arbeit) bilanztheoretisch fundieren zu können, müssen die oben skizzierten Konzeptio-

---

67) vgl. z.B. Moxter, A.: "Einführung ...", a.a.O., S. 149

nen mit dem folgenden, von der Grundhaltung her völlig gegenläufigen Ansatz konfrontiert werden.

Wie bereits angesprochen kann m.E. nur auf der Basis eines realwissenschaftlichen Theorietyps die Bilanztheorie dem Anspruch gerecht werden, der Bilanzierungspraxis Entscheidungskriterien an die Hand zu geben, die eine den gesetzlichen Vorschriften entsprechende Einordnung der Bewertungsstetigkeit in die gesamte Bewertungskonzeption ermöglichen.[68] Da dieser Ansatz, der im weiteren als "Theorie des Jahresabschlusses im Rechtssinne" bezeichnet werden soll, in der Bilanzliteratur zwar zunehmend beachtet[69], eine strikte Trennung von real- und idealtheoretischen Betrachtungen aber oftmals nicht durchgehalten wird, erscheint die gesonderte Nennung außerhalb der oben aufgeführten fünf neueren Tendenzen in der Bilanztheorie durchaus angebracht. Damit kann einerseits verdeutlicht werden, daß die Bilanzliteratur lange Zeit diesen Ansatz vernachlässigt hat; andererseits kann die Sonderstellung einer in diesem Sinne ausgestalteten Bilanztheorie hervorgehoben werden.

---

68) Damit wird auch der Unterschied in der Betrachtungsweise zwischen Kapitel B und C deutlich. In Kapitel B wurde die Bewertungsstetigkeit losgelöst von der gesamten Bewertungskonzeption analysiert. Demgegenüber soll durch die in Kapitel C noch herauszuarbeitenden bilanztheoretischen Erkenntnisse gerade die Einordnung der Bewertungsstetigkeit in das Bewertungsgebäude ermöglicht werden.

69) vgl. Wilsdorf, F., a.a.O., S. 2

II. Bilanztheorie als "Theorie des Jahresabschlusses im Rechtssinne"

1. Jahresabschlußzwecke als Grundlage für eine Bilanztheorie im Rechtssinne

Ganz allgemein kann unter dem Begriff "Zweck" die Aufgabe verstanden werden, um derentwillen eine Handlung vorgenommen wird.[1] Die im folgenden untersuchten Jahresabschlußzwecke stellen demnach die der Rechnungslegung im Hinblick auf Handels- und Steuerbilanz gestellten Aufgaben dar.[2]

Denn sowohl nach Handels- als auch Steuerrecht besteht der gesetzliche Zwang zur Buchführung sowie zur Aufstellung eines Inventars und eines Jahresabschlusses. Diese Forderungen werden aber, nicht um ihrer selbst willen gestellt, sondern sollen vielmehr der Erfüllung bestimmter Zwecke, eben der Jahresabschlußzwecke, dienen. Die Bestimmung der gesetzlichen Jahresabschlußzwecke - die Betonung liegt auf dem Wort "gesetzlich" - stellt damit ein zentrales Element einer Theorie des Jahresabschlusses im Rechtssinne dar, nicht zuletzt, um die vorhandenen Auslegungsfragen im aktuellen Bilanzrecht (HGB 1985) zu beantworten.[3]

Auf eine Ermittlung dieser Jahresabschlußzwecke aus dem System der gesetzlichen Jahresabschlußvorschriften heraus zu verzichten, hieße nämlich, von willkürlichen Annahmen über den Sinn und Zweck des gesetzlichen Jahresabschlusses auszugehen[4] und infolgedessen wiederum Bilanztheorie im Sinne einer Idealtheorie zu verstehen.

Einer solchen Vorgehensweise kann nicht zugestimmt werden, denn, so behaupten zumindest Richter am Bundesfinanzhof, bei Streitfragen über die Bilanzierung kann eine Entscheidung nur nach der teleologischen, also zweckbe-

---

1)   vgl. Begriff "Zweck" in: Meyers enzyklopädisches Lexikon, Bd. 25, 9. Aufl., Mannheim/ Wien/Zürich 1979, S. 817

2)   Dabei soll an dieser Stelle darauf verzichtet werden, eine Unterscheidung zwischen Jahresabschlußzweck, Bilanzzweck und Rechnungslegungszweck vorzunehmen, auch wenn Schneider eine sprachliche Differenzierung zwischen diesen Begriffen fordert; vgl. hierzu Schneider, D.: "Bilanzrechtsprechung und wirtschaftliche Betrachtungsweise" (im folgenden zitiert als: "Bilanzrechtsprechung ..."), in: BB 1980, S. 1225-1232, hier: S. 1227.

3)   Dieselbe Auffassung vertritt auch z.B. Moxter; vgl. Moxter, A.: "Zum Sinn und Zweck des handelsrechtlichen Jahresabschlusses nach neuem Recht" (im folgenden zitiert als: "Zum Sinn und Zweck ..."), in: Havermann, H. (Hrsg.): Bilanz- und Konzernrecht, Festschrift zum 65. Geburtstag von R. Goerdeler, Düsseldorf 1987, S. 363.

4)   vgl. Moxter, A.: "Zum Sinn und Zweck ...", a.a.O., S. 364

stimmten Methode der Rechtsfindung getroffen werden.[5] Dies setzt aber im Umkehrschluß voraus, daß gesetzliche Jahresabschlußzwecke auch tatsächlich existieren.[6]

Dieser Ansicht ist wohl auch der Gesetzgeber, wenn er im Zusammenhang mit der Transformation der Bilanzrichtlinien in das deutsche Recht feststellt, daß "die Anwendung gesetzlicher Vorschriften jeweils so zu erfolgen hat, daß der den gesetzlichen Vorschriften vom Gesetzgeber beigelegte Sinn und Zweck erfüllt wird."[7]

Die Jahresabschlußzwecke sind demnach immer dann für interpretatorische Aufgaben heranzuziehen, wenn

(1) Zweifel bei der Auslegung und Anwendung einzelner Vorschriften entstehen

und

(2) Lücken in der gesetzlichen Regelung (z.B. aufgrund unbestimmter Rechtsbegriffe) zu schließen sind.[8]

Angesichts dieser Bedeutung der gesetzlichen Jahresabschlußzwecke sowohl für die Bilanztheorie als auch für die Bilanzierungspraxis erscheint es bemerkenswert, daß in der Bilanzliteratur bisher keine Einigkeit darüber besteht, welche Jahresabschlußzwecke der Gesetzgeber mit der Handels- und Steuerbilanz verfolgt.[9] Allerdings braucht diese fehlende Übereinstimmung in den Auffassungen über die Jahresabschlußzwecke nicht sonderlich zu verwundern, weil auch der Bundesfinanzhof, der faktisch doch wesentlichen Einfluß auf die Gesetzesinterpretation nimmt, die gesetzlichen Zwecke nicht genügend präzisiert.[10]

Um aber u.a. die Bewertungsstetigkeit richtig beurteilen zu können, muß zunächst einmal Klarheit über die dem Jahresabschluß zugrundeliegenden "gesetzlichen Zwecke" geschaffen werden.[11]

---

5) vgl. Beisse, H.: "Handelsbilanzrecht in der Rechtsprechung des Bundesfinanzhofs", in : BB 1980, S. 637-646, hier: S. 645

6) vgl. Schneider, D.: "Rechtsfindung durch Deduktion von Grundsätzen ordnungsmäßiger Buchführung aus gesetzlichen Jahresabschlußzwecken?" (im folgenden zitiert als: "Rechtsfindung durch ..."), in: StuW 1983, S. 141-159, hier: S. 141

7) BT-Drucksache 10/317 vom 26.8.1983, S. 77

8) vgl. ebenda, S. 76

9) vgl. Wilsdorf, F., a.a.O., S. 3

10) vgl. Moxter, A.: "Die handelsrechtlichen Grundsätze ordnungsmäßiger Buchführung und das neue Bilanzrecht" (im folgenden zitiert als: "Die handelsrechtlichen Grundsätze ..."), in: ZGR 1980, S. 254-276, hier: S. 255

11) Selbstverständlich muß nicht nur für die Beurteilung der Bewertungsstetigkeit Klarheit über die gesetzlichen Jahresabschlußzwecke herrschen. Das Aufzeigen bzw. die Herleitung der gesetzlichen Jahresabschlußzwecke ist für die gesamte Bilanzierung von entscheidender Bedeutung.

2. Darstellung der Jahresabschlußzwecke im Rechtssinne

a) Probleme bei der Ermittlung der gesetzlichen Jahresabschlußzwecke

Zur Ermittlung der Jahresabschlußzwecke, die der Gesetzgeber mit der Handelsbilanz und Steuerbilanz verfolgt, bieten sich grundsätzlich die Gesetzesmaterialien[12], die Rechtsprechung und die Kommentierungen der Gesetzestexte an.

In einem ersten Schritt sollen zunächst die Gesetzesmaterialien dahingehend untersucht werden, inwieweit sie zu einer Feststellung der gesetzlichen Jahresabschlußzwecke beitragen. Durch eine Auflistung derjenigen gesetzlichen Regelungen[13], die auf zu erfüllende Jahresabschlußzwecke schließen lassen, können m.E. die folgenden gesetzlichen Jahresabschlußzwecke herausgearbeitet werden.[14]

Gleichzeitig kann mit Hilfe von Tab. 1 gezeigt werden, für welche Rechtsformen die genannten "gesetzlichen Jahresabschlußzwecke" Gültigkeit besitzen

Für die *Gewinnermittlung* gilt, daß sie sowohl für die Handels- als auch für die Steuerbilanz rechtsform*un*abhängig als Jahresabschlußzweck anerkannt wird. Dies gilt auch für die vom Einzelkaufmann (und den unter den § 5 Abs. 1 S. 1 PublG fallenden Unternehmen) zu erstellende Handelsbilanz, obwohl in § 242 Abs. 1 HGB die Gewinnermittlung nicht explizit gefordert wird.[15]

Demgegenüber besteht hinsichtlich der nur handelsrechtlich geforderten *Informationsvermittlungsfunktion* des Jahresabschlusses die Notwendigkeit, eine *nach* verschiedenen *Rechtsformen getrennte* Untersuchung vorzunehmen, d.h., die Informationsvermittlungspflicht variiert in Abhängigkeit von der Rechtsform und gegebenenfalls von der Unternehmensgrösse.[16]

---

12) Dabei gilt es zu beachten, daß die Gesetzesmaterialien neben den Gesetzestexten auch deren Erläuterungen durch den Gesetzgeber sowie die von den Beratungen während des Gesetzgebungsverfahrens angefertigten Protokolle umfassen.

13) Neben dem HGB von 1985 sollen dabei lediglich noch die durch das Bilanzrichtlinien-Gesetz geänderten Fassungen des Aktiengesetzes, des GmbH-Gesetzes, des Genossenschafts-Gesetzes und des Publizitäts-Gesetzes berücksichtigt werden.

14) Eine ähnliche Zusammenstellung findet sich bei Wilsdorf, F., a.a.O., S. 20.

15) Die nach § 242 Abs. 1 HGB geforderte Angabe des Vermögens und der Schulden hat aber zur Folge, daß durch einen Vergleich mit der Vorjahresbilanz nichts anderes als der Gewinn oder der Verlust ermittelt wird; vgl. Döllerer, G.: "Handelsbilanz ist gleich Steuerbilanz", in: Baetge, J. (Hrsg.): Der Jahresabschluß im Widerstreit der Interessen, Düsseldorf 1983, S. 157-177, hier: S. 162f.; Moxter, A.: "Bilanzlehre, Bd. 2: Einführung in das neue Bilanzrecht" (im folgenden zitiert als: "Einführung in das neue Bilanzrecht"), 3.Aufl., Wiesbaden 1986, S. 17f.

16) Dabei kann § 264 Abs. 2 S. 1 HGB als die strengere Bestimmung angesehen werden, da sie neben dem Einblick in die Ertrags- und Finanzlage auch noch die Forderung nach einem den tatsächlichen Verhältnissen entsprechenden Bild des Unternehmens beinhaltet.

Tabelle 1: Gesetzliche Grundlagen für die Jahresabschlußzwecke
"Informationsvermittlung" und "Gewinnermittlung"

HANDELSBILANZ		STEUERBILANZ
Informationsvermittlung	Gewinnermittlung	Gewinnermittlung
Für Nicht-Kap. Ges. § 238 Abs. 1 i.V.m.	§ 120 HGB § 161 Abs. 2 i.V.m. § 167 HGB § 232 HGB § 242 Abs. 1 HGB § 242 Abs. 2 HGB	§ 4 Abs. 1 i.V.m. § 5 Abs. 1 Satz 1 EStG § 141 Abs. 1 Satz 2 i.V.m. § 140 AO
Für Kap. Ges. § 264 Abs. 2 S. 1 HGB § 6 Abs. 1 S. 2 PublG	§ 58 AktG § 29 GmbHG § 19 Abs. 1 GenG § 5 Abs. 1 S. 1 PublG	

Demgegenüber besteht hinsichtlich der nur handelsrechtlich geforderten *Informationsvermittlungsfunktion* des Jahresabschlusses die Notwendigkeit, eine *nach* verschiedenen *Rechtsformen getrennte* Untersuchung vorzunehmen, d.h., die Informationsvermittlungspflicht variiert in Abhängigkeit von der Rechtsform und gegebenenfalls von der Unternehmensgrösse.[17]

Eine Analyse der beiden festgestellten gesetzlichen Jahresabschlußzwecke ergibt, daß der Gesetzgeber auf eine eindeutige Bestimmung des Inhaltes der von ihm geforderten Jahresabschlußzwecke verzichtet. Drei Beispiele sollen diese Behauptung belegen.

Erstens zeigt sich bei der Untersuchung der gesetzlichen Regelungen, die der Handelsbilanz die Gewinnermittlung als Jahresabschlußzweck zusprechen (siehe Tab. 1), daß der Gesetzgeber weder in diesen Regelungen noch in den

---

17)   Dabei kann § 264 Abs. 2 S. 1 HGB als die strengere Bestimmung angesehen werden, da sie neben dem Einblick in die Ertrags- und Finanzlage auch noch die Forderung nach einem den tatsächlichen Verhältnissen entsprechenden Bild des Unternehmens beinhaltet.

dazu vorgenommenen Erläuterungen festlegt, welcher Gewinn denn überhaupt ermittelt werden soll. Als mögliche Gewinne kommen somit der ausschüttbare (verteilbare)[18], der vergleichbare[19] und der erwirtschaftete (erzielte)[20] Gewinn in Frage. Damit wird deutlich, daß der Gesetzgeber letztlich offen gelassen hat, wofür aus seiner Sicht die Gewinnermittlung dienen soll, d.h., es fehlt an einer allgemein verbindlichen Zweckdefinition.

Zweitens kann in bezug auf die Informationsvermittlungsfunktion der Handelsbilanz festgestellt werden, daß der Gesetzgeber es unterlassen hat, gerade für die Kapitalgesellschaften den Stellenwert des § 264 Abs. 2 S. 1 HGB exakt festzulegen. In den Erläuterungen zu diesem Paragraphen wird lediglich festgestellt, daß trotz der anpruchsvolleren Formulierung davon auszugehen ist, "daß sich für die Praxis, soweit § 149 AktG bisher im Einzelfall nicht zu großzügig angewendet wurde, keine grundsätzlichen Änderungen ergeben."[21] Das ist aber entschieden zu wenig, wenn man bedenkt, daß die zum § 149 Abs. 1 S. 2 AktG 1965 vorgetragenen Standpunkte in der Literatur äußerst kontrovers waren.[22] Überdies werden zwar die Begriffe Vermögens-, Ertrags- und Finanzlage in § 264 Abs. 2 S. 1 HGB verwendet, aber auch hier unterbleibt eine konkrete Aussage über deren Inhalt. Dies führt dann u.a. dazu, daß z.B. Ballwieser über die Angaben zur Finanzlage auch zu Aussagen über die Liquidität im Sinne einer zukunftsbezogenen Zahlungsfähigkeit gelangen möchte.[23]

Drittens läßt sich auch für die nach Steuerrecht zu berücksichtigende Gewinnermittlungsfunktion feststellen, daß zumindest in zweierlei Hinsicht deren Konkretisierung aus dem Gesetzestext heraus auf erhebliche Schwierigkeiten stößt.

Zum einen zeigt sich, daß der Gesetzgeber mit der die Aufgabe bezeichnende Formulierung "Gewinnermittlung" den Zweck der Steuerbilanz zwar benannt, aber inhaltlich ebenfalls nicht bestimmt hat. In § 4 Abs. 1 EStG wird lediglich die Methode der Gewinnermittlung vorgegeben[24]; über die Art des zu ermittelnden Gewinnes wird damit aber nichts ausgesagt.

Nun könnte die fehlende inhaltliche Festlegung der Gewinnermittlungsfunktion zum anderen durchaus beabsichtigt sein, weil die Steuerbilanz grund-

---

18)   vgl. z.B. Moxter, A.: "Einführung ...", a.a.O., S. 157f.

19)   vgl z.B. Schmalenbach, E.: "Dynamische Bilanz", 13. Aufl., a.a.O., S. 49-51

20)   vgl. z.B. Kosiol, E.: "Pagatorische Bilanz" (im folgenden ebenso zitiert), Berlin 1976, S. 105 und 210

21)   BT-Drucksache 10/317 vom 26.8.1983, S. 76

22)   vgl. z.B. Adler, H./Düring, W./Schmaltz, K.: "Rechnungslegung ...", 5.Aufl., a.a.O., § 264 HGB Tz. 55ff., S. 20-22

23)   vgl. Ballwieser, W.: "Sind mit der neuen Generalklausel zur Rechnungslegung auch neue Prüfungspflichten verbunden?", in: BB 1985, S. 1034-1043, hier: S. 1041f.

24)   Der Gesetzgeber fordert nämlich nur, daß der Gewinn mit Hilfe eines Betriebsvermögensvergleiches zu bestimmen ist.

sätzlich nicht als selbständige, sondern als eine aus der Handelsbilanz abgeleitete Bilanz angesehen wird.[25] Dieser derivative Charakter der Steuerbilanz[26] kommt im Steuerrecht durch die in § 5 Abs. 1 Satz 1 EStG formulierte Maßgeblichkeit der Handelsbilanz für die Steuerbilanz zum Ausdruck.

Da jedoch, wie oben bereits gezeigt, der Gewinnbegriff auch im Handelsrecht inhaltlich nicht präzisiert wird, kommt es auch bei Zuhilfenahme des § 5 Abs. 1 Satz 1 EStG und dem damit verbundenen Umweg über die handelsrechtlichen Bestimmungen nicht zur erwünschten Konkretisierung der Gewinnermittlungsfunktion der Steuerbilanz. Das Problem verlagert sich lediglich auf die handelsrechtliche Ebene, und erst dann, wenn der Gewinnbegriff dort konkretisiert worden ist, kann auch eine Aussage über den Gewinnbegriff in der Steuerbilanz getroffen werden.

Ferner muß für das Handelsrecht zusätzlich zu den obigen Schwierigkeiten erwähnt werden, daß der Gesetzgeber keine Angabe darüber macht, in welchem Verhältnis die beiden zu beachtenden Jahresabschlußzecke zueinander stehen.[27] Sollte jedoch, aus welchen Gründen auch immer, einer der beiden Jahresabschlußzecke den anderen dominieren, so hätte dies sicherlich Auswirkungen auf die Bedeutung einzelner Bilanzierungs- und Bewertungsnormen einer Theorie des Jahresabschlusses im Rechtssinne.

Da also der Versuch, die genannten Jahresabschlußzecke mit Hilfe der Gesetzesmaterialien zu konkretisieren, zu keinem befriedigenden Ergebnis führt, müssen nun in einem zweiten Schritt die höchstrichterliche Rechtsprechung und die zahlreichen Gesetzeskommentierungen in die Untersuchung mit einbezogen werden. Dabei stellt sich wiederum die Frage, ob aus diesen Quellen eine brauchbare Konkretisierung der gesetzlichen Jahresabschlußzecke entnommen werden kann.

In bezug auf die Analyse der höchstrichterlichen Rechtsprechung kann zunächst auf die von Wilsdorf vorgenommene Auswertung der in Bilanzfragen ergangenen Urteile des Reichs- und Bundesgerichtshofes zurückgegriffen werden (vgl. Tab. 2 auf S. 88).[28]

Diese Auswertung bestätigt allerdings nur, daß die in Tab. 1 aufgeführten Jahresabschlußzecke auch in der Rechtsprechung als die von der Handelsbilanz am häufigsten zu erfüllenden Zwecke angesehen werden (siehe dazu Pos. 1 und Pos. 5 in Tab. 2). Weitere Rückschlüsse auf den Inhalt der gesetzlichen Jahresabschlußzecke können aus dieser Auswertung der ergangenen Urteile

---

25) vgl. Hilke, W.: "Kurzlehrbuch Bilanzpolitik", a.a.O., S. 13

26) vgl. ebenda

27) Der gleichen Auffassung ist z.B. Wilsdorf, F., a.a.O., S. 31.

28) Wilsdorf, F., a.a.O., S. 34 i.V.m. Anlage 1 auf S. 179f.

nicht erwartet werden, weil in diesen Urteilen keine hinreichende und eindeutige Auslegung der gesetzlichen Regelungen erfolgt.[29]

Tabelle 2: Auswertung der höchstrichterlichen Rechtsprechung des Reichs- und Bundesgerichtshofes

Angenommener Zweck der Handelsbilanz	Anzahl der Nennungen[30]
Gewinnermittlung	18
Gewinnermittlung (Gewinn = verteilungs- fähiger Gewinn)	4
Grundlage der Gewinnverteilung	5
Verhinderung der Ausschüttung unsicherer Gewinne	1
Angabe/Darstellung/Feststellung des Vermögensstandes (der Vermögenslage)	17
Selbstinformation des Kaufmanns über seine Vermögenslage	1
Übersicht über den Stand der Verhält- nisse der Gesellschaft	1
Gesellschafterschutz	1
Gläubigerschutz	1
Gläubiger-, Gesellschafter- und Unternehmensschutz	1
Sicherung der Gesundheit des Wirtschaftslebens	1
Rechenschaftslegung über Geschäftsführung	1
Sicherung einer ordnungsgemäßen Geschäftsführung	1
Mittel der Erkennbarkeit der finanziellen Beziehungen	1
Es wird kein Zweck der Handelsbilanz genannt	7

In bezug auf die Finanzrechtsprechung soll der Hinweis genügen, daß die Bemühungen, den nach Steuerrecht geforderten Jahresabschlußzweck zu kon-

---

29)   Also auch in den von Wilsdorf untersuchten Urteilen beschränkt sich die Konkretisierung der zu beachtenden Zwecke nur auf deren Nennung; vgl. Wilsdorf, F., a.a.O., S. 33ff.

30)   In einigen Urteilen werden mehrere Jahresabschlußzwecke der Handelsbilanz genannt.

kretisieren, ebenfalls erfolglos bleiben. Die Probleme sind wiederum vor allem darin begründet, daß auf eine definitorische Bestimmung des verwendeten Gewinnbegriffes verzichtet wird.[31] Deshalb darf, auch wenn in der Literatur sehr oft davon ausgegangen wird[32], die "periodengerechte Gewinnermittlung" nicht zwangsläufig zum Ziel der Steuerbilanz ernannt werden.[33]

Abschließend sollen jetzt noch einige ausgewählte HGB-Kommentare[34] dahingehend untersucht werden, ob sie einen Beitrag zur notwendigen Konkretisierung der gesetzlichen Jahresabschlußzwecke leisten können.[35] Eine Beschränkung auf die handelsrechtlichen Kommentare erscheint m.E. deshalb ausreichend, weil aufgrund der oben beschriebenen Maßgeblichkeit der Handelsbilanz für die Steuerbilanz die steuerliche Gewinnermittlung zumindest dem Grundsatz nach aus der handelsrechtlichen Gewinnermittlung abgeleitet werden kann.

Trotz dieser sicherlich nicht auf Vollständigkeit beruhenden Auswertung von HGB-Kommentaren kann zunächst festgestellt werden, daß auch in den hier untersuchten Gesetzeskommentaren der Handelsbilanz die Aufgaben der Informationsvermittlung und der Gewinnermittlung zugeschrieben werden (siehe Tab. 3 zweite und dritte Spalte). Aber bereits bei dem Versuch, die gesetzlichen Jahresabschlußzwecke zu konkretisieren, werden die schon oben erwähnten Probleme wieder aktuell.

---

31)   vgl. Kluge, V.: "Das Maßgeblichkeitsprinzip", in: StuW 1970, Sp. 685-708, hier: Sp. 694

32)   vgl. z.B. Wöhe, G.: "Handelsbilanz und Steuerbilanz" (im folgenden ebenso zitiert), in: StKR 1973, S. 291-317, hier: S. 292, 299 und 307; Blümich/Falk: "Kommentar zum Einkommensteuergesetz", 12.Aufl., bearb. von Ebeling, K. u.a., München 1986 (Stand: Januar 1988), § 5 Anm. II 3

33)   Dagegen spricht u.a., daß die höchstrichterliche Finanzrechtsprechung das Vorsichtsprinzip ausdrücklich akzeptiert. Damit sind aber z.B. Verluste nicht erst bei ihrer Realisation, sondern schon in der Periode zu erfassen, in der sie sich abzeichnen; vgl. BFH-Urteil vom 26.1.1960 I D 1/58 S, BFHE Bd. 70, S. 508-527, hier: S. 515; Moxter, A.: "Das System der handelsrechtlichen Grundsätze ordnungsmäßiger Buchführung" (im folgenden zitiert als: "Das System ..."), in: Gross, G. (Hrsg.): Der Wirtschaftsprüfer im Schnittpunkt nationaler und internationaler Entwicklungen, Festschrift für K. v. Wysocki, Düsseldorf 1985, S. 17-28, hier: S. 23f.

34)   Folgende HGB-Kommentare wurden ausgewertet: Adler, H./Düring, W./Schmaltz, K.: "Rechnungslegung ...", 5. Aufl., a.a.O.; "Beck Bilanz-Kommentar: Der Jahresabschluß nach Handels- und Steuerrecht" (im folgenden zitiert als: "Beck Bil.-Komm."), bearb. von Budde, W. D. u.a., München 1986; Glade, A.: "Rechnungslegung ...", a.a.O.; Küting, K./Weber, C.-P.: "Handbuch der Rechnungslegung" (im folgenden ebenso zitiert), Stuttgart 1986.

35)   Vgl. hierzu Tab. 3 auf der folgenden Seite.

Tabelle 3: Auswertung der HGB-Kommentare

Kommentar	Nennung der gesetzlichen Jahresabschlußzwecke		Versuch einer Konkretisierung der gesetzlichen Jahresabschlußzwecke		Angaben über das Verhältnis der gesetzlichen Jahresabschlußzwecke zueinander
	Informationsvermittlung	Gewinnermittlung	Informationsvermittlung	Gewinnermittlung	
Adler/Düring/Schmalz:"Rechnungslegung ...", 5.Aufl., Stuttgart 1987	§ 264 HGB Tz. 87	§ 264 HGB Tz. 87	§ 264 HGB Tz. 60-86, Tz. 93-94, Tz. 111-114	§ 264 HGB Tz. 88, Tz. 103	§ 264 HGB Tz. 88-91, Tz. 103-104
"Beck Bil.-Komm.", München 1986	§ 264 Tz. 35	§ 264 Tz. 35	§ 264 HGB Tz. 9, Tz. 31, Tz. 34-35 i.V.m. Tz. 37-43 und Tz. 47	—	§ 264 Tz. 35
Glade, A.: "Rechnungslegung ...", Herne/Berlin 1986	§ 242 HGB Tz. 8-10; § 264 HGB Tz. 5, Tz. 13	§ 242 HGB Tz. 8-10; § 264 HGB Tz. 5, Tz. 13	§ 264 HGB Tz. 13 i.V.m. Tz. 30-39	Teil I Tz. 311; § 242 HGB Tz. 10	§ 264 HGB Tz. 32-33 im Widerspruch zu § 264 HGB Tz. 25
Küting, K./ Weber, C.-P.:"Handbuch der Rechnungslegung", Stuttgart 1986	Teil II Tz. 2-6; § 243 HGB Tz. 13, Tz. 16, Tz. 21-22; § 264 HGB Tz. 38	Teil II Tz. 7-10; § 243 HGB Tz. 16, Tz. 21-22; § 264 HGB Tz. 38	§ 243 HGB Tz. 14-15, Tz. 17; § 264 HGB Tz. 13-32, Tz. 38-39	§ 243 HGB Tz. 19, Tz. 21	§ 243 HGB Tz. 21, Tz. 23

Es lassen sich nämlich den hier ausgewerteten HGB-Kommentaren weder übereinstimmende, noch erkennbar auf dem Willen des Gesetzgebers beruhende Konkretisierungsvorschläge entnehmen.[36]

Wird in bezug auf die Informationsvermittlungsfunktion des Jahresabschlusses noch versucht, die Begriffe Vermögens-, Ertrags- und Finanzlage inhaltlich zu bestimmen und die informatorischen Zusammenhänge bzw. Querverbindungen zwischen den Rechnungslegungsinstrumenten aufzuzeigen[37], bleiben die Konkretisierungsversuche zur Gewinnermittlungsfunktion bereits in den Anfängen stecken. So finden sich z.B. im Beck'schen Bilanz-Kommentar überhaupt keine Angaben über die Ausgestaltung der Gewinnermittlungsfunktion (siehe Tab. 3). Bei Glade erfolgt lediglich der Hinweis, daß der "periodengerechte Gewinn" zugrundegelegt werden muß; eine fundierte Beweisführung für diese Behauptung fehlt aber auch bei Glade.[38]

Schließlich bleiben auch die Angaben über das Verhältnis der gesetzlichen Jahresabschlußzwecke zueinander zu unbestimmt. So werden teilweise zwar Zweckhierarchien angegeben[39], aber die darauf folgenden Ausführungen vernachlässigen i.d.R. die sich aus dieser Über- bzw. Unterordnung resultierenden Konsequenzen.

Die hier aufgezeigten Probleme bei der Ermittlung der gesetzlichen Jahresabschlußzwecke, die nicht so sehr in der Feststellung wie in der Konkretisierung der einzelnen Zwecke bestehen, bedürfen einer Lösung, um die zweifelsfrei erkannten, vom Gesetzgeber zugrunde gelegten Jahresabschlußzwecke richtig beurteilen zu können. Dafür müssen die in der betriebswirtschaftlichen Literatur durchaus vorhandenen Lösungsvorschläge für eine solche Konkretisierung auf ihre Konsistenz hin überprüft werden, und zwar immer unter Beachtung und Einhaltung der gesetzlichen Bestimmungen des HGB 1985.

---

36) Zumindest in bezug auf die Kommentierungen des § 264 HGB gelangt Claussen zu dem gleichen Ergebnis; vgl. Claussen, C. P.: "Zum Stellenwert des § 264 Abs. 2 HGB", in: Havermann, H. (Hrsg.): Bilanz- und Konzernrecht, Festschrift zum 65. Geburtstag von R. Goerdeler, Düsseldorf 1987, S. 79-92, hier: S. 81

37) vgl. Adler, H./Düring, W./Schmaltz, K.: "Rechnungslegung ...", 5.Aufl., a.a.O., § 264 HGB Tz. 60-86, S. 22ff.

38) vgl. Glade, A.: "Rechnungslegung ...", a.a.O., S. 84

39) vgl. z.B. "Beck Bil.-Komm.", a.a.O., § 264 HGB Tz. 35, S. 733

b) Konkretisierungsansätze der handelsrechtlichen
Jahresabschlußzwecke in der Literatur

In bezug auf die methodische Vorgehensweise zur Konkretisierung der handelsrechtlichen Jahresabschlußzwecke können im wesentlichen drei Ansätze in der Literatur unterschieden werden.

Erstens kann eine Konkretisierung der Jahresabschlußzwecke *aus der Natur der Sache*[40] heraus erfolgen. Diesen Weg schlägt z.B. Leffson ein. Für ihn ist der der Natur der Sache entsprechende Zweck des handelsrechtlichen Jahresabschlusses seit "Erfindung und Einführung der Buchführung die *Rechenschaft des Unternehmers.*"[41] Aus diesem Grund stellt die Verpflichtung zur vergangenheitsorientierten Rechenschaft vor sich selbst und gegenüber externen Bilanzadressaten auch den aus der Natur der Sache ableitbaren bzw. dem Handelsrecht immanenten Hauptzweck des Jahresabschlusses dar.[42] Allerdings versäumt es Leffson nicht, die (nominale) Kapitalerhaltung und damit die Gewinnermittlungsfunktion des Jahresabschlusses unter gewissen Umständen im Sinne einer strengen Nebenbedingung in die Betrachtung mit einzubeziehen. Das Ganze bezeichnet er dann als die durch Gesetz und GoB erreichte dominanzfreie Regelung der nach Handelsrecht geforderten Jahresabschlußzwecke.[43]

Gleichzeitig läßt sich aber zweifelsfrei festhalten, daß Leffson die negativen Auswirkungen einer Entnahmebegrenzung auf die Aussagefähigkeit des Jahresabschlusses sehr hoch einschätzt.[44] Auch einen Ausgleich dieser negativen Auswirkungen durch Berichterstattung im Anhang, wie sie nach § 264 Abs. 1 S. 2 HGB gefordert wird, erscheint ihm nicht ausreichend.[45] Um trotzdem zu den von ihm geforderten objektivierten Informationen zu gelangen, muß er deshalb zwingend der Informationsvermittlungsfunktion des Jahresabschlusses einen höheren Stellenwert im Gesamtsystem der handelsrechtlichen Jahresabschlußzwecke einräumen.[46]

---

40)   vgl. hierzu Dreier, R.: "Zum Begriff der Natur der Sache", Münster 1965

41)   Leffson, U.: "Wesen und Aussagefähigkeit des Jahresabschlusses" (im folgenden zitiert als: "Wesen ..."), in: ZfbF 1966, S. 375-390, hier: S. 380

42)   vgl. Leffson, U.: "Die Grundsätze ...", 7. Aufl., a.a.O., S. 67ff.

43)   vgl. ebenda, S. 104ff.

44)   vgl. ebenda, S. 84-88

45)   vgl. Leffson, U.: "Zur Generalnorm und zum Bestätigungsvermerk des Vorentwurfs eines Bilanzrichtliniegesetzes sowie Anmerkungen zu weiteren Vorschriften" (im folgenden zitiert als: "Zur Generalnorm ..."), in: WPg 1980, S. 289-293, hier: S. 290

46)   vgl. Leffson, U.: "Die Grundsätze ...", 7. Aufl., a.a.O., S. 81ff.

Zweitens geht z.B. Moxter davon aus, daß sich die Jahresabschlußzwecke der Handelsbilanz *aus den Grundsätzen ordnungsmäßiger Buchführung*, die weitestgehend im Zuge der Transformation der 4. EG-Richtlinie im § 252 HGB rechtsformunabhängig kodifiziert wurden, bestimmen lassen.[47]

Für ihn besteht zwischen diesen Grundsätzen und den handelsrechtlichen Jahresabschlußzwecken folgendes wechselseitige Verhältnis:

> "Es gibt ein Gefüge von Grundsätzen, die alte, gute Kaufmannsübung darstellen ...; das Gefüge dieser Grundsätze zeigt, welche Aufgaben eine Bilanz solchen Inhalts erfüllen kann (und welche nicht). Die so gewonnenen Einsichten wirken zurück auf die Detailinterpretationen der geschriebenen GoB ..."[48]

Aufgrund dieser Zusammenhänge kommt Moxter zu dem Ergebnis, daß der hauptsächliche Jahresabschlußzweck innerhalb der Handelsbilanz in der Gewinnermittlung zu sehen ist.[49] Seiner Meinung nach erfährt die Gewinnermittlung dabei durch das Realisationsprinzip, das Imparitätsprinzip, das Stichtagsprinzip, das Einzelbewertungsprinzip und das Stetigkeitsprinzip eine wesentliche und eindeutige Konkretisierung, auf deren Grundlage eine Präzisierung der Einzelgrundsätze im Handelsrecht erfolgen kann. Diese rechtsformunabhängigen Bilanznormen führen nämlich zur Ermittlung eines ausgeprägt objektivierten, verlustantizipierenden und umsatzbezogenen Gewinnes, der als Ausschüttungsrichtgröße fungieren soll.[50]

Drittens wird vor allem in der neueren Bilanzliteratur der handelsrechtliche Jahresabschluß als Ausdruck des *Interessenschutzes* verstanden.[51] Grundlegend für diese Sichtweise ist der enge Zusammenhang zwischen der allgemeinen Unternehmungstheorie und der Rechnungslegung im allgemeinen. Ausgehend von einem sich aufgrund der "Instrumentalthese"[52] ergebenden Unternehmungsbild zeigt die allgemeine Unternehmungstheorie[53] einen möglichen Lösungsweg auf, die Konkretisierung der handelsrechtlichen Jahresabschluß-

---

47) vgl. Moxter, A.: "Zum Sinn und Zweck ...", a.a.O., S. 363ff.

48) Moxter, A.: "Das System ...", a.a.O., S. 21

49) vgl. Moxter, A.: "Einführung ...", a.a.O., S. 157f.

50) vgl. Moxter, A.: "Das System ...", a.a.O., S. 27f.

51) vgl. z.B. Baetge, J.: "Rechnungslegungszwecke des aktienrechtlichen Jahresabschlusses" (im folgenden zitiert als: "Rechnungslegungszwecke ..."), in: Baetge, J., u.a. (Hrsg.): Bilanzfragen, Festschrift zum 65. Geburtstag von U. Leffson, Düsseldorf 1976, S. 11-30, hier: S. 23ff.; Coenenberg, A. G., a.a.O., S. 739ff.; Federmann, R., a.a.O., S. 37ff.; Wöhe, G.: "Bilanzierung ...", a.a.O., S. 41ff.

52) Schmidt, R.-B.: "Wirtschaftslehre ...", a.a.O., S. 51

53) vgl. ebenda, S. 51ff.

zwecke vorzunehmen. Dabei bilden die Zielvorstellungen und die daraus resultierenden Informationsinteressen der schutzwürdigen Jahresabschlußempfänger den zentralen Ausgangspunkt. Durch den Rückgriff auf diese relevanten Jahresabschlußadressaten soll die Konkretisierung der letztendlich vom Gesetzgeber unzureichend formulierten Jahresabschlußzwecke erfolgen bzw. erst ermöglicht werden.[54] Um allerdings zu einem in diesem Sinne befriedigenden Ergebnis zu gelangen, bedarf es im weiteren einer sukzessiven Vorgehensweise. So muß in einem ersten Schritt zunächst die Bestimmung der überhaupt als schutzwürdig angesehenen Jahresabschlußempfänger vorgenommen werden. Erst daran anschließend sollten die Informationsinteressen der in Frage kommenden Jahresabschlußadressaten herausgearbeitet werden, um mit deren Hilfe dann endlich die Konkretisierung der handelsrechtlich geforderten Jahresabschlußzwecke zu gewährleisten.[55]

Auch ohne eine detaillierte Untersuchung aller drei hier beschriebenen Lösungsvorschläge kann zusammenfassend dennoch auf eine Gemeinsamkeit dieser Konkretisierungsansätze hingewiesen werden:

Die obigen Ausführungen haben deutlich gemacht, daß alle drei Konkretisierungsansätze versuchen, die gesetzlichen Jahresabschlußzwecke jeweils auf der Grundlage eines angegebenen Oberziels mit Inhalt auszufüllen. Die beiden zuerst beschriebenen Lösungsvorschläge verknüpfen dabei das Oberziel und die gesetzlich geforderten Jahresabschlußzwecke sehr eng miteinander, d.h., sie zielen bereits im Ansatz darauf ab, den einen oder anderen Jahresabschlußzweck in den Vordergrund zu stellen. Zugleich sollen bei den Konkretisierungsversuchen aus der Natur der Sache bzw. aus den Grundsätzen ordnungsmäßiger Buchführung heraus bestimmte Interessen gewahrt werden. Gerade bei Leffson tritt der Gedanke des Interessenschutzes sehr stark hervor[56], doch auch Moxter läßt keinen Zweifel daran aufkommen, daß die Gewinnermittlung im Sinne einer Ausschüttungsrichtgröße nicht zuletzt aus Gründen des Gläubiger- und Aktionärsschutzes im Mittelpunkt der Betrachtungen steht.[57]

Deshalb kann abschließend festgehalten werden, daß es sich geradezu anbietet, im folgenden den Jahresabschluß als Ausdruck des Interessenschutzes zu verstehen und in den weiteren Ausführungen den Schwerpunkt auf eine Untersuchung der schutzwürdigen Jahresabschlußempfänger zu legen. Nur so kann m.E. eine zufriedenstellende Konkretisierung der gesetzlichen Jahresabschlußzwecke erfolgen.

---

54)   vgl. Coenenberg, A. G., a.a.O., S. 734

55)   vgl. ebenda, S. 740ff.; Wilsdorf, F., a.a.O., S. 105ff.

56)   vgl. Leffson, U.: "Die Grundsätze ...", 7. Aufl., a.a.O., S. 55ff.

57)   vgl. Moxter, A.: "Das System ...", a.a.O., S. 24f.

3. Voraussetzungen für eine Konkretisierung der Jahresabschlußzwecke im Rechtssinne

a) Bestimmung der nach Handelsrecht als schutzwürdig angesehenen Jahresabschlußadressaten

Bei der Frage, wer als Empfänger von Jahresabschlußinformationen Berücksichtigung finden muß und wer nicht, wird in der Bilanzliteratur sehr häufig nicht danach unterschieden, ob es sich nur um "Interessenten" oder aber um auch vom Gesetzgeber als schutzwürdig angesehene "Adressaten" handelt.[58]

Deshalb sind zunächst einmal die grundsätzlich in Frage kommenden Interessenten herauszuarbeiten, um daran anschließend auf der Basis der handelsrechtlichen Vorschriften aus ihnen die tatsächlich schutzwürdigen Jahresabschlußadressaten auszuwählen. Eine Trennung in diese beiden Gruppen muß vorgenommen werden, weil nur durch eine Beschränkung auf die vom Gesetzgeber als schutzwürdig angesehenen Jahresabschlußadressaten eine befriedigende Konkretisierung der (gesetzlichen) Jahresabschlußzwecke erfolgen kann. Als mögliche Jahresabschlußinteressenten kommen folgende (Personen-) Gruppen in Betracht:[59]

- die Eigentümer bzw. Anteilseigner (also z.B. Einzelunternehmer, Gesellschafter, Kapitalanlagegesellschaften),
- die Unternehmensleitung,
- die Fremdkapitalgeber (also z.B. Kreditinstitute, Inhaber von Obligationen),
- die Arbeitnehmer bzw. deren Vertretungen,
- die Wirtschaftsprüfungsorgane,
- der Fiskus,
- die Marktpartner (auf der Beschaffungs- und auf der Absatzseite),
- die Konkurrenten,
- die sonstige interessierte Öffentlichkeit (also z.B. Wissenschaftler, Wirtschaftspresse, Anlageberater, Bilanzanalytiker).

Außerdem sei noch darauf hingewiesen, daß zumindest bei einigen dieser Gruppen neben gegenwärtigen auch zukünftige Gruppenmitglieder in den möglichen Adressatenkreis mit einbezogen werden müssen.[60]

---

58) so z.B. bei Federmann, R., a.a.O., S. 40ff. oder Heinen, E.: "Handelsbilanzen", a.a.O., S. 25f.

59) ähnlich z.B. bei Federmann, R., a.a.O., S. 40f.; Heinen, E.: "Handelsbilanzen", a.a.O., S. 26

60) vgl. Egner, H.: "Bilanzen", München 1974, S. 28 und 33

Nach dieser Auflistung der möglichen Jahresabschlußinteressenten muß nun die Frage beantwortet werden, welche der aufgeführten Gruppen der (handelsrechtliche) Gesetzgeber als besonders schutzwürdig ansieht. Dafür bedarf es, getrennt nach Nichtkapital- und Kapitalgesellschaften, einer Untersuchung des Gesetzestextes (HGB).[61]

Für Nicht-Kapitalgesellschaften hat der Gesetzgeber keinen der oben aufgeführten Jahresabschlußadressaten explizit hervorgehoben. Da außerdem Unternehmungen dieser Rechtsform ihren Jahresabschluß grundsätzlich nicht veröffentlichen müssen, kommen als (schutzwürdige) Jahresabschlußadressaten zunächst nur die Eigentümer in Betracht. Der Jahresabschluß übernimmt in diesem Fall unmittelbar lediglich die Funktion des Selbstschutzes; mittelbar die des Drittschutzes.[62] Anzumerken ist noch, daß für solche Nicht-Kapitalgesellschaften, die die Größenkriterien des Publizitätsgesetzes überschreiten, die Selbstinformation durch eine Pflicht zur Offenlegung ergänzt wird.[63]

Bei Kapitalgesellschaften lassen sich für die Bestimmung der als schutzwürdig angesehenen Jahresabschlußadressaten in den Gesetzesmaterialien mehrere Anhaltspunkte erkennen. Bereits in der Präambel der Bilanzrichtlinie wird betont, daß der Gesellschafter- und Drittschutz besondere Beachtung finden soll.[64] Des weiteren hat der deutsche Gesetzgeber bei der Ausarbeitung des Bilanzrichtlinien-Gesetzes darauf hingewiesen, daß die "Gesellschafter, Kapitalanleger, Gläubiger und andere Dritte"[65] besonders geschützt werden sollen. Im Handelsgesetzbuch selbst kommt dem § 335 HGB die entscheidende Rolle zu. Dort hat der Gesetzgeber den Gesellschaftern, den Gläubigern und den Arbeitnehmervertretern (Gesamtbetriebsrat oder, wenn ein solcher nicht besteht, der Betriebsrat) das Recht eingeräumt, das Registergericht zur Wahrung der jeweiligen Interessen anzurufen.[66] Zu diesen drei (Personen-) Gruppen stößt aufgrund der - allerdings größenabhängigen[67] - Veröffentlichungspflichten die sonstige interessierte Öffentlichkeit. Allerdings läßt sich weder der die Öffent-

---

61)   In bezug auf den Fiskus muß festgestellt werden, daß dieser als Jahresabschlußadressat nur für die Steuerbilanz in Betracht kommt. Er kann deshalb zunächst einmal außer acht gelassen werden. Erst bei der Untersuchung der Informationsinteressen der als schutzwürdig angesehenen Jahresabschlußadressaten soll der Fiskus wieder in die Betrachtung miteinbezogen werden, da gerade für den Versuch einer Konkretisierung des steuerrechtlichen Jahresabschlußzweckes die Informationsinteressen des Fiskus von entscheidender Bedeutung sind.

62)   vgl. Moxter, A.: "Einführung in das neue Bilanzrecht", a.a.O., S. 5f.; Leffson, U.: "Die Grundsätze ...", 7. Aufl., a.a.O., S. 55f.

63)   vgl. § 1 Abs. 1 i.V.m. § 9 PublG; vgl. auch Moxter, A.: "Bilanzlehre" (im folgenden ebenso zitiert), 2. Aufl., Wiesbaden 1976, S. 181

64)   vgl. Amtsblatt der Europäischen Gemeinschaften, Nr. L 222 v. 14.8.1978, S. 11

65)   BT-Drucksache 10/4268 v. 18.11.1985, S. 87

66)   vgl. § 335 S. 2 HGB

67)   vgl. § 267 HGB

lichkeit darstellende Personenkreis exakt bestimmen, noch ein einheitliches Informationsinteresse für die Öffentlichkeit formulieren.[68] Da sich im übrigen aus dem Gesetzestext kein spezifischer Informationsanspruch für einzelne Gruppen dieses Adressatenkreises (interessierte Öffentlichkeit) begründen läßt, soll dieser im folgenden zunächst außer Betracht bleiben.

b) Informationsinteressen der nach Handelsrecht als schutzwürdig
angesehenen Jahresabschlußadressaten

Nachdem die nach Handelsrecht als schutzwürdig angesehenen Jahresabschlußadressaten im vorangegangenen Abschnitt herausgearbeitet wurden, müssen nun die jeweiligen (gruppenspezifischen) Informationsinteressen dieser Adressaten ermittelt werden. Dabei soll nochmals betont werden, daß die hier herauszuarbeitenden Informationsinteressen nicht nur für gegenwärtig, sondern auch für zukünftig zu schützende Jahresabschlußadressaten von Bedeutung sind.

Nach Federmann sind die *Eigentümer bzw. Anteilseigner* im allgemeinen daran interessiert, "das Kapital zumindest zu erhalten, nach Möglichkeit aber zu mehren und/oder laufendes Einkommen aus dem Unternehmen zu beziehen."[69] Auch Egner argumentiert in ähnlicher Weise. Allerdings nimmt er dabei eine Gewichtung vor, welche die eigentliche Zielvorstellung der Eigentümer bzw. Anteilseigner noch deutlicher macht. Nach Egner erhoffen sich nämlich diese Personen (bzw. -gruppen) in erster Linie einen Zahlungsstrom aus dem Unternehmen, der zur Deckung ihrer persönlichen Konsumausgaben verwendet werden kann.[70] Dabei muß beachtet werden, daß dieser Zahlungsstrom in Abhängigkeit von der zeitlichen Konsumpräferenz nicht nur als Ausschüttung, sondern auch als Vermögensmehrung auftreten kann.[71] Aber auch die gesparten Einnahmen führen i.d.R. durch eine laufende Verzinsung zu neuen Einnahmen und/oder können bei ihrer späteren Verflüssigung konsumiert werden.[72]

Auf der Grundlage einer solchen Zielvorstellung lassen sich die Informationsinteressen der Eigentümer bzw. Anteilseigner folgendermaßen bestimmen: Aus der instrumentellen Verwendung der Unternehmung als Einkommensquelle resultiert primär, daß die Eigentümer bzw. Anteilseigner Informa-

---

68)　vgl. Egner, H., a.a.O., S. 38

69)　Federmann, R., a.a.O., S. 42

70)　vgl. Egner, H., a.a.O., S. 28f.

71)　vgl. Coenenberg, A. G., a.a.O., S. 740

72)　vgl. Egner, H., a.a.O., S. 29

tionen über den maximal entnehmbaren bzw. ausschüttbaren Gewinn benötigen.[73] Dabei geht es einerseits um die Kontrolle, daß nicht zu wenig ausgeschüttet wird; "andererseits geht es aber auch darum, daß für die Bemessung ... von Gewinnausschüttungen als entnahmefähiger Betrag nicht mehr ausgewiesen wird, als unter dem Ziel der Bestandserhaltung des Unternehmens ... gerechtfertigt erscheint."[74] Daneben benötigt diese erste Personengruppe Informationen, die eine Prognose über das Ausmaß, die zeitliche Verteilung und die Sicherheit der zukünftigen Gewinne erlauben.[75] In diesem Zusammenhang richtet sich das Informationsinteresse deshalb u.a. auf die Größen Schuldendeckungs- und Zahlungsfähigkeit, da diese in wesentlichem Maß den Bestand der Unternehmung mitbestimmen.[76]

Auch für die *Gläubiger* dient die Unternehmung als Einkommensquelle. Im Gegensatz zu den Eigentümern bzw. Anteilseignern ist die Höhe der Zahlungen jedoch vertraglich vereinbart.[77]

Das Hauptinteresse der Gläubiger muß demnach darin gesehen werden, daß die mit der Unternehmung vertraglich fixierten Zahlungen (z.B. Tilgungs- und Zinsverpflichtungen) auch tatsächlich termingerecht und in vereinbarter Höhe geleistet werden.[78] Deshalb benötigen sowohl die potentiellen als auch die aktuellen Gläubiger für die Entscheidung z.B. über die Gewährung, Prolongation oder Kündigung eines Kredites ganz bestimmte Informationen. Dies sind nach Federmann u.a. Informationen über die voraussichtliche Liquidität, den Verschuldungsgrad, Gewinnerwartungen und Entnahme- bzw. Ausschüttungsgewohnheiten.[79]

Gerade den letzten Punkt greift Coenenberg noch einmal gesondert auf, um festzustellen, daß die Gläubiger an der Ermittlung eines auf Gläubigerschutz ausgerichteten entnahmefähigen Gewinns interessiert sind.[80]

Auf die Frage, ob der Jahresabschluß alle die hier aufgezählten Informationswünsche der Gläubiger tatsächlich befriedigen kann oder nicht, soll an dieser Stelle nur kurz hingewiesen werden. So bestehen z.B. in bezug auf den

---

73)   vgl. Coenenberg, A. G., a.a.O., S. 740

74)   ebenda

75)   vgl. Egner, H., a.a.O., S. 30f.

76)   Federmann spricht in diesem Zusammenhang von der finanziellen Stabilität; vgl. Federmann, R., a.a.O., S. 42.

77)   vgl. Coenenberg, A. G., a.a.O., S. 740

78)   vgl. Egner, H., a.a.O., S. 33

79)   vgl. Federmann, R., a.a.O., S. 43

80)   vgl. Coenenberg, A. G., a.a.O., S. 741

Liquiditätsstatus bzw. die voraussichtliche Liquiditätsentwicklung doch erhebliche Zweifel an der Eignung des Jahresabschlusses als Informationslieferant.[81]

Bei den nach Handelsrecht als besonders schutzwürdig angesehenen Jahresabschlußadressaten müssen schließlich noch die speziellen Informationswünsche der *Arbeitnehmervertreter* aufgezeigt werden. Für diese Personengruppe gilt, daß sie sich in erster Linie für die Höhe des Lohns oder des Gehalts unter der strengen Nebenbedingung der Sicherheit des Arbeitsplatzes der vertretenen Arbeitnehmer interessieren.[82] Daneben erstrecken sich die Informationsbedürfnisse aber auch auf die zugesagten Versorgungs- und sonstigen (häufig freiwilligen) Sozialleistungen des Unternehmens.[83]

Gerade für die um ihre Arbeitsplätze besorgten Arbeitnehmer und damit auch für die Arbeitnehmervertreter ergibt sich aus der Forderung nach Sicherung der Arbeitsplätze zusätzlich zu den obigen Informationsinteressen, daß die Ermittlung des Gewinns unter dem Gesichtspunkt der Unternehmenserhaltung erfolgen sollte.[84] Also auch bei dieser letzten Personengruppe spielt der ausschüttbare Gewinn eine nicht unerhebliche Rolle innerhalb der gesamten Informationsinteressen.

c) Der Fiskus als Jahresabschlußadressat im Steuerrecht

Nach herrschender Auffassung ist der Fiskus am Jahresabschluß nur insoweit interessiert, wie er als Dokumentations- und Beweismaterial die Bemessungsgrundlage für die Festsetzung der gewinnabhängigen Steuern liefert.[85] Dabei ist es für die Finanzverwaltung von nachrangiger Bedeutung, warum in der betrachteten Periode der Gewinn in einer bestimmten Höhe entstanden ist bzw. wie der Gewinn sich in Zukunft entwickeln wird.

Das Informationsinteresse zielt vielmehr darauf ab, ob die steuerlichen Vorschriften eingehalten wurden und die Steuerbemessungsgrundlage, nämlich der Gewinn, ordnungsgemäß berechnet wurde.[86] Daß dabei grundsätzlich davon

---

81) Es ist deshalb auch nicht verwunderlich, daß in der Literatur sehr häufig der Hinweis zu finden ist, daß solche Informationswünsche nur über gesonderte Finanzpläne zu befriedigen sind; vgl. z.B. Coenenberg, A. G., a.a.O., S. 741; Moxter, A.: "Einführung ...", a.a.O., S. 151ff.

82) vgl. Federmann, R., a.a.O., S. 43

83) vgl. Coenenberg, A. G., a.a.O., S. 741

84) vgl. Egner, H., a.a.O., S. 35

85) vgl. Coenenberg, A. G., a.a.O., S. 742; Egner, H., a.a.O., S. 36f.; Federmann, R., a.a.O., S. 44f.; Wöhe, G.: "Bilanzierung ...", a.a.O., S. 45f.

86) vgl. Egner, H., a.a.O., S. 37

ausgegangen werden kann, daß der Steuergesetzgeber (bzw. dessen ausführende Organe) ein Interesse an der Erhaltung der Steuerquellen hat, wird zumindest von Coenenberg nicht bezweifelt.[87] Wenn man sich dieser Auffassung anschließt, kann der als Steuerbemessungsgrundlage betrachtete Gewinn (besser: Jahresüberschuß) für den Fiskus nur ein solcher Betrag sein, der eine Bestandsgefährdung der Unternehmung von vornherein vermeidet[88], - also der ausschüttbare Gewinn.

4. Versuch einer Konkretisierung der handelsrechtlichen Jahresabschlußzwecke

a) Die Gewinnermittlungsfunktion des handelsrechtlichen Jahresabschlusses

Wie bereits bei der Darstellung der Jahresabschlußzwecke im Rechtssinne erwähnt wurde[89], stellt die Bestimmung des Gewinnbegriffes den zentralen Ausgangspunkt für die Konkretisierung der Gewinnermittlungsfunktion dar. Deshalb muß im folgenden herausgearbeitet werden, welcher Gewinnbegriff[90] den Informationsinteressen der als schutzwürdig angesehenen Jahresabschlußadressaten am ehesten entspricht. Da außerdem die Gewinnermittlungsfunktion für die Handelsbilanz rechtsformunabhängig gilt, sind die Interessen aller im vorherigen Abschnitt betrachteten Personengruppen zu berücksichtigen.

Die Untersuchung der nach Handelsrecht schutzwürdigen Jahresabschlußadressaten hat ergeben, daß deren *gemeinsames* Interesse in der *Bestandserhaltung* des Unternehmens zu sehen ist.[91]

Um aber die Unternehmenserhaltung zu gewährleisten, bedarf es einer diesem Ziel dienenden Gewinnrechnung. In diesem Zusammenhang muß zunächst daran erinnert werden, daß auch nach der Bilanzreform durch das Bilanzrichtlinien-Gesetz die handelsrechtliche Gewinn- bzw. Erfolgsermittlung auf dem

---

87)   vgl. Coenenberg, A. G., a.a.O., S. 742

88)   vgl. ebenda

89)   vgl. hierzu S. 85f. dieser Arbeit.

90)   Als mögliche Gewinne kommen - wie bereits erwähnt - der ausschüttbare, der vergleichbare und der erwirtschaftete Gewinn in Frage.

91)   Der gleichen Meinung ist z.B. Coenenberg, A. G., a.a.O., S. 742.

Prinzip der nominalen Kapitalerhaltung beruht.[92] Auf die kontrovers geführte Diskussion um die "richtige" Erhaltungskonzeption braucht deshalb an dieser Stelle auch nicht näher eingegangen zu werden.[93] Allerdings ist durch die Festlegung auf das Prinzip der nominalen Kapitalerhaltung auch noch keine Entscheidung über den zugrundeliegenden Gewinnbegriff gefallen.

Dieses Prinzip verlangt nämlich nur, daß das eingesetzte Kapital lediglich dem Nennbetrag nach erhalten werden muß ("Mark = Mark-Prinzip"), d.h., jener über das eingesetzte Kapital hinaus erreichte Überschuß kann als Gewinn bezeichnet werden.[94]

Es stellt sich deshalb an dieser Stelle die Frage, welcher der möglichen Gewinnbegriffe für das Handelsrecht zum Tragen kommt. Von den in der Bilanzliteratur diskutierten Gewinnbegriffen kommen m.E. nur der erwirtschaftete und der ausschüttbare Gewinn in die engere Auswahl.

Der vergleichbare Gewinn scheidet in diesem Zusammenhang aufgrund seiner Unbestimmtheit von vornherein aus. Nach Schmalenbach soll der vergleichbare Gewinn nämlich "nur" die Aufgabe erfüllen, einen Gewinn zu ermitteln, der mit dem der vorhergehenden Abrechnungsperiode des selben Unternehmens verglichen werden kann und somit die Veränderungsrichtung der Wirtschaftlichkeit des Unternehmens im Zeitablauf aufzeigt.[95] Richtig ist dieser Gewinn allerdings nur insoweit, als er in jeder Periode nach den gleichen Grundsätzen ermittelt wird.[96] Je nach Ausgestaltung dieser Ermittlungsgrundsätze kann natürlich auch der vergleichbare Gewinn zumindest in einigen Geschäftsjahren der Unternehmenserhaltung dienen, allerdings würde die geforderte *Beibehaltung* der Ermittlungsgrundsätze dazu führen, daß eine Reaktion auf eine Änderung der wirtschaftlichen Tatbestände unterbleibt bzw. nur sehr zögerlich erfolgt, um die Vergleichbarkeit der Periodengewinne nicht zu beeinträchtigen.

---

92) vgl. z.B. Coenenberg, A. G., a.a.O., S. 756; Federmann, R., a.a.O., S. 119f.; Wöhe, G.: "Bilanzierung ...", a.a.O., S. 375f.; Beschluß des Bundesverfassungsgerichts v. 19.12. 1978, 1 BvR 335, 427, 811/76, BStBl 1979 II, S. 308; außerdem kann darauf hingewiesen werden, daß der Gesetzgeber die von betriebswirtschaftlicher Seite gemachten Vorschläge hinsichtlich anderer Erhaltungskonzeptionen nicht beachtet hat. So hat die Bundesrepublik Deutschland auf die nationale Transformation der nach der 4. EG-Richtlinie an sich möglichen Bewertung zu Wiederbeschaffungskosten bzw. auf das in Artikel 33 vorgesehene Recht, eine Rücklage für Substanzerhaltung zuzulassen, verzichtet; vgl. hierzu Biener/Berneke, a.a.O., S. 90 FN 4 i.V.m. S. 817f. oder Coenenberg, A. G., a.a.O., S. 762.

93) Einen Überblick über die betriebswirtschaftlich wünschenswerten Erhaltungskonzeptionen gewähren z.B. Wöhe oder Heinen in ihren grundlegenden Werken. Gleichzeitig wird dort die für diesen Themenkomplex relevante Spezialliteratur angegeben; siehe Heinen, E.: "Handelsbilanzen", a.a.O., S. 131ff.; Wöhe, G.: "Bilanzierung ...", a.a.O., S. 378ff.

94) vgl. z.B. Wöhe, G.: "Bilanzierung ...", a.a.O., S. 375

95) vgl. Schmalenbach, E.. "Dynamische Bilanz", 13. Aufl., a.a.O., S. 51

96) vgl. Moxter, A.: "Wirtschaftliche Gewinnermittlung und Bilanzsteuerrecht" (im folgenden zitiert als: "Wirtschaftliche ..."), in: StuW 1983, S. 300-307, hier: S. 301

Die Verfechter einer Gewinnkonzeption auf der Grundlage des erwirtschafteten (erzielten) Gewinnes begründen ihre Wahl wie folgt: [97]

Erstens kann nur der erwirtschaftete Gewinn den Jahresabschlußadressaten darüber Aufschluß geben, ob sie ihr Kapital rentabel angelegt haben bzw. wo sie es in Zukunft am rentabelsten anlegen können.

Zweitens wird ein Unternehmen häufig nicht von den Eigentümern, sondern von fremden Personen geführt. Deshalb haben sowohl die Eigentümer als auch die Geschäftsführer ein Interesse an der Ermittlung des erwirtschafteten Gewinnes. Die Eigentümer wollen wissen, ob die Geschäftsführer gut oder schlecht gewirtschaftet haben, und die Geschäftsführer brauchen eine aussagekräftige Grundlage für ihre Entlastung. [98]

Drittens stellt die Bestimmung des erwirtschafteten Gewinnes ein Mittel zur Steuerung der Geschäftsführung dar. Sie soll nämlich dazu beitragen, daß aus dem Erfolg bzw. Mißerfolg in der zurückliegenden Abrechnungsperiode auf die Zweckmäßigkeit der für die Zukunft geplanten Verhaltensmaßnahmen (z.B. in bezug auf Investitionen in bestimmten Geschäftsbereichen) geschlossen werden kann.

Nun stellt selbst Endres zwar fest, daß diese drei zur Begründung aufgeführten Zwecke auch mit Hilfe der Berechnung des erwirtschafteten (erzielten) Gewinnes nicht vollkommen erfüllt werden können, aber seiner Ansicht nach lassen sich die vorhandenen Mängel durch ergänzende Informationen und Schätzungen wenigstens teilweise beheben. Die Brauchbarkeit des erwirtschafteten Gewinnes als Gegenstand (oder Ziel) der Gewinnermittlung wird aber trotz dieser Einschränkung von ihm nicht in Zweifel gezogen. [99]

Ohne auf die von Endres aufgezeigten eher generellen Einschränkungen eingehen zu müssen, können m.E. bedeutend schwerwiegendere Einwände gegen eine auf die Ermittlung des erwirtschafteten Gewinnes zielende Gewinnrechnung vorgebracht werden.

Diese Einwände konzentrieren sich vor allem auf die von den Befürwortern eines Gewinnbegriffes auf der Basis des erzielten Gewinnes aufgestellte Behauptung, daß zwischen der Angabe bzw. Ermittlung des erwirtschafteten (erzielten) Gewinnes und der Bestandserhaltung des Unternehmens keine direkte Beziehung besteht. [100]

97) So z.B. Endres, W.: "Der erzielte und der ausschüttbare Gewinn der Betriebe", Köln/Opladen 1967, S. 1f.

98) In Ergänzung zu Endres kann an dieser Stelle zusätzlich noch darauf hingewiesen werden, daß sich der erwirtschaftete Gewinn - neben der im Text angesprochenen Entlastungsfunktion - gleichzeitig auch zur Ermittlung einer "Tantieme" als gewinn-abhängige Gehaltskomponente für die Geschäftsführer eignet.

99) vgl. Endres, W., a.a.O., S. 2ff.; ähnlich bei Müller-Dahl, F. P.: "Betriebswirtschaftliche Probleme der handels- und steuerrechtlichen Bilanzierungsfähigkeit", Berlin 1979, S. 59ff.

100) vgl. Müller-Dahl, F. P., a.a.O., S. 60

Einer solchen Behauptung liegt eine ganz bestimmte (unter Steuerungsgesichtspunkten durchaus richtige) Überlegung zugrunde. Es ist dies die scharfe Unterscheidung von Gewinnerzielung und Gewinnverwendung[101] und dementsprechend eine konsequente Trennung von Gewinnermittlungs- und -verwendungsrechnung.[102]

Nach Müller-Dahl folgt aus dieser Trennung, daß das Konzept des erwirtschafteten Gewinnes gegenüber dem Konzept des auschüttbaren Gewinnes eine allgemeinere Zielsetzung beinhaltet. Denn der erzielte Gewinn "stellt auf eine zweckneutralere statt auf eine einseitig an der Gewinneinbehaltung (Ausschüttungssperre) orientierte Gewinnrechnung ab."[103]

Die Berücksichtigung der herausgearbeiteten Informationsinteressen der schutzwürdigen Jahresabschlußadressaten verschiebt sich demnach auf die zeitlich nachgelagerte Gewinnverwendungsrechnung.[104] Erst dort finden die Fragen z.B. bezüglich der Bestandserhaltung des Unternehmens oder der Gewinneinbehaltungsinteressen der Gläubiger entsprechende Beachtung.

Eine in diesem Sinne vorgenommene Trennung von Gewinnermittlungs- und -verwendungsrechnung und die damit verbundene Festlegung auf den erwirtschafteten Gewinn als Gegenstand der Gewinnermittlung muß für die Handelsbilanz, genauer: für die handelsrechtliche Gewinnermittlung, ganz entschieden abgelehnt werden.

Diese ablehnende Haltung läßt sich zum einen damit begründen, daß mit der handelsrechtlichen Gewinnermittlung unmittelbar Zwangsausschüttungen an den Fiskus und die Eigentümer bzw. Anteilseigner verbunden sind. Aus diesem Grund ist es, um mit den Worten von D. Schneider zu sprechen, überflüssig und gefährlich, "einen Gewinnbegriff ohne Rücksicht auf die finanziellen Folgen des Gewinnausweises zu konzipieren (Gewinn als Indiz der Unternehmenssteuerung u.a.)."[105] Es kann also festgehalten werden, daß die Gewinnermittlung und die damit angestrebte Gewinnverwendung nicht in einer so losen Beziehung zueinander stehen, wie dies von den Befürwortern des erwirtschafteten Gewinnes als Grundlage des Gewinnbegriffs vertreten wird.[106]

Zum anderen kann die Trennung von Gewinnermittlung und Gewinnverwendung auch deshalb nicht durchgehalten werden, weil sich die Einflüsse der

---

101) vgl. Schmidt, R.-B.: "Die Gewinnverwendung der Unternehmung" (im folgenden zitiert als: "Die Gewinnverwendung ..."), Berlin 1963, insbesondere S. 24-33

102) vgl. Müller-Dahl, F. P., a.a.O., S. 60; Schmidt, R.-B.: "Die Gewinnverwendung ...", a.a.O., S. 27

103) Müller-Dahl, F. P., a.a.O., S. 60

104) vgl. Schmidt, R.-B.: "Die Gewinnverwendung ...", a.a.O., S. 27

105) Schneider, D.: "Ausschüttungsfähiger Gewinn und das Minimum an Selbstfinanzierung" (im folgenden zitiert als: "Ausschüttungsfähiger ..."), in: ZfbF 1968, S. 1-29, hier: S. 6

106) vgl. z.B. Endres, W., a.a.O.; Schulze, H.-H.: "Zum Problem der Messung des wirtschaftlichen Handelns mit Hilfe der Bilanz", Berlin 1966

Bewertung auf den Periodengewinn nicht erst in der Gewinnverwendungsrechnung niederschlagen. Bereits bei der Gewinnermittlung kommen die vom Gesetzgeber vorgeschriebenen bzw. wahlweise zu beachtenden Bewertungsvorschriften zur Anwendung. Dies gilt in besonderem Maße für die allgemeinen Bewertungsgrundsätze des § 252 HGB. Dabei muß im Zusammenhang mit der Ermittlung des "richtigen" Gewinnbegriffes vor allem das Vorsichtsprinzip näher untersucht werden.

Das in § 252 Abs. 1 Nr. 4 HGB kodifizierte Vorsichtsprinzip verlangt in der Ausprägung als Imparitätsprinzip zwingend eine Berücksichtigung von unrealisierten Verlusten. Damit zeigt sich, daß der tatsächlich erwirtschaftete Gewinn durch die handelsrechtliche Gewinnrechnung nicht ermittelt werden kann, da allein schon die Anwendung des Vorsichtsprinzips zwangsläufig zu einer Verzerrung des als erwirtschaftet ausgewiesenen Gewinnes führt. Denn die Ermittlung des erwirtschafteten Gewinnes müßte eigentlich bedeuten, daß immer der wahrscheinlichste Wert maßgeblich wird. Dies ist aber bei Beachtung des Vorsichtsprinzips nicht der Fall. Erstens werden durch das Imparitätsprinzip unrealisierte Verluste bereits berücksichtigt, und zweitens bewirkt das Vorsichtsprinzip in der Ausprägung als Niederstwertprinzip bzw. Höchstwertprinzip, daß i.d.R. von zwei möglichen Werten jeweils der niedrigere (Aktivseite) bzw. der höhere Wert (Passivseite) die relevante Bewertungsgrundlage bildet.[107]

Somit verdeutlichen die bisherigen Ausführungen, daß gegen eine Gewinnrechnung, die den erwirtschafteten Gewinn ermitteln soll, einige Bedenken bestehen. Gleichzeitig sprechen die gegen den erwirtschafteten Gewinn als Basis des Gewinnbegriffs vorgetragenen Einwände in ihrer Tendenz alle für eine Anwendung der Konzeption des ausschüttbaren Gewinnes. Um diese Tendenzaussage abschließend beurteilen zu können, müssen die als schutzwürdig angesehenen Jahresabschlußadressaten bzw. deren Informationsinteressen in die Untersuchung mit einbezogen werden,[108] da sie die zentrale Konkretisierungsgrundlage für die Gewinnermittlungsfunktion der Handelsbilanz darstellen.

Der erwirtschaftete Gewinn soll, so die Begründung der Befürworter dieser Gewinnkonzeption, Auskunft über den Ergiebigkeitsgrad der abgelaufenen Periode geben.[109] Ungeachtet dessen, daß - wie gezeigt werden konnte - die handelsrechtliche Gewinnrechnung aufgrund der vorhandenen Bewertungseinflüsse diese Information - als absolute Größe verstanden - nicht geben kann, liegt der Ergiebigkeitsgrad einer Periode auch gar nicht im Interesse der schutzwürdigen Jahresabschlußadressaten:

---

107) vgl. hierzu auch Federmann, R., a.a.O., S. 188ff.

108) vgl. hierzu S. 97ff. in dieser Arbeit.

109) vgl. z.B. Endres, W., a.a.O., S. 1ff.

Die Eigentümer bzw. Anteilseigner interessiert i.d.R. weniger die Angabe des (absoluten) Ergiebigkeitsgrades eines Geschäftsjahres. Die Informationsinteressen sind vielmehr auf möglichst große Entnahmen über eine lange Zeitspanne hinweg gerichtet, d.h., die Eigentümer bzw. Anteilseigner wollen wissen, wie groß der Betrag ist, der dem Unternehmen unter Beachtung der gesetzlich vorgegebenen Kapitalerhaltungskonzeption entzogen werden kann, ohne daß ihr zukünftiges Entnahmeniveau dadurch herabgesetzt wird.[110] Diese primär an dem realisierbaren und zukünftig erreichbaren Entnahme- bzw. Ausschüttungsniveau orientierten Informationsinteressen zeigen m.E. sehr deutlich, daß für diese Personengruppe die Gewinnrechnung nur auf der Grundlage des ausschüttbaren Gewinns erfolgen kann.

Für die Fremdkapitalgeber ist von entscheidender Bedeutung, ob die Verbindlichkeiten ihnen gegenüber fristgerecht erfüllt werden.[111] Aus diesem Grund kann ihr vorrangiges Informationsinteresse nicht darin bestehen, den erwirtschafteten (erzielten) Gewinn zu ermitteln, da dieser, wie gezeigt, unmittelbar Zwangsausgaben nach sich zieht. Durch eine derartige Gewinnermittlung können sich also Auswirkungen auf die Liquiditätssituation des Unternehmens ergeben, die zum einen die fristgerechten Zahlungen an die Fremdkapitalgeber gefährden und zum anderen dem Gläubigerschutzprinzip zuwiderlaufen. Insoweit werden also auch die Fremdkapitalgeber eher auf die Ermittlung des ausschüttbaren als auf die Berechnung des erwirtschafteten Gewinns bedacht sein.

Die Informationsbedürfnisse der Arbeitnehmervertreter erstrecken sich, wenn ein Interesse an der Sicherung des Arbeitsplatzes besteht, ebenfalls auf die Unternehmenserhaltung.[112] Deshalb und wohl auch, weil eine Beteiligung am erzielten (statt am ausschüttbaren) Gewinn nur in Ausnahmefällen vereinbart sein dürfte, kann für die Arbeitnehmer bzw. deren Vertretungen ebenfalls davon ausgegangen werden, daß sich ihr (schutzwürdiges) Interesse auf den ausschüttbaren Gewinn richtet.

Als *Ergebnis* der vorstehenden Überlegungen kann somit festgehalten werden, daß die Gewinnermittlung in der Handelsbilanz der Bestimmung des ausschüttbaren Gewinnes dienen soll, weil

(1)   der ausschüttbare Gewinn im Vergleich zum erwirtschafteten Gewinn den Informationsinteressen der als schutzwürdig angesehenen Jahresabschlußadressaten in größerem Ausmaß entspricht;

---

110)   vgl. Jaensch, G.: "Der Bilanzgewinn in meßtheoretischer Sicht", in: ZfbF 1968, S. 48-60, hier: S. 58

111)   vgl. hierzu S. 98f. in dieser Arbeit.

112)   vgl. hierzu S. 99 in dieser Arbeit.

(2)   nur durch eine Gewinnrechnung zur Ermittlung des ausschüttbaren Ge-
       winnes, die durch das Handelsrecht gestellten Anforderungen, zumindest
       soweit zentrale Bewertungsgrundsätze betroffen sind, erfüllt werden kön-
       nen; beispielsweise läßt sich allein dieser Gewinnbegriff mit dem Vor-
       sichts- und auch dem Gläubigerschutzprinzip vereinbaren.

Damit sei der Konkretisierungsversuch dieses ersten handelsrechtlichen
Jahresabschlußzweckes als abgeschlossen betrachtet. Im weiteren soll davon
ausgegangen werden, daß der handelsrechtlichen Gewinnermittlung die Aufgabe der Ausschüttungsbemessung zukommt.[113] Dabei muß nochmals darauf
hingewiesen werden, daß die Gewinnermittlungsfunktion sowohl für die Nicht-
kapital- als auch für die Kapitalgesellschaften in gleichem Umfang gilt bzw.
zur Anwendung kommt.[114] Besonders deutlich wird diese Deckungsgleichheit
am Beispiel der Bilanzierungshilfen für Kapitalgesellschaften. Die aufgrund
des Wahlrechts mögliche Inanspruchnahme von Bilanzierungshilfen (z.B. für
Aufwendungen für Ingangsetzung und Erweiterung) kommt nämlich immer nur
in Verbindung mit einer Ausschüttungssperre in Frage, d.h., diese Sonderrege-
lungen für Kapitalgesellschaften bewirken eben gerade keine Erweiterung der
Ausschüttungsmöglichkeiten, sondern betonen wiederum das Vorsichtsprinzip
im Sinne der Ermittlung eines ausschüttbaren (maximal entnehmbaren) Gewinnes.

b) Die Informationsvermittlungsfunktion des
handelsrechtlichen Jahresabschlusses

Wie schon bei der Darstellung der gesetzlichen Jahresabschlußzwecke deutlich wurde, ist die Informationsvermittlungsfunktion im Gegensatz zur Gewinnermittlungsfunktion rechtsformabhängig ausgestaltet. Da sich außerdem

---

113) Es soll an dieser Stelle aber noch darauf hingewiesen werden, daß mit der Ermittlung des
      auschüttbaren Gewinnes noch keine Entscheidung über den tatsächlich ausgeschütteten Ge-
      winn gefallen ist. Zum einen stellt sich nämlich im Rahmen der Gewinnverwendung die
      Frage, ob dieser Gewinn vollständig oder nur teilweise "ausschüttungsoffen" ist. So ent-
      scheidet z.B. bei einer Aktiengesellschaft letztendlich die Hauptversammlung über den aus-
      zuschüttenden Betrag. Aber, und damit zeigt sich die Verbindung zur zugrundeliegenden
      Gewinnkonzeption, auch die Hauptversammlung ist an den festgestellten Jahresabschluß ge-
      bunden. Zum anderen ist mit der Angabe des auschüttbaren Gewinnes grundsätzlich auch
      noch keine Aussage darüber gegeben, ob dieser Gewinn denn überhaupt "ausschüttungsfä-
      hig" ist, d.h., ob die liquiden Mittel zur vollständigen Ausschüttung ausreichen; zu den Be-
      griffen "Ausschüttungsoffenheit" und "Ausschüttungsfähigkeit" vgl. Moxter, A.: "Die
      Grundsätze ordnungsmäßiger Bilanzierung und der Stand der Bilanztheorie" (im folgenden
      zitiert als: "Die Grundsätze ..."), in: ZfbF 1966, S. 28-59, hier: S. 54.

114) Derselben Meinung sind z.B. Coenenberg, A. G., a.a.O., S. 742; Gutenberg, E.: "Bilanztheo-
      rien und Bilanzrecht", in: ZfB 1965, S. 13-20, hier: S. 15; Moxter, A.: "Einführung in das
      neue Bilanzrecht", a.a.O., S. 16-18; Schneider, D.: "Ausschüttungsfähiger ...", a.a.O., S. 6ff.

die vom Gesetzgeber als schutzwürdig angesehenen Jahresabschlußadressaten nach ihrer Rechtsform unterscheiden, bietet sich im folgenden eine nach Nichtkapital- und Kapitalgesellschaften getrennte Vorgehensweise geradezu an.

Zuvor sei an dieser Stelle aber noch der Hinweis erlaubt, daß im weiteren davon ausgegangen wird, daß - unabhängig von der Rechtsform - die Informationsvermittlungsfunktion die Dokumentationsaufgabe als notwendige Voraussetzung beinhaltet bzw. mit einschließt. Denn erst durch eine vollständige und verläßliche Dokumentation der Geschäftsvorfälle wird es möglich, Informationen über die jeweils interessierenden Sachverhalte zu gewinnen.[115]

ba) ... bei Nichtkapitalgesellschaften

Nach § 238 Abs. 1 i.V.m. § 243 Abs. 1 HGB sind Einzelunternehmungen und Personengesellschaften dazu verpflichtet, in ihren Büchern die Handelsgeschäfte und die Lage ihres Vermögens nach den Grundsätzen ordnungsmäßiger Buchführung ersichtlich zu machen. Die Buchführung muß dabei so beschaffen sein, daß sie einem sachverständigen Dritten innerhalb angemessener Zeit einen Überblick über die Geschäftsvorfälle und über die Lage des Unternehmens vermitteln kann (vgl. § 238 Abs. 1 Satz 2 HGB).

Des weiteren schreibt der Gesetzgeber in § 242 Abs. 1 HGB einen jährlichen, das Verhältnis des Vermögens und der Schulden darstellenden Abschluß vor und verlangt außerdem im Abs. 2 desselben Paragraphen für den Schluß eines jeden Geschäftsjahres eine Gegenüberstellung der Aufwendungen und Erträge des Geschäftsjahres.

Allein aus diesen Paragraphen des HGB wird allerdings noch nicht ersichtlich, welcher konkrete Informationsgehalt dem handelsrechtlichen Jahresabschluß von Nichtkapitalgesellschaften zugrundeliegt.[116] Diese Frage kann nur im Rückgriff auf die für Nichtkapitalgesellschaften als schutzwürdig angesehenen Jahresabschlußadressaten beantwortet werden. Es müssen also die Informationsinteressen der Eigentümer bzw. Anteilseigner (und nur diese) wieder in die Untersuchung mit einbezogen werden.

Dabei muß zunächst darauf hingewiesen werden, daß der Gesetzgeber mit den oben genannten Paragraphen die Selbstinformation als eine Aufgabe des Jahresabschlusses erfüllt sehen möchte.[117] Daß diese gesetzliche Forderung aus

---

115) Diese Meinung vertreten auch z.B. Leffson und Moxter; vgl. Leffson, U.: "Die Grundsätze ...", 7. Aufl., a.a.O., S. 45ff.; Moxter, A.: "Einführung in das neue Bilanzrecht", a.a.O., S. 8; a.A. z.B. Wysocki, K. v./Halbinger, J., a.a.O., Sp. 162ff.

116) ebenso vgl. Heinhold, M.: "Der Jahresabschluß", München 1987, S. 6

117) vgl. hierzu die Ausführungen z.B. von Leffson, U.: "Die Grundsätze ...", 7. Aufl., a.a.O., S. 55f. m.w.N.

gutem Grund besteht, hat die Vergangenheit zur Genüge bewiesen. So hat man beobachtet, daß Kaufleute nur deshalb in Konkurs fielen, weil sie mangels ordentlicher Buchführung unzureichend über den Gang der Geschäfte informiert waren.[118] Zusätzlich ergibt sich ein weiterer, bereits erwähnter Effekt aus dieser Forderung nach Selbstinformation[119], der sehr gut in die Gesamtkonzeption des Gesetzgebers paßt. In der Regel werden nämlich dadurch - wenn auch nur indirekt - die Gläubiger ebenfalls vor unsolidem Geschäftsgebaren geschützt (mittelbare Drittinformation).[120]

Für die Konkretisierung der Informationsvermittlungsfunktion von Nichtkapitalgesellschaften führt die Forderung des Gesetzgebers, den Jahresabschluß aus Gründen der Selbstinformation zu erstellen, zu einem Zwischenergebnis. Denn, rein formal betrachtet, wird der zu informierende Personenkreis, nämlich die Eigentümer bzw. Anteilseigner, vom Gesetzgeber geradezu ideal berücksichtigt. Ob allerdings die vom Handelsrecht verlangten Angaben auch inhaltlich die spezifischen Informationsinteressen der Eigentümer bzw. Anteilseigner vollständig abdecken und damit eine sehr breitgefächerte Informationsvermittlung garantieren, ist durch diese formale Übereinstimmung noch nicht gesichert. Die folgenden Ausführungen werden diese Aussage eindrücklich belegen.

Als für die Eigentümer bzw. Anteilseigner grundsätzlich in Betracht kommenden Informationsinteressen wurden an anderer Stelle[121] die aktuellen und/oder zukünftigen Entnahmemöglichkeiten, die Schuldendeckungsfähigkeit und die Zahlungsfähigkeit (= Liquidität) herausgearbeitet.

In bezug auf die Ermittlung der *Zahlungsfähigkeit* muß der (vergangenheitsorientierte) Jahresabschluß nach Handelsrecht als Informationsinstrument von vornherein ausgeschlossen werden. Es sei in diesem Zusammenhang auf die Ausführungen von Moxter verwiesen.[122]

Damit bleibt noch zu prüfen, ob der Jahresabschluß von Nichtkapitalgesellschaften eine den Interessen der Eigentümer bzw. Anteilseigner genügende Beurteilung der Entnahmemöglichkeiten und der Schuldendeckungsfähigkeit ermöglichen kann.

In bezug auf die *aktuellen Entnahmemöglichkeiten* kann festgestellt werden, daß durch die nach § 242 Abs. 2 HGB erforderlichen Angaben die Informa-

---

118) vgl. Moxter, A.: "Einführung in das neue Bilanzrecht", a.a.O., S. 5

119) vgl. S. 96 in dieser Arbeit.

120) vgl. Heinhold, M., a.a.O., S. 6

121) vgl. S. 97f. in dieser Arbeit.

122) Wie Moxter (m.E. zu recht) betont, bedarf es zur Ermittlung der Zahlungsfähigkeit bzw. -unfähigkeit eines Finanzplans, d.h. einer zeitlich geordneten Gegenüberstellung von erwarteten Ausgaben und erwarteten Einnahmen; vgl. Moxter, A.: "Einführung ...", a.a.O., S. 151ff.; derselbe: "Einführung in das neue Bilanzrecht", a.a.O., S. 16.

tionsbedürfnisse der Eigentümer bzw. Anteilseigner zumindest dem Ergebnis nach befriedigt werden. Denn wie bei der Konkretisierung der Gewinnermittlungsfunktion gezeigt werden konnte, soll die handelsrechtliche Gewinnrechnung der Ermittlung des ausschüttbaren Gewinnes dienen. Sie steht im Einklang mit dem Informationsinteresse der hier betrachteten Jahresabschlußadressaten.

Abgesehen von dieser dem Ergebnis nach vorliegenden Übereinstimmung muß allerdings bezweifelt werden, ob die bei Erfüllung des § 242 Abs. 2 HGB gegebenen Informationen das *Zustandekommen* der aktuellen Entnahmemöglichkeiten hinreichend erklären. Hinter den dort angegebenen Werten (= Gegenüberstellung der Aufwendungen und Erträge des vergangenen Geschäftsjahres) verbergen sich nämlich zum einen die grundsätzlich vorhandenen Gestaltungsfreiheiten bei der Beachtung der gesetzlich verankerten Bilanzierungs- und Bewertungsvorschriften (z.B. die Freiräume bei der Ausnutzung der Bewertungsgrundsätze des § 252 Abs. 1 HGB) und zum anderen die Ausnutzung des gesamten nach Handelsrecht vorhandenen bilanzpolitischen Potentials (Bilanzierungs- und Bewertungswahlrechte). Über diese den Eigentümer bzw. Anteilseigner sicherlich interessierenden Sachverhalte liefert der handelsrechtliche Jahresabschluß im allgemeinen und/oder die nach § 242 Abs. 2 HGB vorgeschriebene Darstellung der Ertragslage im speziellen keine zufriedenstellenden Informationen.

Noch schwieriger dürfte es sein, mit Hilfe des handelsrechtlichen Jahresabschlusses zu Informationen über die *zukünftigen Entnahmemöglichkeiten* zu gelangen. Dagegen spricht nämlich - wie bei der Liquiditätsermittlung - die grundsätzliche Konzeption des Jahresabschlusses als vergangenheitsorientiertes Informationsinstrument.

Es kann also festgehalten werden, daß der Informationsgehalt des Jahresabschlusses nicht ausreicht, die Eigentümer bzw. Anteilseigner detailliert über die Entnahmemöglichkeiten zu informieren.

Damit verbleibt für die Konkretisierung der Informationsvermittlungsfunktion von Nichtkapitalgesellschaften nur noch das auf die *Schuldendeckungsfähigkeit* gerichtete Informationsinteresse der Eigentümer bzw. Anteilseigner. Diese, durch § 238 Abs. 1 i.V.m § 242 Abs. 1 HGB auch vom Gesetzgeber angestrebte Informationsaufgabe des Jahresabschlusses von Nichtkapitalgesellschaften setzt jedoch voraus, daß den Eigentümern bzw. Anteilseignern die Effektivvermögenslage zum jeweiligen Betrachtungszeitpunkt bekannt ist.[123]

Denn nur auf der Grundlage einer in dieser Weise ausgewiesenen Vermögenslage könnte sich der jeweilige Jahresabschlußadressat ein sicheres Urteil darüber bilden, inwieweit die Schulden durch die (effektiv) vorhandenen Ver-

---

123) vgl. Moxter, A.: "Zum Sinn und Zweck ...", a.a.O., S. 370; ähnlich vgl. Kupsch, P.: "Sind Zuschüsse und Abstandszahlungen immaterielle Anlagewerte (Wirtschaftsgüter) ?" (im folgenden zitiert als: "Sind Zuschüsse ..."), in: WPg 1977, S. 663-671, hier: S. 665

mögenswerte abgedeckt werden.[124] Schuldendeckungsfähigkeit, in diesem
Sinne verstanden, würde vom Kaufmann eine Bilanzierung verlangen, bei welcher der Jahresabschluß eine verläßliche Beurteilung der Zahlungsfähigkeit
ermöglicht.[125] Nun konnte aber bereits gezeigt werden, daß der handelsrechtliche Jahresabschluß in bezug auf die Zahlungsfähigkeit des Unternehmens ein
ungeeignetes Informationsinstrument darstellt.

Hinzu kommt, daß der Gesetzgeber mit der in § 238 Abs. 1 HGB verlangten
Darstellung der Vermögenslage eben gerade nicht auf das Effektivvermögen
abzielt, sondern "nur" die Angabe des Buchvermögens anstrebt.[126] Um dabei
den Unterschied zwischen diesen beiden Vermögensbegriffen zu verdeutlichen,
kann auf folgendes hingewiesen werden: Im Gegensatz zum Effektivvermögen,
daß sich im Kern durch eine Schätzung der Ertragserwartungen des Unternehmens ergibt (= Gesamtbewertungsverfahren), wird bei der Ermittlung des
Buchvermögens auf die Werte der einzelnen, im Unternehmen vorhandenen
Vermögensgegenstände und Schulden abgestellt (= Einzelbewertungsverfah-
ren).[127] Das Buchvermögen errechnet sich dabei wie folgt: Die Werte der Vermögensgegenstände (Aktiven) werden addiert und anschließend werden von
dieser als Bruttovermögen bezeichneten Summe die Schulden abgesetzt. Die
vom Gesetzgeber beabsichtigten Objektivierungs- und Vereinfachungseffekte
stellen sich bei dieser Vermögensermittlung dadurch ein, "daß man nur solche
Vermögensgegenstände und Schulden in die Rechnung einbezieht, die sich relativ unproblematisch bewerten lassen; ginge man anders vor, wäre das Einzel-
bewertungsverfahren als Hilfsverfahren zur Vermögensermittlung sinnlos."[128]

Außerdem ist zu beachten, daß durch das in § 252 Abs. 1 Nr. 2 HGB kodifizierte "going-concern-Prinzip" auch nicht das Zerschlagungs-, sondern das
Fortführungsvermögen darzustellen ist.[129]

Beide sich unmittelbar aus der Gesetzeskonzeption bzw. aus dem Gesetzestext ergebenden Aspekte weisen darauf hin, daß der Jahresabschluß keine ex-
akten (im Sinne von absolut richtigen) Informationen über den tatsächlichen
Wert der Vermögensgegenstände auf der Aktivseite wie auch der Schulden auf
der Passivseite bereitstellen kann.

---

124)   vgl. Kupsch, P.: "Sind Zuschüsse ...", a.a.O., S. 665

125)   vgl. Moxter, A.: "Einführung in das neue Bilanzrecht", a.a.O., S. 16f.

126)   vgl. Moxter, A.: "Zum Sinn und Zweck ...",a.a.O., S. 370

127)   vgl. Moxter, A.: "Vermögenslage gem. § 264" (im folgenden zitiert als: "Vermögenslage
       ..."), in: Leffson, U. u.a. (Hrsg.): Handwörterbuch unbestimmter Rechtsbegriffe im Bilanz-
       recht des HGB, Köln 1986, S. 346-351, hier: S. 346f.

128)   ebenda, S. 347

129)   vgl. Kupsch, P.: "Sind Zuschüsse ...", a.a.O., S. 665; Moxter, A.: "Einführung in das neue
       Bilanzrecht", a.a.O., S. 16f.; derselbe: "Sinn und Zweck ...", a.a.O., S. 370

Trotzdem ergeben sich für die Eigentümer bzw. Anteilseigner aus den nach Handelsrecht erforderlichen Jahresabschlußangaben doch einige Anhaltspunkte zur Beurteilung einerseits der Lage des Unternehmens schlechthin[130] und andererseits der Vermögenslage im speziellen.[131] So geht Leffson z.B. davon aus, daß der Jahresabschluß als gebündelte Übersicht der nach § 239 Abs. 2 HGB vollständig, richtig, zeitgerecht und geordnet erfaßten Geschäftsvorfälle eines Jahres, die notwendige Übersicht über die Lage des Unternehmens gewährleistet.[132] Darüberhinaus gelingt es (zumindest tendenziell), das Geschäftsgebaren, insbesondere die Verschuldungspolitik, durch die vom Handelsrecht geforderten Informationen effizienter zu steuern.[133] In diesen Bereich fallen z.B. alle Aussagen über die Struktur des Vermögens und/oder des Kapitals, die durch die im Jahresabschluß vorgenommene Zusammensstellung wesentlich erleichtert werden.[134]

Moxter geht sogar noch einen Schritt weiter und behauptet, daß Buchführung und Jahresabschluß zwar unzureichende Informationen über die absolute Höhe des Effektivvermögens geben, aber daß diese Informationen sehr wohl ausgeprägte Veränderungen des Effektivvermögens, jedenfalls was die Ertragserwartungen angeht, signalisieren können.[135] Dabei dienen bestimmte Gewinnermittlungsprinzipien, und dort vor allem das Realisationsprinzip und das Imparitätsprinzip, als wichtige Hilfsmittel. Denn auf der Grundlage dieser Prinzipien und der damit verbundenen sowohl umsatzbezogenen als auch verlustantizipierenden Ermittlung des Gewinnes ergibt sich die oben angesprochene Signalwirkung.

Damit ist die gesetzliche Forderung des § 238 Abs. 1 i.V.m. § 242 Abs. 1 HGB nicht inhaltsleer und kann deshalb als Konkretisierungsgrundlage für die Informationsvermittlungsfunktion von Nichtkapitalgesellschaften genutzt werden. Die Informationsinteressen der Eigentümer bzw. Anteilseigner werden auf diese Weise zwar gewiß nicht umfassend befriedigt, doch ist erreicht, was mit den gesetzlich vorgesehenen Informationsinstrumenten erreicht werden kann.[136]

---

130) vgl. Leffson, U.: "Lage des Vermögens gem. § 238" (im folgenden zitiert als: "Lage des Vermögens ..."), in: Handwörterbuch unbestimmter Rechtsbegriffe im Bilanzrecht des HGB, hrsg. von Leffson, U. u.a., Köln 1986, S. 272

131) vgl. Moxter, A.: "Zum Sinn und Zweck ...", a.a.O., S. 369

132) vgl. Leffson, U.: "Lage des Vermögens ...", a.a.O., S. 272

133) vgl. ebenda, S. 369f.

134) Zu denken ist in diesem Zusammenhang z.B. an die Zusammensetzung des Vermögens und/oder des Kapitals nach verschiedenen Arten, nach Fristen und nach der Dauer der Bindung; vgl. Wöhe, G.: "Bilanzierung ...", a.a.O., S.293f.

135) vgl. Moxter, A.: "Vermögenslage ...", a.a.O., S. 349

136) vgl. ebenda, S. 349

Abschließend kann somit festgehalten werden, daß die Informationsvermittlungsfunktion von Nichtkapitalgesellschaften - unter Berücksichtigung der aufgeführten Beschränkungen - im wesentlichen auf die Selbstinformation der Eigentümer bzw. Anteilseigner in bezug auf die aktuellen Entnahmemöglichkeiten und die Schuldendeckungsfähigkeit ausgerichtet ist.[137]

bb) ... bei Kapitalgesellschaften

Im wesentlichen kommt die Informationsvermittlungsfunktion für Kapitalgesellschaften in § 264 Abs. 2 HGB zum Ausdruck. Dort heißt es, daß der Jahresabschluß wiederum unter Beachtung der Grundsätze ordnungsmäßiger Buchführung ein den tatsächlichen Verhältnissen entsprechendes Bild der Vermögens-, Finanz- und Ertragslage zu vermitteln habe. Um dies zu erreichen, nimmt der Gesetzgeber in § 264 Abs. 1 Satz 1 HGB eine bewußte Erweiterung des zu erstellenden Rechnungslegungsinstrumentariums vor.

Die gesetzlichen Vertreter einer Kapitalgesellschaft haben nämlich erstens den in § 242 HGB bereits erwähnten Jahresabschluß um einen *Anhang* zu erweitern, der mit der (Bestände-) Bilanz und der Gewinn- und Verlustrechnung eine Einheit bildet.

Dieser Anhang hat zum einen die Aufgabe, das Zahlenwerk der Bestände-Bilanz und der Gewinn- und Verlustrechnung zu erläutern bzw. ergänzende Informationen zu liefern.[138] Zum anderen sind in solchen Fällen, in denen besondere Umstände dazu führen, daß der Jahresabschluß ein den tatsächlichen Verhältnissen entsprechendes Bild im Sinne des § 264 Abs. 2 Satz 1 HGB nicht mehr vermittelt, im Anhang (und nur dort) zusätzliche Informationen zu geben. In diesen zuletzt genannten Fällen besitzt der Anhang deshalb auch sehr wohl eine eigenständige Informationsaufgabe.[139]

Die zweite im Vergleich zu den Nichtkapitalgesellschaften vorzunehmende Erweiterung in bezug auf das Informationsinstrumentarium stellt der *Lagebe-*

---

137) Wysocki hat im Zusammenhang mit der Transformation der 4. EG-Richtlinie sogar den Vorschlag gemacht, insbesondere die Schuldendeckungsfähigkeit explizit als Jahresabschlußzweck für Nichtkapitalgesellschaften in den Gesetzestext aufzunehmen; vgl. Wysocki, K. v.: "Das Bilanzrichtlinie-Gesetz aus der Sicht der Betriebswirtschaftslehre" (im folgenden zitiert als: "Das Bilanzrichtlinie-Gesetz ..."), in: ZfbF 1985, S. 735-741, hier: S. 740.

138) Gerade in bezug auf die ergänzenden Informationen darf das Stichwort "Ausweiswahlrechte" nicht fehlen. So besteht für Kapitalgesellschaften durch diesen (erweiterten) Jahresabschluß die Möglichkeit, ihre Berichterstattungspflichten wahlweise in der Bestände-Bilanz, in der Gewinn- und Verlustrechnung oder im Anhang zu erfüllen; vgl. hierzu auch Wöhe, G.: "Bilanzierung ...", a.a.O., S. 647ff.

139) Anderer Auffassung ist z.B. Wilsdorf, F., a.a.O., S. 151.

richt dar.[140] Mit ihm können nicht unerhebliche zusätzliche Informationen gegeben werden, da er insbesondere solche Informationen enthalten soll, die aus Bestände-Bilanz, Gewinn- und Verlustrechnung sowie Anhang i.d.R. nicht zu entnehmen sind.

So sind zunächst nach § 289 Abs. 1 HGB der Geschäftsverlauf und die Lage der Kapitalgesellschaft in der Weise darzustellen, daß ein den tatsächlichen Verhältnissen entsprechendes Bild vermittelt wird. Außerdem möchte der Gesetzgeber (vgl. § 289 Abs. 2 HGB), daß der Lagebericht über Vorgänge von besonderer Bedeutung, die nach dem Schluß des Geschäftsjahres eingetreten sind, informiert, die voraussichtliche Entwicklung des Unternehmens beschreibt und auf den Bereich Forschung und Entwicklung eingeht.

Im folgenden gilt es nun zu überprüfen, ob bzw. wie sich die im Vergleich zu den Nichtkapitalgesellschaften strengere Einblicksregelung des § 264 Abs. 2 HGB i.V.m. den zusätzlichen Informationsinstrumenten auf den Informationsgehalt der handelsrechtlichen Berichtspflichten auswirkt. Für diese Überprüfung müssen - wie bei den Nichtkapitalgesellschaften - wiederum die Informationsinteressen der als schutzwürdig angesehenen Jahresabschlußadressaten herangezogen werden.

In diesem Zusammenhang muß für Kapitalgesellschaften zunächst daran erinnert werden, daß der als schutzwürdig angesehene Personenkreis neben den Eigentümern bzw. Anteilseignern auch die Gläubiger und die Arbeitnehmervertreter umfaßt.[141] Damit dient die (externe) Rechnungslegung im Gegensatz zum Jahresabschluß von Nichtkapitalgesellschaften nicht nur der Selbstinformation, sondern muß auch die (unmittelbare) Drittinformation im Rahmen der gesetzlichen Bestimmungen gewährleisten. Nicht zuletzt aus diesem Unterschied resultiert für Kapitalgesellschaften die Veröffentlichungspflicht.

Trotz dieser Ausweitung sowohl des Informationsinstrumentariums als auch des Adressatenkreise stellt sich auch für Kapitalgesellschaften das Problem, daß die Informationsinteressen der als schutzwürdig angesehenen Jahresabschlußadressaten durch die gesetzlich vorgeschriebenen Informationspflichten nicht vollständig befriedigt werden können. Auch hier muß deshalb beachtet werden, daß zwischen den Informationsinteressen der Jahresabschlußadressaten und den vom Gesetzgeber tatsächlich abgedeckten Informationsansprüchen zu trennen ist.[142]

---

140) Bis zum Inkrafttreten des Bilanzrichtlinien-Gesetzes war die Lageberichterstattung nur für Aktiengesellschaften festgeschrieben (vgl. § 160 Abs. 1 AktG 1965). Mit § 264 Abs. 1 Satz 1 HGB ist diese Berichtspflicht auf alle Kapitalgesellschaften (AG, KGaA, GmbH) ausgedehnt worden.

141) vgl. S. 96f. in dieser Arbeit.

142) vgl. hierzu Moxter, A.: "Die Jahresabschlußaufgaben nach der EG-Bilanzrichtlinie: Zur Auslegung von Art. 2 EG-Bilanzrichtlinie" (im folgenden zitiert als: "Die Jahresabschlußaufgaben ..."), in: Die Aktiengesellschaft 1979, S. 141-146, hier: S. 144

So kann z.B. in bezug auf die für Kapitalgesellschaften in Frage kommenden Jahresabschlußadressaten zunächst allgemein festgestellt werden, daß die Zahlungsfähigkeit bzw. -unfähigkeit auch für Kapitalgesellschaften nicht durch die gesetzlichen Informationsinstrumente nachzuweisen ist. Das gleiche gilt für die sicherlich auch hier interessierende Effektivvermögenslage.[143]

Ein umfassender, den tatsächlichen Verhältnissen entsprechender Einblick in die Vermögens-, Finanz- und Ertragslage, also die umfassende Information über den "wirklichen Wert" des Gesellschaftsvermögens, über die Zahlungsfähigkeit der Gesellschaft und über die Entnahmemöglichkeiten kann somit auch durch den (strengeren) § 264 Abs. 2 Satz 1 HGB vom Gesetzgeber nicht gewollt sein (und m.E. auch überhaupt nicht erreicht werden).[144] Vielmehr liegt dieser Einblickskonzeption der Gedanke zugrunde, daß der (erweiterte) Jahresabschluß i.V.m. dem Lagebericht erkennen lassen soll, "ob sich die Vermögens-, Finanz- und Ertragslage im abgelaufenen Geschäftsjahr, verglichen mit der zu Geschäftsjahrbeginn (zum Zeitpunkt des letzten Jahresabschlusses) gegebenen Situation, positiv oder negativ entwickelt hat."[145] Damit stellt auch der Jahresabschluß von Kapitalgesellschaften (nur) auf die Beurteilung der relativen wirtschaftlichen Unternehmensentwicklung ab, d.h., er unterscheidet sich zumindest dem Grundsatz nach nicht wesentlich vom Jahresabschluß der Nichtkapitalgesellschaften.

Die im Vergleich zur Einblickskonzeption bei Nichtkapitalgesellschaften vorhandene Verschärfung der Informationspflichten ergibt sich m.E. allerdings dadurch, daß der Gesetzgeber für Kapitalgesellschaften eine nicht zu unterschätzende Erweiterung der Berichtspflichten (und zwar über den Anhang, den Lagebericht und die zahlreichen Einzelvorschriften) vorsieht.

Trotz dieser Erweiterung der Berichtspflichten kann aber zunächst für alle Jahresabschlußadressaten festgestellt werden, daß bei der Bestimmung des *Vermögenslagebegriffes* - wie bei den Nichtkapitalgesellschaften - nur die Schuldendeckungsfähigkeit als maßgebliches Konkretisierungskriterium für den Informationsgehalt verbleibt. Insoweit gilt auch für Kapitalgesellschaften, daß dem Jahresabschluß die Aufgabe zukommt, Informationen über die Schuldendeckungsfähigkeit zu liefern.

---

143) Vgl. hierzu die Ausführungen bei den Nichtkapitalgesellschaften (S. 109ff.).

144) Leffson macht in diesem Zusammenhang einen interessanten Interpretationsvorschlag in bezug auf die Generalnorm des § 264 Abs. 2 HGB. Der in dieser Generalnorm gegebene Hinweis auf die GoB soll seiner Meinung nach die Jahresabschlußadressaten gerade vor solchen (im Text beschriebenen) übertriebenen Vorstellungen von dem Bild, das ein Jahresabschluß vermitteln kann, bewahren; vgl. Leffson, U.: "Ausformulierte und nicht ausformulierte gesetzliche Vorschriften im Bilanzrecht des HGB" (im folgenden zitiert als: "Ausformulierte ..."), in: DBW 1987, S. 3-7, hier: S. 6f.

145) Moxter, A.: "Zum Sinn und Zweck ...", a.a.O., S. 373; derselbe: "Einführung in das neue Bilanzrecht", a.a.O., S. 64ff.

Hinsichtlich der *Ertragslage*, also in bezug auf Informationen über die aktuellen und/oder zukünftigen Entnahmemöglichkeiten, kommt es durch die (zusätzlichen) Angaben im Anhang zu einer ersten Verbesserung der Einblicksmöglichkeiten.[146] Allerdings können auch diese Angaben nur als Anhaltspunkte verstanden werden, da für umfassende Detailinformationen eine Unternehmens-Gesamtbewertung (Ertragswertermittlung) notwendig wäre.[147]

Ferner darf in bezug auf die Berichtspflichten von Kapitalgesellschaften nicht vergessen werden, daß zusätzlich zum (erweiterten) Jahresabschluß noch ein Lagebericht erstellt werden muß. Auch wenn der Informationsgehalt dieses Berichtes nicht überschätzt werden darf, kann gerade er (und nur er) spezielle Informationsinteressen bestimmter Jahresabschlußadressaten befriedigen.[148]

Und schließlich legt der Gesetzgeber im Rahmen der von Kapitalgesellschaften vorzunehmenden (unmittelbaren) Drittinformation durch die Gliederungsvorschriften (§ 266, § 275 HGB) einen (Mindest-) Detaillierungsgrad fest. Dadurch wird eine Zusammenfassung von bestimmten Positionen verhindert und tendenziell eine Verbesserung des Informationsgehaltes des Jahresabschlusses erreicht.

Zusammenfassend kann für Kapitalgesellschaften festgehalten werden, daß der zentrale Informationsgehalt der Berichtspflichten ähnlich wie bei den Nichtkapitalgesellschaften in der Informationsvermittlung über die Schuldendeckungsfähigkeit besteht. Aber der (erweiterte) Jahresabschluß i.V.m. dem Lagebericht gewährt darüber hinaus noch zusätzliche Informationen. Dabei kann der Schwerpunkt dieser Zusatzinformationen, die im Anhang und im Lagebericht zu finden sind, darin gesehen werden, daß sich die Summe der gegebenen Anhaltspunkte zu der oben aufgeführten Einblickskonzeption verdichten

---

146) So sind z.B. nach § 277 Abs. 4 Satz 1 HGB unter den Posten "außerordentliche Erträge" und "außerordentliche Aufwendungen" solche Aufwendungen auszuweisen, die "außerhalb der gewöhnlichen Geschäftstätigkeit" anfallen. Und soweit sie für die Beurteilung der Ertragslage nicht von untergeordneter Bedeutung sind, sind diese Aufwendungen zudem "hinsichtlich ihres Betrages und ihrer Art im Anhang zu erläutern" (§ 277 Abs. 4 Satz 2 HGB).

147) vgl. Moxter, A.: "Die Jahresabschlußaufgaben ...", a.a.O., S. 143 oder Budde, W.-D./ Förschle, G.: "Ausgewählte Fragen zum Inhalt des Anhangs", in: DB 1988, S. 1457-1465, hier: S. 1460

148) Zu denken wäre in diesem Zusammenhang z.B. an die mehr qualitativen Informationsinteressen der Arbeitnehmer bzw. Gläubiger. Nur im Lagebericht werden nämlich für den Gläubiger Informationen darüber gegeben, wie sich beispielsweise der Marktanteil (nicht der Umsatz) für das Hauptprodukt entwickelt hat. Diese Information kann u.U. für den Gläubiger eine fällige Kreditvergabe bzw. -fortschreibung mit beeinflussen. Da aber auch z.B. die Zielsetzung bzw. Philosophie des Unternehmens im Lagebericht zum Ausdruck kommt, ergeben sich für die Arbeitnehmer möglicherweise Rückschlüsse für die persönlichen Aufstiegschancen in diesem Unternehmen.

läßt.[149] Gleichzeitig ist damit ein Maßstab gegeben, mit dem der notwendige Umfang dieser zusätzlichen Informationen beurteilt werden kann.

c) Das Verhältnis der Gewinnermittlungs- zur Informationsvermittlungsfunktion im handelsrechtlichen Jahresabschluß

Nachdem in den beiden vorherigen Abschnitten die handelsrechtlichen Jahresabschlußzwecke konkretisiert worden sind, ist es an dieser Stelle unerläßlich, das Verhältnis zwischen Gewinnermittlungs- und Informationsvermittlungsfunktion zu bestimmen. Dies erscheint deshalb umso wichtiger, als gerade in bezug auf dieses Verhältnis in der Literatur sehr unterschiedliche Positionen vertreten werden. So werden sowohl die Informationsvermittlung[150] als auch die Gewinnermittlung als primäre Aufgabe des Jahresabschlusses genannt.[151] Da außerdem jeder dieser beiden Jahresabschlußzwecke jeweils zu unterschiedlichen Jahresabschlußinhalten führen würde, der Gesetzgeber aber nur einen Jahresabschluß verlangt, kommt der Entscheidung über den Vorrang eines Jahresabschlußzwecks richtungsweisende Bedeutung in bezug auf den gesetzlichen Jahresabschlußinhalt zu.[152]

Im weiteren wird davon ausgegangen, daß die Gewinnermittlungsfunktion den primären Zweck (= das Hauptziel) des handelsrechtlichen Jahresabschlusses darstellt. Diese Auffassung kann m.E. wie folgt begründet werden:

Erstens konnte bei der Konkretisierung der Gewinnermittlungsfunktion gezeigt werden, daß in Übereinstimmung mit den Informationsinteressen der als schutzwürdig angesehenen Jahresabschlußadressaten die Gewinnermittlung auf den (maximal) ausschüttbaren Gewinn abzielt. Die Beachtung einer derartigen Gewinnermittlungskonzeption hat aber zur Folge, daß bei einer Beschränkung auf die klassischen Jahresabschlußinstrumente, also der Bestände-Bilanz und der Gewinn- und Verlustrechnung, die Gewinnermittlungsfunktion eindeutig dominiert. Das dort ermittelte Zahlenmaterial ist nämlich durch den zugrundegelegten Gewinnbegriff geprägt bzw. beeinflußt. Werden keine zusätzlichen Informationen gegeben, reicht dieses Material allein nicht aus, um das Zustandekommen der einzelnen Bilanz- und Erfolgspositionen erklären zu können.

---

149) vgl. Moxter, A.: "Die Jahresabschlußaufgaben ...", a.a.O., S. 143ff.; derselbe: "Zum Sinn und Zweck ...", a.a.O., S. 372f.

150) vgl. stellvertretend Leffson, U.: "Die Grundsätze ...", 7. Aufl., a.a.O., S. 98-112 m.w.N.

151) vgl. stellvertretend Moxter, A.: "Einführung ...", a.a.O., S. 156ff.; derselbe: "Einführung in das neue Bilanzrecht", a.a.O., S. 16ff. u. S. 63ff.; Schildbach, T.: "Die neue Generalklausel für den Jahresabschluß von Kapitalgesellschaften - zur Interpretation des Paragraphen 264 Abs. 2 HGB", in: BFuP 1987, S. 1-15, hier: S. 12ff. m.w.N.

152) vgl. Moxter, A.: "Einführung ...", a.a.O., S. 156

Zweitens läßt sich die Rangordnung der handelsrechtlichen Jahresabschluß-zwecke auch unmittelbar aus dem Gesetzestext heraus und damit als in der Intention des Gesetzgebers liegend begründen. In den für die Informationsvermittlungsfunktion maßgeblichen Paragraphen des HGB erfolgt, wie bereits an anderer Stelle kurz erwähnt wurde, unabhängig von der Rechtsform jeweils der Verweis auf die Grundsätze ordnungsmäßiger Buchführung. Gerade diese Grundsätze, insbesondere aber das Vorsichts- und das Realisationsprinzip, sind in erster Linie an der Bestimmung eines ausschüttbaren Gewinnes orientiert[153], d.h., mit diesem GoB-Verweis wird bewußt die Einschränkung der Informationsvermittlungsfunktion hingenommen.[154]

Für Nichtkapitalgesellschaften gilt diese Begrenzung der Informationsvermittlungsfunktion uneingeschränkt, da keine zusätzlichen Informationen gegeben werden müssen.

Für Kapitalgesellschaften hingegen erfolgt durch die Erweiterung der aufzustellenden Informationsinstrumente eine Modifikation, die nach Moxter unter dem Begriff der "Abkopplungsthese" bekannt geworden ist.[155] Im nach § 264 Abs. 1 HGB zu erstellenden Anhang (und möglicherweise auch im Lagebericht) soll durch Zusatzangaben die Informationsvermittlungsfunktion des Jahresabschlusses (allerdings nachrangig) sichergestellt werden. Die Konfliktlösung des Gesetzgebers läuft somit darauf hinaus, daß mit unterschiedlichen Prioritäten in Bestände-Bilanz und Gewinn- und Verlustrechnung einerseits sowie Anhang (und eigentlich auch Lagebericht) andererseits beide gesetzlichen Jahresabschlußzwecke zumindest tendenziell erreicht werden können.[156] Allerdings bleibt die untergeordnete Bedeutung der Informationsvermittlungsfunktion auch für Kapitalgesellschaften erhalten.[157]

---

153)   vgl. Moxter, A.: "Einführung in das neue Bilanzrecht", a.a.O., S. 17f. u. S. 67

154)   so auch Leffson, U.: "Ausformulierte ...", a.a.O., S. 6f.

155)   vgl. z.B. Moxter, A.: "Einführung in das neue Bilanzrecht", a.a.O., S. 67f.

156)   so auch Adler, H./Düring, W./Schmaltz, K.: "Rechnungslegung ...", 5. Aufl., a.a.O., § 264 HGB Tz. 87ff., S. 30f.; Moxter, A.: "Einführung ...", a.a.O., S. 157; Schildbach, T., a.a.O., S. 13

157)   Denn die Gewinnermittlungsfunktion behält trotzdem ihre dominierende Stellung. Dies wird zum einen dadurch deutlich, daß der Gesetzgeber z.B. als eine Zusatzinformation im Anhang verlangt, daß über Abweichungen bei den Bilanzierungs- und Bewertungsmethoden berichtet werden muß. Im Umkehrschluß kann dies aber nur bedeuten, daß solche Änderungen für zulässig gehalten werden.
Zum anderen erfolgt in § 264 Abs. 2 Satz 1 auch für Kapitalgesellschaften die Einschränkung, daß ein den tatsächlichen Verhältnissen entsprechendes Bild unter Beachtung der Grundsätze ordnungsmäßiger Buchführung zu ermitteln ist.

5. Die Gewinnermittlung als Jahresabschlußzweck des steuerrechtlichen Jahresabschlusses

Um die Konkretisierung der gesetzlichen Jahresabschlußzwecke zu vervollständigen, muß abschließend in diesem Abschnitt die Gewinnermittlungsfunktion des steuerrechtlichen Jahresabschlusses inhaltlich präzisiert werden.

Zuvor sei an dieser Stelle noch darauf hingewiesen, daß die Gewinnermittlungsvorschriften des Einkommensteuer-Gesetzes sowohl für Nichtkapital- als auch für Kapitalgesellschaften in gleichem Maße zur Anwendung kommen, die steuerliche Gewinnermittlung also rechtsformunabhängig ausgestaltet ist.

Für die Konkretisierung der steuerlichen Gewinnermittlungsfunktion bietet es sich zunächst an, die gesetzlichen Grundlagen wieder in Erinnerung zu rufen. Es sind dies der § 4 Abs. 1 i.V.m. § 5 Abs. 1 Satz 1 EStG und der § 141 Abs. 1 Satz 2 i.V.m. § 140 AO.[158]

Ohne die Bedeutung der anderen hier genannten Paragraphen zu unterschätzen, muß für die steuerliche Gewinnermittlung § 5 Abs. 1 Satz 1 EStG besonders hervorgehoben werden. Mit diesem Paragraphen fordert der Steuergesetzgeber die Gewerbetreibenden dazu auf, daß sie für den Schluß eines jeden Wirtschaftsjahres das Betriebsvermögen so anzusetzen haben, wie es "nach den handelsrechtlichen Grundsätzen ordnungsmäßiger Buchführung auszuweisen ist." Damit bildet § 5 Abs. 1 Satz 1 EStG die gesetzliche Grundlage für das sog. "Prinzip der Maßgeblichkeit der Handelsbilanz für die Steuerbilanz".[159]

Dieses Prinzip hat aber unmittelbar zur Folge, daß zumindest dem Grundsatz nach die Ausführungen zur handelsrechtlichen Gewinnermittlungsfunktion für die hier anstehende steuerrechtliche Betrachtung übernommen werden können: Auch der steuerlichen Gewinnermittlungsfunktion liegt ein Gewinnbegriff im Sinne des (maximal) ausschüttbaren Gewinnes zugrunde.

Für eine derartige Sichtweise sprechen zum einen die auch im Steuerrecht grundsätzlich anerkannten Bewertungsgrundsätze, insbesondere das Vorsichts- und das Realisationsprinzip.[160] Zum anderen zeigt sich bei der Berücksichti-

---

158) vgl. Tab. 1 auf S. 85 in dieser Arbeit; gleichzeitig soll an dieser Stelle darauf hingewiesen werden, daß zum 1.1.1990 das Einkommensteuergesetz eine Überarbeitung erfahren hat. Die Bilanzierungsvorbehalte sind um eine Nummer ergänzt worden, d.h., der Bewertungsvorbehalt findet sich nun statt in Abs. 5 (EStG a.F.) in Abs. 6 (EStG n.F.) des § 5 EStG. Dabei kann festgestellt werden, daß sich zumindest für die Absätze 2,3,5 und 6 des § 5 EStG nur wenig geändert hat. Deshalb kann im folgenden zu diesem Bereich durchaus auf Literatur vor dem 1.1.1990 verwiesen werden.

159) vgl hierzu z.B. Hilke, W.: "Kurzlehrbuch Bilanzpolitik", a.a.O., S. 13f.

160) Dies wird zwar nicht immer so klar ausgedrückt, doch besteht in der Literatur kein Zweifel an der Gültigkeit der genannten (und auch anderen) Bewertungsgrundsätze; vgl. Knobbe-Keuk, B.: "Bilanz- und Unternehmenssteuerrecht", Köln 1987, S. 34ff.; Tipke, K.: "Steuerrecht", 12. Aufl., Köln 1989, S. 278ff.; Herrmann/Heuer/Raupach, a.a.O., § 5 Anm. 31.

gung aller Informationsinteressen des einzigen Jahresabschlußadressaten (= Fiskus), daß nur der auschüttbare Gewinn die geeignete Steuerbemessungsgrundlage darstellt.[161]

Daß trotzdem der handelsrechtlich ermittelte Gewinn steuerrechtlichen Korrekturen unterworfen wird, liegt in erster Linie daran, daß der Steuergesetzgeber eine Reihe von Sondervorschriften für die Gewinnermittlung verwirklicht sehen möchte. Es handelt sich dabei im wesentlichen um die Bilanzierungsvorbehalte des § 5 Abs. 2-5 EStG und den Bewertungsvorbehalt des § 5 Abs. 6 EStG.[162] Der Grund für diese Vorbehalte muß letztendlich darin gesehen werden, daß im Interesse des Fiskus und in Hinsicht auf den Grundsatz der Gleichmäßigkeit der Besteuerung - zumindest der Intention nach - der "wirkliche" Gewinn des Unternehmens als Steuerbemessungsgrundlage erfaßt werden soll.[163] Aber schon alleine durch die im Steuerrecht vorhandenen vielfältigen, nur wirtschaftspolitisch begründbaren Vergünstigungen (z.B. Sonderabschreibungen) bleibt dieses Ziel unerreichbar.

Zusammenfassend kann somit festgehalten werden, daß die steuerrechtlichen Gewinnermittlungsvorschriften zwar gewisse Abweichungen in bezug auf die absolute Höhe des Gewinnes erzwingen können; insgesamt gesehen bleibt aber die durch den handelsrechtlichen Jahresabschluß vorgegebene Konzeption des ausschüttbaren Gewinnes erhalten. Damit hat also auch der steuerrechtliche Jahresabschluß die Ermittlung des unter Erhaltung der Leistungsfähigkeit des Unternehmens ausschüttbaren (und deshalb u.a. auch für Steuerzahlungen verfügbaren) Gewinnes zum Ziel.

---

161) vgl. S. 99f. in dieser Arbeit.

162) Eine ausführliche Darstellung dieser Vorbehalte und der sich daraus ergebenden Konsequenzen für die steuerliche Gewinnermittlung bieten die Ausführungen von Knobbe-Keuk; vgl. Knobbe-Keuk, B., a.a.O., S. 7ff., insbesondere S. 16-26.

163) vgl. z.B. ebenda, S. 14 oder Tipke, K., a.a.O, S. 281f.

III. Stellung der Bewertungsstetigkeit innerhalb der "Theorie des Jahresabschlusses im Rechtssinne"

In den vorhergehenden Abschnitten wurden die gesetzlichen Jahresabschlußzwecke konkretisiert. Wie herausgearbeitet wurde, dominiert im Handelsrecht die Gewinnermittlungs- über die Informationsvermittlungsfunktion. Gleichzeitig wurde sowohl für das Handels- als auch für das Steuerrecht (und zwar rechtsformunabhängig) festgestellt, daß die Gewinnermittlung auf den (maximal) ausschüttbaren Gewinn abzielt. Diese Konkretisierungsversuche bilden im folgenden die Grundlage dafür, die Stellung der Bewertungsstetigkeit innerhalb der Theorie des Jahresabschlusses im Rechtssinne beurteilen zu können.

Da sich die Untersuchung dabei zunächst auf die für den Jahresabschluß dominierende Gewinnermittlungsfunktion beschränkt, müssen in einem ersten Schritt die vorhandenen Gewinnermittlungsprinzipien (von Moxter auch "Fundamentalprinzipien" genannt[1]) entsprechend der gesetzlichen Zwecksetzung geordnet werden. Diese Prinzipien sind im einzelnen die periodengerechte Gewinnermittlung, die umsatzgebundene Gewinnermittlung, die vorsichtige Gewinnermittlung und die Ermessensbeschränkung.[2]

Die Tatsache, daß der Jahresabschluß den (maximal) ausschüttbaren Gewinn des Geschäftsjahres angeben soll, verlangt grundsätzlich eine periodengerechte und umsatzgebundene Gewinnermittlung. Diese auch als periodenumsatzgerecht bezeichnete[3], zudem gesetzlich verankerte (vgl. § 252 Abs. 1 Nr. 4 i.V.m. § 252 Abs. 1 Nr. 5 HGB) Vorgehensweise verbietet somit den Ausweis von unrealisierten Gewinnen (und eigentlich auch von unrealisierten Verlusten).[4]

Da die Gewinnermittlung gleichzeitig aber auch die Unternehmenserhaltung (als stringente Nebenbedingung) zu gewährleisten hat, muß die periodenumsatzgerechte Gewinnermittlung durch die Verlustantizipation eingeschränkt werden. Durch die Verlustantizipation nach § 252 Abs. 1 Nr. 4 HGB wird nämlich erreicht, daß "drohende Verluste beispielsweise aus dem (zukünftigen)

---

1)   vgl. Moxter, A.: "Bilanzrechtsprechung" (im folgenden ebenso zitiert), 2.Aufl., Tübingen 1985, S. 217

2)   vgl. Moxter, A.: "Einführung ...", a.a.O., S. 159ff.; derselbe: "Ulrich Leffson und die Bilanzrechtsprechung" (im folgenden zitiert als: "Ulrich Leffson und ..."), in: WPg 1986, S. 173-177, hier: S. 173ff.

3)   Moxter, A.: "Bilanzrechtsprechung", a.a.O., S. 217

4)   vgl. Hilke, W.: "Kurzlehrbuch Bilanzpolitik", a.a.O., S. 26f.

Verkauf von unfertigen und fertigen Erzeugnissen im abzuschließenden Geschäftsjahr"[5] bei der Gewinnermittlung bereits berücksichtigt werden.

Trotz der sich damit ergebenden ungleichen Behandlung von unrealisierten Gewinnen einerseits und unrealisierten Verlusten andererseits, die zwangsläufig eine Verletzung der periodenumsatzgerechten Gewinnermittlung bedeutet, wird durch diese Vorgehensweise eine erste Beziehung zwischen den Gewinnermittlungsprinzipien deutlich. Die Verlustantizipation verstärkt das bereits in der periodenumsatzgerechten Gewinnermittlung angelegte Vorsichtsprinzip.[6]

Denn neben der soeben geschilderten auch als Imparitätsprinzip bezeichneten Ausprägung des Vorsichtsprinzips kennt das Gesetz noch ein allgemeines, in einem umfassenden Sinne zu verstehendes Vorsichtsprinzip.[7] Danach ist der Bilanzierende verpflichtet, vorsichtig zu bewerten und sich insofern (im Zweifel) eher als zu arm als zu reich zu rechnen (vgl. § 254 Abs. 1 Nr. 4 HGB, erster Halbsatz). Auch diese allgemeine Form des Vorsichtsprinzips läßt sich durch die zu beachtende Unternehmenserhaltung rechtfertigen und liegt eindeutig im Interesse der als schutzwürdig angesehenen Jahresabschlußadressaten.

Um die Beziehungen zwischen den vier Gewinnermittlungsprinzipien richtig beurteilen zu können, muß abschließend die vom Gesetzgeber gewollte Ermessensbeschränkung in die Untersuchung mit einbezogen werden. Es handelt sich dabei neben den Vereinfachungsprinzipien vor allem um solche Prinzipien, die eine Objektivierung der Gewinnermittlung bewirken, also das zwangsläufig vorhandene subjektive Ermessen des Bilanzierenden einzugrenzen versuchen.[8] Es hängt aber letztendlich vom gesetzlich vorgegebenen Objektivierungsgrad ab, welches Gewicht das Prinzip objektivierter Gewinnermittlung hat. Zweifelsfrei muß diesbezüglich festgehalten werden, daß sich gerade in Hinblick auf die Ausschüttungsbemessung, d.h. für die Bestimmung eines dem Unternehmen entziehbaren Betrages, eine durch Objektivierung gesicherte Vorsicht empfiehlt.[9] Im Konfliktfall muß die vom Gesetzgeber gewünschte Objektivierung des Jahresabschlusses jedoch stets hinter eine vorsichtige Gewinnermittlung zurücktreten, um die stringente Nebenbedingung der Gewinnermittlung, nämlich die Unternehmenserhaltung, zu gewährleisten.

Zusammenfassend ergibt sich somit folgendes Bild: Die Gewinnermittlungsprinzipien können für eine Theorie des Jahresabschlusses im Rechtssinne eindeutig bestimmt und geordnet werden. Auf der Grundlage der konkretisier-

---

5)   Hilke, W.: "Kurzlehrbuch Bilanzpolitik", a.a.O., S. 28

6)   ebenso Moxter, A.: "Ulrich Leffson ...", a.a.O., S. 174

7)   vgl. Hilke, W.: "Kurzlehrbuch Bilanzpolitik", a.a.O., S. 25ff.; Moxter, A.: "Einführung ...", a.a.O., S. 163

8)   vgl. Moxter, A.: "Gefahren des Bilanzrechts" (im folgenden zitiert als: "Gefahren ..."), in: BB 1982, S. 1030-1032, hier: S. 1031; Müller, J.: "Das Stetigkeitsprinzip im neuen Bilanzrecht", in: BB 1987, S: 1629-1637, hier: S. 1634

9)   vgl. Moxter, A.: "Zum Sinn und Zweck ...", a.a.O., S. 368

ten Gewinnermittlungsfunktion zeigt sich, daß durch den gesetzlichen Jahresabschluß ein vorsichtig bemessener Gewinn ermittelt werden soll, wobei das
subjektive Ermessen i.d.R. durch zahlreiche Objektivierungsprinzipien eine Beschränkung erfährt.

Diese Rangordnung der Gewinnermittlungsprinzipien bildet zugleich den
zentralen Ausgangspunkt für die Beantwortung der Frage, welche Stellung die
Bewertungsstetigkeit innerhalb der Theorie des Jahresabschlusses im Rechtssinne einnimmt. Die Bewertungsstetigkeit muß - in Übereinstimmung sowohl
mit Teilen der Literatur[10] als auch mit der Bilanzrechtsprechung[11] - eindeutig
als *Objektivierungsprinzip* eingestuft werden. Die objektivierende Bedeutung
ist darin zu sehen, daß sie (im Idealfall) manipulative Bewertungsänderungen
verhindern soll.[12] Wieviel Bewertungsstetigkeit tatsächlich verwirklicht werden soll, läßt sich abschließend nur unter Berücksichtigung aller übrigen Gewinnermittlungsprinzipien beurteilen.

Dabei zeigt sich, daß der Grundsatz der Bewertungsstetigkeit keine dominierende Stellung innerhalb der Theorie des Jahresabschlusses im Rechtssinne
einnehmen kann. Die Primärorientierung des Gesetzes (und der gesetzlichen
Jahresabschlußzwecke) ist nämlich eindeutig auf die Betonung einer vorsichtigen Gewinnermittlung ausgerichtet, d.h., die vom Gesetzgeber gewünschten
Ermessensbeschränkungen und damit auch die Bewertungsstetigkeit haben lediglich eine *Ergänzungsfunktion*.[13]

In diesem Zusammenhang wird auch deutlich, daß die Existenz der Bewertungsstetigkeit nicht mit der Zielsetzung der Vergleichbarkeit der Jahresabschlüsse gerechtfertigt werden kann. Diese der Schmalenbach'schen Vergleichbarkeitsdynamik entspringende Auffassung[14] muß für die Theorie des Jahresabschlusses im Rechtssinne entschieden abgelehnt werden. Diese ablehnende
Haltung kann dabei wie folgt begründet werden: Zum einen, und dieser Aspekt
hat grundlegende Bedeutung, stimmt der für die Vergleichbarkeitsdynamik
maßgebliche Sinn und Zweck der Gewinnermittlung, nämlich die Ermittlung
eines vergleichbaren Gewinnes[15], nicht mit der gesetzlich geforderten und in
der vorliegenden Arbeit konkretisierten Gewinnermittlungsfunktion überein.[16]

---

10)   vgl. Forster, K.-H.: "Bewertungsstetigkeit ...", a.a.O., S. 29; Hafner, R., a.a.O., S. 593;
       Moxter, A.: "Zum Sinn und Zweck ...", a.a.O., S. 367 m.w.N.; Müller, J., a.a.O., S. 1634;
       Selchert, F. W.: "Bewertungsstetigkeit ...", a.a.O., S. 1889

11)   vgl. stellvertretend RFH-Urteil vom 10.4.1929 VI A 539, StuW 1929, Nr. 512; RFH-Urteil
       vom 19.8.1931 VI A 441/30, RStBl. 1931, S. 908

12)   vgl. Moxter, A.: "Einführung in das neue Bilanzrecht", a.a.O., S. 40

13)   ähnlich bei Müller, J., a.a.O., S. 1634 m.w.N.

14)   vgl. Schmalenbach, E.: "Grundlagen ...", a.a.O., S. 9f. und 12f.

15)   vgl. ebenda, S. 6ff.

16)   vgl. hierzu auch Moxter, A.: "Zum Sinn und Zweck ...", a.a.O., S. 373f.; Müller, J., a.a.O., S.
       1634

Und zum anderen wirft ein solches dynamisches Gewinnverständnis auch de lege lata unüberwindbare Probleme auf. Für die Vertreter eines dynamischen Verständnisses der Bewertungsstetigkeit wird nämlich durch eine Beibehaltung der auf den vorhergehenden Jahresabschluß angewandten Bewertungsmethoden die Ergebnisentwicklung als nachvollziehbar angesehen und damit eine zuverlässige Aussage über die wirtschaftliche Entwicklung ermöglicht.[17] Eine sich aus der Dominanz dieser Informationsaufgabe heraus ergebende übergeordnete Stellung der Bewertungsstetigkeit bedeutet aber, daß dieses Prinzip in Konfliktfällen andere Gewinnermittlungsprinzipien, wie beispielsweise das Vorsichtsprinzip, in ihrer Wirkung zurückdrängt. Wie aber den Ausführungen zu den Gewinnermittlungsprinzipien zu entnehmen ist, muß eine solche hierarchische Ordnung für die vorliegende Arbeit zurückgewiesen werden.

Um so erstaunlicher ist deshalb, daß in Teilen der betriebswirtschaftlichen Literatur immer noch die Auffassung besteht[18], den bilanzrechtlichen Gewinn als vergleichbaren Gewinn interpretieren zu müssen.[19]

Zusätzlich zur Objektivierungsfunktion bei der Gewinnermittlung kann der Bewertungsstetigkeit zumindest für die Kapitalgesellschaften noch eine (indirekte) *Informationsvermittlungsfunktion* zugewiesen werden. Erstens muß eine Änderung der Bewertungsmethoden, also eine Stetigkeitsabweichung, immer im Anhang angegeben werden[20]; diese Information kann durchaus von Interesse für den Jahresabschlußadressaten sein, weil sich dadurch gewisse Rückschlüsse in bezug auf das Zustandekommen des ermittelten Gewinnes ergeben. Und zweitens bewirkt die Objektivierungsfunktion der Bewertungsstetigkeit zumindest im Normalfall in deren Wirkungsbereich eine Beschränkung des subjektiven Ermessens, was zu einer qualitativen Verbesserung der gegebenen Informationen führt.

---

17) vgl. z.B. Baetge, J./Commandeur, D.: "Vergleichbar -vergleichbare Beträge in aufeinanderfolgenden Jahresabschlüssen", in: Handwörterbuch unbestimmter Rechtsbegriffe im Bilanzrecht des HGB, hrsg. von Leffson, U. u.a., Köln 1986, S. 326-335, hier: S. 329

18) Claussen/Korth sprechen sogar davon, daß die Vergleichbarkeit als Sinn des Stetigkeitsgebots in §§ 252 Abs. 1 Nr. 6, 284 Abs. 2 Nr. 3 und 4 HGB sowie in der Literatur einhellig anerkannt ist und umschreiben deshalb die Aufgabenstellung dieses Gebotes wie folgt: "Sinn des Gebots der Stetigkeit ist unter anderem, aber vor allen anderen Aufgaben, Jahresabschlüsse vergleichbar zu machen"; Claussen, C.P./Korth, H.-M.: "Zum Grundsatz der Bewertungsstetigkeit in Handels- und Steuerrecht", in: DB 1988, S. 921-927, hier: S. 923.

19) vgl. z.B. Pfleger, G.: "In welchen Ausnahmefällen ...", a.a.O., S. 1133; Eckes, B., a.a.O., S. 1435 und 1444; Glade, A.: "Rechnungslegung ...", a.a.O., S. 605; Federmann, R., a.a.O., S. 122

20) vgl. § 284 Abs. 2 Nr. 3 HGB

D. Bedeutung der Bewertungsstetigkeit für die Bewertungskonzeption des HGB von 1985

I. Beziehungen zwischen der Bewertungsstetigkeit und anderen allgemeinen Bewertungsgrundsätzen

Bevor auf die Beziehungen zwischen der Bewertungsstetigkeit und einigen anderen ausgewählten Bewertungsgrundsätzen näher eingegangen wird, muß zum besseren Verständnis der nachfolgenden Ausführungen zunächst der Zusammenhang zwischen den Grundsätzen ordnungsmäßiger Buchführung im allgemeinen und den Bewertungsgrundsätzen des § 252 Abs. 1 HGB im besonderen aufgezeigt werden.

Auch im HGB von 1985 fällt nämlich auf, daß an mehreren Stellen der Verweis auf die Grundsätze ordnungsmäßiger Buchführung erfolgt.[1] So heißt es z.B. in § 238 Abs. 1 Satz 1 HGB, daß jeder Kaufmann dazu verpflichtet ist, "Bücher zu führen und in diesen seine Handelsgeschäfte und die Lage seines Vermögens nach den Grundsätzen ordnungsmäßiger Buchführung ersichtlich zu machen."[2]

Damit wird deutlich, daß der Gesetzgeber sowohl seine Bilanzierungs- als auch Bewertungskonzeption nicht abschließend bzw. allein durch den Gesetzestext verwirklicht sehen möchte. Vielmehr sind neben den kodifizierten Bilanzierungs- und Bewertungsgrundsätzen auch eine ganze Reihe von nicht ausdrücklich im Gesetzestext genannten Grundsätzen für die Erstellung des Jahresabschlusses zu beachten.

Dabei kann m.E. für beide Teilbereiche als gemeinsames Merkmal festgestellt werden, daß es sich um Grundsätze ordnungsmäßiger Buchführung (i.w.S.) handelt.[3] Der Unterschied besteht lediglich darin, daß ein Teil dieser Grundsätze im HGB von 1985 nicht zuletzt aus Gründen einer gesetzlichen

---

1)   Ein solcher Verweis findet sich auch bereits in früheren Gesetzestexten. So wurde z.B. im § 149 AktG a.F. (1965) darauf hingewiesen, daß der Jahresabschluß den Grundsätzen ordnungsmäßiger Buchführung zu entsprechen hat. Und auch im § 38 HGB von 1897 hieß es bereits, daß die Lage des Vermögens nach den Grundsätzen ordnungsmäßiger Buchführung ersichtlich zu machen ist.

2)   Des weiteren erfolgt ein Hinweis auf die Grundsätze ordnungsmäßiger Buchführung z.B. in folgenden Paragraphen des Handels- und Steuerrechts: § 239 Abs. 4 S. 1 HGB, § 241 Abs. 1 S. 2 HGB, § 241 Abs. 2 HGB, § 241 Abs. 3 Nr. 2 HGB, § 243 Abs. 1 HGB, § 256 S. 1 HGB, § 257 Abs. 3 HGB, § 264 Abs. 2 S. 1 HGB, § 322 Abs. 1 HGB, § 4 Abs. 2 S. 1 EStG, § 5 Abs. 1 EStG, § 6 Abs. 1 Nr. 2 EStG.

3)   vgl. hierzu Hilke, W.: "Kurzlehrbuch Bilanzpolitik", a.a.O., S. 19-24

Klarstellung[4] kodifiziert worden ist. Aus dieser unterschiedlichen Berücksichtigung durch den Gesetzgeber allerdings auf eine Rangfolge unter den einzelnen Grundsätzen zu schließen, erscheint unzulässig. Denn der mehrfach vorhandene Hinweis auf die Grundsätze ordnungsmäßiger Buchführung kann als verbindliche Handlungsanweisung dafür angesehen werden, auch die nicht kodifizierten Bilanzierungs- und Bewertungsgrundsätze bei der Erstellung des Jahresabschlusses zu berücksichtigen.[5]

Für die vorliegende Arbeit hat dieser Sachverhalt zwingend zur Folge, daß sich die Einordnung der Bewertungsstetigkeit in die Bewertungskonzeption des HGB nicht allein auf die in § 252 Abs. 1 HGB kodifizierten (allgemeinen) Bewertungsgrundsätze beschränken darf, sondern daß zusätzlich einige nicht ausdrücklich im Gesetzestext aufgeführte Grundsätze ordnungsmäßiger Buchführung in die Betrachtung mit einbezogen werden müssen. Gerade für die Willkürfreiheit und die Einheitlichkeit der Bewertung erscheint dies, wie die folgenden Ausführungen zeigen werden, unerläßlich.

1. Willkürfreiheit und Bewertungsstetigkeit - eine vergleichende Gegenüberstellung

Der Bewertungsstetigkeit kommt, wie gezeigt werden konnte, innerhalb der Theorie des Jahresabschlusses im Rechtssinne eindeutig eine Objektivierungsaufgabe zu. Diese Erkenntnis kann jedoch nach herrschender Auffassung auch für den Grundsatz der Willkürfreiheit in Anspruch genommen werden.[6] Da sich in der Literatur noch keine einhellige Meinung darüber herausgebildet hat, welche konkreten Wirkungen von einer Forderung nach Willkürfreiheit ausgehen[7], ist es nicht weiter verwunderlich, daß auch das Verhältnis zwischen Bewertungsstetigkeit und Willkürfreiheit unterschiedlich interpretiert wird.

So erwartet z.B. Bohl in bezug auf die Bewertungsstetigkeit, "daß dieser Grundsatz dahin ausgelegt wird, daß Bewertungsmethoden nicht willkürlich Jahr für Jahr geändert werden dürfen."[8]

Im Gegensatz dazu ist nach Förschle/Kropp davon auszugehen, "daß die Anforderungen an die Bewertungsstetigkeit sich nicht im Willkürverbot er-

---

4) vgl. Kupsch, P.: "Einheitlichkeit ...", a.a.O., S. 1101

5) Derselben Auffassung ist Leffson, U.: "Ausformulierte ...", a.a.O., S. 5f.

6) vgl. Coenenberg, A. G., a.a.O., S. 30f.; Federmann, R., a.a.O., S. 130f.; Leffson, U.: "Die Grundsätze ...", 7.Aufl., a.a.O., S. 202ff.

7) vgl. Adler, H./Düring, W./Schmaltz, K.: "Rechnungslegung ...", 5. Aufl., a.a.O., § 252 HGB Tz. 117, S. 41

8) Bohl, W.: "Der Jahresabschluß nach neuem Recht", in: WPg 1986, S. 29-36, hier: S. 31

schöpfen, sondern über diese Begrenzung hinausreichen, denn sonst wäre die Vorschrift entbehrlich."[9]

Wie diese unterschiedlichen Standpunkte letztendlich zu beurteilen sind, hängt m.E. ganz wesentlich davon ab, inwieweit vorab eine exakte Umschreibung des Grundsatzes der Willkürfreiheit stattgefunden hat. Gerade diese inhaltliche Präzisierung unterbleibt allerdings in den oben aufgeführten Literaturstellen. Deshalb muß im weiteren zunächst die Frage beantwortet werden, was Willkürfreiheit konkret bedeutet (und was nicht), um daran anschließend das Verhältnis zwischen Bewertungsstetigkeit und Willkürfreiheit aufzeigen zu können.

Der Grundsatz der Willkürfreiheit läßt sich zweifelsfrei aus dem Prinzip der Bilanzwahrheit ableiten. Dieses Prinzip, das zu den ältesten und zugleich zu den problematischsten Bilanzierungsgrundsätzen gehört, unterteilt sich in den Grundsatz der Richtigkeit und den hier zu behandelnden Grundsatz der Willkürfreiheit.[10]

Dabei ist nach Leffson - und diese Auffassung wird auch in der vorliegenden Arbeit vertreten - die Forderung nach Willkürfreiheit insbesondere in der nicht unbeträchtlichen Subjektivität des Bewertungsvorgangs begründet.[11]

Allerdings muß betont werden, daß diese (naturgegebene) Subjektivität so lange noch nicht gegen den Grundsatz der Willkürfreiheit verstößt, wie der Bilanzierende sich bemüht, ein den gesetzlichen Jahresabschlußzwecken entsprechendes Bild der Lage des Unternehmens zu gewinnen.[12]

Erst wenn der Bilanzierende die aus der Subjektivität resultierende Freiheit zu einem eigenen Urteil willkürlich ausnutzt[13], liegt ein ernstzunehmender Verstoß gegen den hier betrachteten Grundsatz vor.

Trotz dieser Erkenntnis kann die Trennlinie zwischen einem berechtigten subjektiven Urteil einerseits und einer willkürlichen Vorgehensweise andererseits nicht eindeutig gezogen werden. Erstens sind subjektive Urteile nur be-

---

9)   Förschle, G./Kropp, M., a.a.O., S. 876

10)   ebenso z.B. Federmann, R., a.a.O., S. 128ff.; Leffson, U.: "Die Grundsätze ...", 7. Aufl., a.a.O., S. 193ff.; Wöhe, G.: "Bilanzierung ...", a.a.O., S. 192ff.

11)   Leffson spricht in diesem Zusammenhang deshalb auch davon, daß das Prinzip der Bilanzwahrheit personenbezogen durch den Grundsatz der Willkürfreiheit ersetzt wird; vgl. Leffson, U.: "Die Grundsätze ...", 7. Aufl., a.a.O., S. 200 u. 202; vgl. auch Federmann, R., a.a.O., S. 128.

12)   In diesem Sinne sind wohl auch die Ausführungen zur Willkürfreiheit bei Adler/Düring/ Schmaltz zu verstehen. Dort heißt es nämlich, daß sich i.d.R. der Grundsatz der Willkürfreiheit einerseits sowie die Ausübung von Bewertungswahlrechten und sachgerechten Ermessensentscheidungen andererseits nicht gegenseitig ausschließen; vgl. Adler, H./Düring, W./Schmaltz, K.: "Rechnungslegung ...", 5. Aufl., a.a.O., § 252 HGB Tz. 117, S. 41.

13)   Zu denken ist z.B. an eine willkürliche Unterbewertung der Vermögensgegenstände.

dingt nachprüfbar, und zweitens wird durch die Willkürfreiheit der menschliche Irrtum selbstverständlich weder ausgeschlossen noch verurteilt.[14]

Aus alledem ergibt sich, daß dem Grundsatz der Willkürfreiheit i.d.R. dann entsprochen sein dürfte, wenn die Bewertungsvorgänge frei von solchen Willensäußerungen des Bilanzierenden bleiben, die entweder völlig unbegründet sind oder aber sachfremden Überlegungen folgen.[15] Dabei kann als Beurteilungskriterium für die Frage, in welchen konkreten Fällen derartige Willensäußerungen vorliegen, nur die grundsätzlich zu beachtende Zwecksetzung der Bilanzierung in ihrer Gesamtheit herangezogen werden. Der Grundsatz der Willkürfreiheit soll also (lediglich) Bewertungsentscheidungen vermeiden, die den an anderer Stelle herausgearbeiteten Zwecken des gesetzlichen Jahresabschlusses zuwiderlaufen.[16]

Durch diese inhaltliche Festlegung des Grundsatzes der Willkürfreiheit wird es nun auch möglich, im folgenden das Verhältnis zwischen der Willkürfreiheit und der Bewertungsstetigkeit eindeutig zu beschreiben.

Beide Grundsätze dienen, wie bereits erwähnt, der Objektivierung des gesetzlichen Jahresabschlusses, sollen also das subjektive Ermessen einschränken. Allerdings wird aufgrund der obigen Ausführungen deutlich, daß diese beiden Grundsätze eine unterschiedliche Stellung innerhalb des Bewertungsvorganges bzw. -prozesses einnehmen.

So versucht die Willkürfreiheit bei jeder Aufstellung des Jahresabschlusses sozusagen zeitpunktorientiert, das subjektive Element jeglicher Bewertung in gewissem Umfang einzuschränken bzw. in ganz bestimmte Bahnen zu lenken. Die Willkürfreiheit ist in diesem Sinne der Bewertungsstetigkeit innerhalb des Bewertungsvorganges vorangestellt. Denn immer dann, wenn Ermessensentscheidungen anstehen, bewirkt der Grundsatz der Willkürfreiheit eine an den gesetzlichen Jahresabschlußzwecken ausgerichtete Vorab-Auswahl. Diese Einschränkung der Handlungsalternativen muß jedoch aufgrund der zeitlichen Dimension der Willkürfreiheit grundsätzlich jedes Jahr erneut vorgenommen werden.

Gerade dieser Umstand bildet nun den Ausgangspunkt für eine vergleichende Gegenüberstellung und Abgrenzung von Willkürfreiheit und Bewertungsstetigkeit. Denn mit der Bewertungsstetigkeit kann erreicht werden, daß an der (unter Beachtung der Willkürfreiheit getroffenen) Bewertungsentscheidung i.d.R. in den Folgejahren festgehalten wird. Die Bewertungsstetigkeit

---

14) ähnlich bei Leffson, U.: "Die Grundsätze ...", 7. Aufl., a.a.O., S. 203f.

15) vgl. Federmann, R., a.a.O., S. 130

16) Diese Auffassung wird auch von anderen Autoren vertreten; vgl. z.B. Adler, H./Düring, W./ Schmaltz, K.: "Rechnungslegung ...", 5. Aufl., a.a.O., § 252 HGB Tz. 117, S. 41; Wöhe, G.: "Bilanzierung ...", a.a.O., S. 193.

muß deshalb im Gegensatz zur Willkürfreiheit insbesondere als zeitraumorientiertes Instrument der Objektivierung angesehen werden. Aber auch in bezug auf die zeitpunktorientierte Objektivierungsfunktion der Bewertungsstetigkeit ergeben sich im Vergleich mit der Willkürfreiheit erhebliche Unterschiede. Es sei in diesem Zusammenhang z.B. nur daran erinnert, daß die Forderung nach der Bewertungsstetigkeit gemäß § 252 Abs. 1 Nr. 6 HGB in bestimmten Grenzen als objektübergreifend zu verstehen ist.[17]

Damit wird aber zugleich offensichtlich, daß sich eine in diesem Sinne verstandene Bewertungsstetigkeit nicht im Willkürverbot erschöpft, sondern aufgrund der zeitlich (wie auch sachlich) unterschiedlichen Dimension der beiden hier betrachteten Grundsätze über eine willkürfreie Bewertung hinausgeht.

Im Ergebnis kann somit festgehalten werden, daß die Bewertungsstetigkeit, soweit sie zur Anwendung gelangt, eindeutig als die restriktivere Vorschrift anzusehen ist. Durch die zeitraumorientierte Betrachtungsweise der Bewertungsvorgänge führt sie nämlich zu einer Reduzierung des subjektiven Ermessensspielraumes und beinhaltet damit zwangsläufig in den Folgejahren (für die beibehaltenen Bewertungsmethoden) auch eine willkürfreie Bewertung.

2. Die Einheitlichkeit der Bewertung als notwendiger Bestandteil des Grundsatzes der Bewertungsstetigkeit

Auch das Verhältnis zwischen dem Grundsatz der Einheitlichkeit der Bewertung und der in § 252 Abs. 1 Nr. 6 HGB kodifizierten Forderung nach Beibehaltung der Bewertungsmethoden wird in der betriebswirtschaftlichen Literatur unterschiedlich beurteilt.[18] Für solch eine unterschiedliche Beurteilung können in diesem Fall aber die jeweils zugrundeliegenden Zwecksetzungen des Jahresabschlusses verantwortlich gemacht werden. Denn je nachdem, welcher Jahresabschlußzweck den Ausgangspunkt für die Betrachtungen bildet, lassen sich für die Einheitlichkeit folgende Beurteilungsmaßstäbe formulieren:[19]

(1)   Die Einheitlichkeit der Bewertung ist in der Vereinfachungserfordernis begründet.

(2)   Die Einheitlichkeit der Bewertung hat als Objektivierungsinstrument die Aufgabe, das subjektive Ermessen seitens des Bilanzierenden zu beschränken.

---

17)   vgl. hierzu die Ausführungen in Kapitel B (S. 25-29).

18)   vgl. Selchert, F. W.: "Grundsatz der Einheitlichkeit der Bewertung" (im folgenden zitiert als: "Grundsatz der ..."), in: WPg 1983, S. 447-453, hier: S. 447 m.w.N.

19)   ähnlich bei Müller, J., a.a.O., S. 1632

(3) Die Einheitlichkeit der Bewertung resultiert aus der Forderung nach der Ermittlung eines vergleichbaren Gewinnes.

Ohne auf jeden dieser Beurteilungsmaßstäbe in einzelnen eingehen zu müssen, kann m.E. für die vorliegende Arbeit auf der Grundlage der Ergebnisse zu den gesetzlichen Jahresabschlußzwecken doch festgestellt werden, daß durch die Einheitlichkeit der Bewertung ein (weiteres) Objektivierungsinstrument angesprochen wird.[20]

Eine in diesem Sinne verstandene Einheitlichkeit der Bewertung hat aber inhaltlich zur Folge, und damit zeigt sich die Ähnlichkeit zur Bewertungsstetigkeit, daß unbegründete Bewertungsdifferenzierungen innerhalb der Vermögensgegenstände und Schulden verhindert werden.

Allerdings wird weder in der Literatur noch in der Rechtsprechung abschließend geklärt[21], in welcher Weise der Grundsatz der Einheitlichkeit konkret zur Erfüllung dieser Objektivierungsaufgabe beitragen kann.

Deshalb soll an dieser Stelle die Einheitlichkeit der Bewertung zunächst inhaltlich kurz umrissen werden, um daran anschließend aufzeigen zu können, wieso für die vorliegende Arbeit dieser Grundsatz als notwendige Ergänzung zur Bewertungsstetigkeit angesehen wird.

Die Bewertungseinheitlichkeit besagt, daß Bewertungswahlrechte grundsätzlich nicht für jeden Vermögensgegenstand und für jede Schuldenposition unabhängig ausgeübt werden dürfen, sondern daß ein einmal ausgeübtes Wahlrecht über die ursprüngliche Bewertungsentscheidung hinausgehende Konsequenzen für die Bewertung anderer Vermögensgegenstände und/oder Schuldenpositionen nach sich zieht. Diese Konsequenzen sind darin zu sehen[22], daß zu einem bestimmten Bewertungszeitpunkt (= Bilanzstichtag) nur bei sachlich

---

20) vgl. hierzu S. 120ff. in dieser Arbeit.

21) Es ist deshalb für Selchert auch nicht weiter verwunderlich, daß Prüfer und Bilanzierende, auf die Bewertungseinheitlichkeit angesprochen, zum großen Teil ausweichende Antworten geben. Für sie handelt es sich bei diesem Grundsatz i.d.R. um ein Problem, "über das noch nicht ausreichend nachgedacht sei; prinzipiell könne von einer Einheitlichkeit der Bewertung, von einer Pflicht zur Einheitlichkeit in der Ausschöpfung von Bewertungsspielräumen keine Rede sein, aber in gewisser Weise würde eine solche Einheitlichkeit doch auch verlangt"; Selchert, F. W.: "Grundsatz der ...", a.a.O., S. 447.

22) vgl. Wohlgemuth, M.: "Der Grundsatz der Einheitlichkeit der Bewertung" (im folgenden zitiert als: "Der Grundsatz ..."), in: Gross, G. (Hrsg.): Der Wirtschaftsprüfer im Schnittpunkt nationaler und internationaler Entwicklungen, Festschrift zum 60. Geburtstag von K. v. Wysocki, Düsseldorf 1985, S. 45-60, hier: S. 49f.

begründeten Unterschieden zwischen den Bewertungsobjekten[23] eine unterschiedliche Ausschöpfung von Bewertungswahlrechten zulässig ist.[24]

Um die Bedeutung einer in diesem Sinne verstandenen Bewertungseinheitlichkeit abschließend beurteilen zu können, stellt sich jetzt noch die Frage, wie weit bzw. wie eng der Wirkungsbereich dieses Grundsatzes abzustecken ist. Zur Beantwortung dieser Frage kann aufgrund der soeben vorgenommenen Begriffsbestimmung für die Bewertungseinheitlichkeit auf die Ausführungen zur Sachkomponente der Bewertungsstetigkeit verwiesen werden[25], da beide Grundsätze in bezug auf die sachliche Dimension ihres Geltungsbereiches gleich gelagert sind.[26]

Demnach begründen nicht nur unterschiedliche Bewertungskonstellationen Ausnahmen vom Grundsatz der Bewertungseinheitlichkeit, sondern auch das Wahlrecht für den Ansatz steuerlicher Werte.[27] Und auch für die Wertansatzwahlrechte kommt die Einheitlichkeit der Bewertung nur sehr beschränkt zur Anwendung.[28]

Die soeben aufgezeigte enge inhaltliche Verbindung zwischen der Bewertungseinheitlichkeit und der Bewertungsstetigkeit beschränkt sich nicht allein auf die Gemeinsamkeiten zur Bestimmung des sachlichen Wirkungsbereiches, sondern setzt sich bei der konkreten Umsetzung dieser Grundsätze in die Bilanzierungspraxis fort. Die Forderung nach der zeitlich-horizontalen Beibehaltung der Bewertungsmethoden (= Zeitkomponente der Bewertungsstetigkeit) setzt für gleiche und gleichartige Bewertungsobjekte eine stichtagsbezogene (oder zeitlich-vertikale) Einheitlichkeit der Bewertung voraus.[29]

---

23)   Dabei werden unter dem Begriff "Bewertungsobjekt" sowohl Vermögensgegenstände als auch Schuldenpositionen zusammengefaßt.

24)   vgl. Kupsch, P.: "Einheitlichkeit ...", a.a.O., S. 1159; Selchert, F. W.: "Grundsatz der ...", a.a.O., S. 453; anderer Auffassung Göllert, K./Ringling, W.: "Herstellungskostenermittlung ...", a.a.O., S. 165

25)   vgl. hierzu S. 16-47 in dieser Arbeit.

26)   Beide Grundsätze sollen nämlich dazu beitragen, daß die bilanzpolitische Manövriermasse bei der Bewertung eingeschränkt wird. Ob nun für Bewertungsmethoden oder für Bewertungswahlrechte (die durchaus auch für Bewertungsmethoden bestehen können) die gleiche Ausnutzung für mehrere Bewertungsobjekte zur Diskussion steht, spielt an dieser Stelle eine untergeordnete Rolle.

27)   In beiden Fällen liegt der Umfang der Inanspruchnahme der jeweiligen Bewertungswahlrechte im Ermessen des Bilanzierenden, d.h., hier kommt alleine der Grundsatz der Willkürfreiheit zur Anwendung, und zwar von Bilanzstichtag zu Bilanzstichtag.

28)   Es sei in diesem Zusammenhang an die verschiedenen Ebenen bei den Wertansatzwahlrechten erinnert; vgl. hierzu Abb. 5 auf Seite 41f. und die Ausführungen auf S. 38ff. in dieser Arbeit.

29)   derselben Auffassung vgl. z.B. Förschle, G./Kropp, M., a.a.O., S. 882; Kupsch, P.: "Einheitlichkeit ...", a.a.O., S. 1158f.; Selchert, F. W.: "Grundsatz der ...", a.a.O., S. 448ff.

Dieser Zusammenhang muß auch als Grund dafür angesehen werden, daß Kupsch den Grundsatz der Bewertungseinheitlichkeit als ein "Komplementärelement des Prinzips der Bewertungsstetigkeit"[30] bezeichnet.

Ohne dieses in der Tendenz sicher richtig erkannte Verhältnis zwischen der Bewertungseinheitlichkeit und der Bewertungsstetigkeit grundsätzlich abzulehnen, muß doch die von Kupsch angeführte *Begründung* für diese Beziehung in Frage gestellt werden.

Kupsch behauptet nämlich, daß die Zwecksetzung der Bewertungsstetigkeit durch eine differierende Anwendung von Bewertungsmethoden auf gleiche und gleichartige Bewertungsobjekte wegen des daraus resultierenden Bewertungswahlrechtes für Neuzugänge materiell ausgehöhlt werden könnte.[31]

Dieser Auffassung liegt die Überlegung zugrunde, daß "der Grundsatz der Bewertungsstetigkeit unmittelbar nur die Bewertungskontinuität im Zeitablauf sichert."[32] Damit zeigt sich aber die Lücke in der Argumentation von Kupsch: Einerseits stellt er selbst fest, daß neben denselben auch die gleichen und gleichartigen Bewertungsobjekte in den Geltungsbereich der Bewertungsstetigkeit fallen.[33]

Andererseits möchte er durch die Bewertungseinheitlichkeit die in zeitlich-vertikaler Hinsicht notwendige Ergänzung für den seiner Meinung nach (nur) zeitlich-horizontal angelegten Grundsatz der Bewertungsstetigkeit verwirklicht sehen.[34] Die an anderer Stelle ausführlich untersuchte Sachkomponente der Bewertungsstetigkeit wird damit eindeutig zu wenig berücksichtigt.

Gerade aber bei der Untersuchung der Sachkomponente der Bewertungsstetigkeit konnte verdeutlicht werden, daß sich die Bewertungsstetigkeit durch einen objektübergreifenden Wirkungsbereich auszeichnet.[35] Damit beinhaltet bereits die Anwendung der Bewertungsstetigkeit die vom Grundsatz der Einheitlichkeit geforderte Art der Bewertung. Die einzige Ausnahme von dieser Regel stellte der erste Jahresabschluß nach neuem Recht dar, da bei ihm zunächst nur die Einheitlichkeit der Bewertung gefordert werden konnte.[36] Für

---

30) Kupsch, P.: "Einheitlichkeit ...", a.a.O., S. 1158

31) vgl. ebenda

32) ebenda

33) vgl. ebenda

34) vgl. Kupsch, P.: "Einheitlichkeit ...", a.a.O., S. 1158

35) vgl. hierzu S. 25ff. in dieser Arbeit.

36) In Zukunft ist aber z.B. auch daran zu denken, daß durch Firmenübernahmen der Fall eintreten kann, daß völlig neue Produktsparten in das Produktions- und Absatzprogramm des Unternehmens aufgenommen werden. Für solche oder ähnlich gelagerte Sachverhalte kann zunächst wiederum nur die Bewertungseinheitlichkeit zur Anwendung kommen, da der Bezug auf den vorangegangenen Jahresabschluß fehlt.

diesen Zeitpunkt allerdings ist (bzw. war)[37] die Bewertungseinheitlichkeit tatsächlich im Sinne von Kupsch zwingend erforderlich, um der Bewertungsstetigkeit im Bereich der gleichen und gleichartigen Bewertungsobjekte nicht ihre Arbeitsgrundlage zu entziehen.[38]

3. Das Verhältnis des Grundsatzes der Einzelbewertung zum Grundsatz der Bewertungsstetigkeit

Der Grundsatz der Einzelbewertung wird, wie bereits an früherer Stelle angedeutet[39], vielfach als das zentrale Argument für eine restriktive Auslegung des sachlichen Wirkungsbereiches der Bewertungsstetigkeit herangezogen[40]. Es bietet sich deshalb an, auch dieses Bewertungsprinzip einer näheren Betrachtung zu unterziehen, um daran anschließend das Verhältnis zwischen Einzelbewertung und Bewertungsstetigkeit innerhalb der gesamten Bewertungskonzeption des HGB besser beurteilen zu können. Der Grundsatz der Einzelbewertung ist, wie der Grundsatz der Bewertungsstetigkeit, innerhalb der allgemeinen Bewertungsvorschriften des § 252 HGB geregelt. In § 252 Abs. 1 Nr. 3 HGB heißt es ausdrücklich, daß die Vermögensgegenstände und Schulden zum Abschlußstichtag einzeln zu bewerten sind.

Für Pfleger hat die Beachtung dieses Bewertungsgrundsatzes zur Folge, daß "grundsätzlich auch bei gleichartigen Vermögensgegenständen und Verbindlichkeiten eine heterogene Inanspruchnahme von Bewertungsfreiheiten"[41] zulässig ist. Und auch Eckes stellt unter Zugrundelegung der zentralen Vorschrift der Einzelbewertung fest, daß Neuzugänge isoliert und ohne Bezugnahme auf die in der vorhergehenden Abrechnungsperiode erworbenen Bewertungsobjekte zu bewerten sind[42].

Etwas differenzierter betrachtet Selchert diese Zusammenhänge. Für ihn eröffnet die Einzelbewertung lediglich die Möglichkeit, daß nicht nur für jeden einzelnen Vermögensgegenstand und für jede einzelne Schuldenposition in ei-

---

37)   Es ist nämlich zu beachten, daß das Bilanzrichtlinien-Gesetz zum 1.1.1986 in Kraft getreten ist. Damit ist aber die erstmalige Anwendung der neuen Rechnungslegungsvorschriften in aller Regel bereits erfolgt.

38)   Zu den möglichen Auswirkungen einer differierenden Inanspruchnahme der Bewertungswahlrechte sei auf die Ausführungen von Kupsch verwiesen; vgl. Kupsch, P.: "Einheitlichkeit ...", a.a.O., S. 1158.

39)   vgl. hierzu S. 26ff. in dieser Arbeit.

40)   vgl. z.B. Eckes, B., a.a.O., S. 1437f.; Pfleger, G.: "Zur Gestaltung ...", a.a.O., S. 787f.; Selchert, F. W.: "Bewertungsstetigkeit ...", a.a.O., S. 1889 und S. 1891f.

41)   Pfleger, G.: "Zur Gestaltung ...", a.a.O., S. 787

42)   vgl. Eckes, B., a.a.O., S. 1437

ner Bilanz, sondern ggf. auch für das jeweilige Bewertungsobjekt in aufeinanderfolgenden Bilanzen eine separate Bewertung erfolgen kann. Insoweit bietet der Grundsatz der Einzelbewertung für Selchert (nur) die Voraussetzung für eine heterogene Bewertung, verlangt diese aber nicht zwingend[43].

Ohne auf diese Interpretationen des Grundsatzes der Einzelbewertung im einzelnen näher eingehen zu müssen, kann für alle drei hier aufgeführten Stellungnahmen festgehalten werden, daß ihnen eine gemeinsame Annahme zugrunde liegt: Es wird unterstellt, daß durch den Grundsatz der Einzelbewertung (zumindest für gleiche und gleichartige Vermögensgegenstände und Schulden[44]) die Bewertung im jeweiligen Jahresabschluß losgelöst von der des vorhergehenden Jahresabschlusses vorgenommen werden kann. Dementsprechend besteht für die zitierten Autoren ein Konkurrenzverhältnis zwischen der Einzelbewertung und der Bewertungsstetigkeit. Damit wird für gleiche und gleichartige Vermögensgegenstände und Schulden der in Kapitel B herausgearbeitete *objektübergreifende* Wirkungsbereich der Bewertungsstetigkeit durch die Einzelbewertung grundsätzlich in Frage gestellt.

Dieses scheinbare Konkurrenzverhältnis zwischen den in § 252 Abs. 1 Nr. 3 und § 252 Abs. 1 Nr. 6 HGB kodifizierten Bewertungsgrundsätzen kann bei einer genaueren Untersuchung der Zusammenhänge nicht aufrechterhalten werden.

Um diese Aussage zu begründen, bedarf es zunächst einer Klarstellung in bezug auf den Inhalt und die Wirkungsweise des Prinzips der Einzelbewertung.

Bei der Einzelbewertung steht der einzelne und damit "eigenständige Wert" eines Vermögensgegenstandes oder einer Schuld im Mittelpunkt der Betrachtung.[45] Das damit angestrebte Ziel besteht darin, den Bewertungsobjekten *individuelle* Werte zuzuordnen, um einen *Bewertungsausgleich* zwischen den einzelnen Bewertungsobjekten zu *verhindern*.[46]

Es geht also bei der Einzelbewertung nicht um die Festlegung auf irgendeine Bewertungsmethode, sondern um die auf einen Vermögensgegenstand oder eine Schuld gerichtete *(einzelne) Zuordnung* eines Wertes. Sollen z.B. zwei in unterschiedlichen Jahren erworbene und zu gleichartigen Zwecken verwandte Maschinen bewertet werden, so folgt aus dem Prinzip der Einzelbe-

---

43) vgl. Selchert, F. W.: "Grundsatz der ...", .a.a.O., S. 448; derselbe: "Bewertungsstetigkeit ...", a.a.O., S. 1891f.

44) Während Eckes und Selchert diese Einschränkung vornehmen, spricht Pfleger mehr allgemein von einer Durchbrechung der Bewertungsstetigkeit durch das Prinzip der Einzelbewertung; vgl. hierzu Eckes, B., a.a.O., S. 1437f.; Selchert, F. W.: "Bewertungsstetigkeit ...", a.a.O., S. 1891f.; Pfleger, G.: "Zur Gestaltung ...", a.a.O., S. 787f.

45) vgl. Federmann, R., a.a.O., S. 126

46) vgl. Kupsch, P.: "Einheitlichkeit ...", a.a.O., S. 1157

wertung, "daß jeder einzelnen Maschine ein einzelner und nicht etwa beiden Maschinen zusammen ein Gesamtwert zugeordnet werden muß."[47] Diese Vorgehensweise macht m.E. deutlich, daß das Prinzip der Einzelbewertung die Frage, welche Bewertungsmethode angewendet werden soll, grundsätzlich unbeantwortet läßt.[48] Da umgekehrt aber durch den Grundsatz der Bewertungsstetigkeit lediglich die Wahl zwischen alternativen Bewertungsmethoden eingeschränkt wird, weisen die Bewertungsstetigkeit und das Prinzip der Einzelbewertung gerade keine Berührungspunkte auf.[49]

Eine unterschiedliche Bewertung bei gleichen Vermögensgegenständen und Schulden ist demnach nur dort gerechtfertigt, wo sachliche Gründe, also z.B. eine unterschiedlich intensitätsmäßige oder zeitliche Auslastung von Maschinen, eine differenzierte (einzelfallbezogene) Betrachtung erfordern.

Zusammenfassend kann deshalb festgestellt werden, daß für eine Einschränkung der Bewertungsstetigkeit durch das Prinzip der Einzelbewertung überhaupt kein Anlaß besteht. Diejenigen Autoren, die eine solche Einschränkung unterstellen, verkennen das Ziel des Grundsatzes der Einzelbewertung.

4. Die Bedeutung des § 252 Abs. 1 Nr. 4 HGB für die Bewertungsstetigkeit

Ähnlich wie in Zusammenhang mit der Einzelbewertung ist auch in Hinblick auf den § 252 Abs. 1 Nr. 4 HGB zu untersuchen, ob die dort kodifizierten Prinzipien in Konkurrenz zur Bewertungsstetigkeit stehen. Zur Beantwortung dieser Frage soll zunächst der maßgebliche Gesetzeswortlaut in Erinnerung gerufen werden. In § 252 Abs. 1 Nr. 4 HGB heißt es:

> "Es ist vorsichtig zu bewerten, namentlich sind alle vorhersehbaren Risiken und Verluste, die bis zum Abschlußstichtag entstanden sind, zu berücksichtigen, selbst wenn diese erst zwischen dem Abschlußstichtag und dem Tag der Aufstellung des Jahresabschlusses bekanntgeworden sind; Gewinne sind nur zu berücksichtigen, wenn sie am Abschlußstichtag realisiert sind."

---

47) Hafner, R., a.a.O., S. 597

48) Diese Auffassung vertreten z.B. auch Förschle, G./ Kropp, M., a.a.O., S. 883; Forster, K.-H.: "Bewertungsstetigkeit ...", a.a.O., S. 37; Hafner, R., a.a.O., S. 597; Kupsch, P.: "Einheitlichkeit ...", a.a.O., S. 1157.

49) Denn auch dann, wenn eine Bewertungsmethode angewendet wird, die bereits im vorhergehenden Jahresabschluß zur Anwendung gekommen ist, erfolgt die Bewertung immer noch nach dem Prinzip der Einzelbewertung.

Gerade durch diese Nr. 4 des § 252 Abs. 1 HGB sind fundamentale Eckpfeiler einer Theorie des Jahresabschlusses im Rechtssinne[50] nunmehr expressis verbis im Gesetzestext zu finden. So wird durch das dort kodifizierte Realisationsprinzip die *umsatzgebundene*, durch das ebenfalls aufgeführte Imparitätsprinzip die *verlustantizipierende* und durch das allgemeine Vorsichtsprinzip (erster Halbsatz) die insgesamt *vorsichtige* Gewinnermittlung ausdrücklich in den Gesetzestext aufgenommen.

Es stellt sich deshalb zwangsläufig die Frage, ob bzw. inwieweit diese für die handelsrechtliche Gewinnermittlung fundamentalen Bewertungsprinzipien Einfluß auf die Objektivierungsbemühungen des Gesetzgebers und damit auch auf den Wirkungsbereich der Bewertungsstetigkeit haben.[51]

a) Das Verhältnis des Realisationsprinzips zum Grundsatz der Bewertungsstetigkeit

Grundsätzlich besagt das Realisationsprinzip, daß Gewinne (und eigentlich auch Verluste) erst dann ausgewiesen werden dürfen, wenn sie durch Umsätze realisiert worden sind. Im HGB von 1985 beschränkt sich die Anwendung dieses Prinzip allerdings nur auf die Gewinne. So heißt es in § 252 Abs. 1 Nr. 4 Halbsatz 2 HGB ausdrücklich, daß Gewinne nur dann zu berücksichtigen sind, wenn sie am Abschlußstichtag auch realisiert sind. Dabei wird nach herrschender Auffassung ein Gewinn erst dann als realisiert angesehen, "wenn die Lieferung eines Gutes erbracht oder die Dienstleistung beendet worden und der Anspruch auf Vergütung entstanden ist."[52]

Damit verhindert der Gesetzgeber durch das Realisationsprinzip, daß ein Wertauftrieb im Sinne einer "Kurssteigerung" bereits als Gewinn ausgewiesen wird. Allerdings bestimmt das Realisationsprinzip aufgrund dieser Ausgestal-

---

50) vgl. S. 120ff. in dieser Arbeit.

51) Daß dabei alle drei in § 252 Abs. 1 Nr. 4 HGB aufgeführten Bewertungsprinzipien gesondert untersucht werden, ist darin begründet, daß nach Ansicht vieler Autoren das Vorsichtsprinzip seinen Niederschlag eben nicht nur im allgemeinen Vorsichtsprinzip findet, sondern darüber hinaus auch das Realisationsprinzip und das Imparitätsprinzip beinhaltet; vgl. z.B. Federmann, R., a.a.O., S. 138ff.

52) Hilke, W.: "Kurzlehrbuch Bilanzpoltik", a.a.O., S. 26

tung auch nur eine Wertobergrenze;[53] wertfixierende Kraft nach unten besitzt dieses Prinzip nicht.[54]

Aufgrund dieser inhaltlichen Konkretisierung muß für das Realisationsprinzip festgestellt werden, daß ein Konkurrenzverhältnis zu den Objektivierungsbemühungen des Gesetzgebers und damit auch zur Bewertungsstetigkeit nicht besteht. Vielmehr führt das Realisationsprinzip durch die Ausrichtung auf den Gewinnrealisierungstatbestand dazu, daß neben der damit grundsätzlich verbundenen vorsichtigen (besser: nicht spekulativen) Bestimmung von Vermögen und Gewinn auch das subjektive Ermessen und die Willkür zwangsläufig reduziert werden.[55]

Aus diesem Grund braucht auch die (sonst durchaus mögliche) Frage, in welcher Höhe unrealisierte Gewinne bei einer (subjektiven) Bewertungsentscheidung des Bilanzierenden berücksichtigt werden sollen, nicht beantwortet zu werden. Schmalenbach kommt deshalb zu folgendem interessanten Ergebnis: "Das Realisationsprinzip hat den großen Vorzug, den kein anderes Wertungsprinzip im gleichen Maße hat, daß es besonders sicher und frei von Willkür ist."[56]

Diese Ausführungen machen deutlich, daß durch das Realisationsprinzip Antworten auf Fragen gegeben werden, die sich in ihrer Art völlig von denen der Bewertungsstetigkeit unterscheiden.[57] Von einer Abweichungspflicht vom Grundsatz der Bewertungsstetigkeit aufgrund des Realisationsprinzips kann somit nicht die Rede sein.

---

53) So hat das Realisationsprinzip seinen Niederschlag z.B. darin gefunden, daß bei der Bewertung von Vermögensgegenständen die (historischen) Anschaffungs- oder Herstellungskosten als Obergrenze zu beachten sind; vgl. hierzu auch Hilke, W.: "Kurzlehrbuch Bilanzpolitik", a.a.O., S. 27.

54) Diese Auffassung vertritt z.B. auch Saage, G.: "Grundsätze ordnungsmäßiger Buchführung aus der Sicht des neuen Aktienrechts", in: WPg 1967, S. 1-20, hier: S. 13.

55) Daß damit grundsätzlich nicht mehr den tatsächlichen Verhältnissen des Unternehmens am Bilanzstichtag entsprochen wird, sei hier nur am Rande erwähnt. Es zeigt aber den Konflikt zwischen Objektivierungsbestrebungen und der nach § 264 Abs. 2 HGB geforderten Einblicksregelung sehr deutlich.

56) Schmalenbach E.: "Dynamische Bilanz", 5. Aufl., S. 173

57) Es sei in diesem Zusammenhang daran erinnert, daß Müller sogar zu dem Schluß kommt, daß es sich bei dem Realisationsprinzip in Wirklichkeit um eine Ansatzvorschrift handelt. Unabhängig von der letztendlich zugrundeliegenden Interpretation des Realisationsprinzips zeigt sich aber auch bei ihm, daß aufgrund der Wirkungsweise dieses Prinzips keine Verbindung zur Bewertungsstetigkeit besteht; vgl. Müller, W., a.a.O., S. 403 m.w.N.

b) Das Verhältnis des Imparitätsprinzips zum
Grundsatz der Bewertungsstetigkeit

Im Gegensatz zum Realisationsprinzip kann in bezug auf das Imparitätsprinzip sehr wohl eine Verbindung zur Bewertungsstetigkeit hergestellt werden. So müssen aufgrund des Imparitätsprinzips nach herrschender Auffassung vorhersehbare Risiken und Verluste vorweg berücksichtigt werden[58], d.h., dieses Prinzip löst eindeutig einen Bewertungsvorgang aus, der grundsätzlich in den Bereich der Bewertungsstetigkeit fallen könnte (z.B. bei der Bildung bzw. Bewertung von Rückstellungen für ungewisse Verbindlichkeiten). Ob eine solche Vorgehensweise, die auch nach § 252 Abs. 1 Nr. 4 HGB ausdrücklich verlangt wird, allerdings eine Konkurrenz zur Bewertungsstetigkeit begründet, muß im folgenden erst noch untersucht werden.

Den Ausgangspunkt bildet dabei die Frage, in welcher Form eine solche Vorwegberücksichtigung erfolgt oder, anders formuliert, welche Bewertungsvorgänge dadurch ausgelöst werden. Müßte diese Frage dahingehend beantwortet werden, daß die Anwendung des Imparitätsprinzips auf der Grundlage von exakt definierten und feststellbaren Bewertungsmethoden erfolgt, dann würde dies zwingend die Beachtung der Bewertungsstetigkeit nach sich ziehen.

Meines Erachtens ist dieser Zusammenhang zwischen Imparitätsprinzip und Bewertungsstetigkeit aber nicht gegeben. Die aufgrund des Imparitätsprinzips sich ergebenden Wertansätze können nämlich nicht auf exakt definierte und feststellbare Bewertungsmethoden zurückgeführt werden. So kann z.B. der Hinweis im Anhang der Jahresabschlüsse von Kapitalgesellschaften, daß alle erkennbaren Risiken und ungewissen Verpflichtungen berücksichtigt worden sind, erst im nachhinein (und auch dann erst, wenn die Risiken tatsächlich eingetreten sind) auf seine Richtigkeit überprüft werden.[59]

Es fehlt also letztendlich die Grundlage für eine abgrenzbare und feststellbare Bewertungsmethode i.S.d. Vorschrift des § 252 Abs. 1 Nr. 6 HGB[60] und damit auch zwangsläufig die Voraussetzung zur Anwendung des Grundsatzes der Bewertungsstetigkeit.

---

58) Bilanztechnisch erfolgt dies beim Ansatz dem Grunde nach durch die Verpflichtung zur Rückstellungsbildung in den in § 249 HGB genannten Fällen oder beim Ansatz der Höhe nach durch die Beachtung des Niederstwertprinzips bei der Aktiva-Bewertung und des Höchstwertprinzips bei der Passiva-Bewertung; vgl. hierzu auch Federmann, R., a.a.O., S. 145.

59) Und eigentlich erst dann ist dieser Wertansatz auch objektiv von einem sachverständigen Dritten nachvollziehbar.

60) vgl. hierzu S. 18ff. in dieser Arbeit.

Diese Aussage wird durch eine genauere Betrachtung der Anwendungsgebiete des Imparitätsprinzips noch bekräftigt. Mit Hilfe dieses Prinzips soll, wie bereits erwähnt, auf "fallweise" auftretende Risiken und Verluste reagiert werden.[61] Gerade aber dieses fallweise, nicht vorherbestimmbare Auftreten von Bewertungstatbeständen weist darauf hin, daß eine zeitraumbezogene (starre) Beibehaltung bzw. Ausnutzung des Imparitätsprinzips nicht gefordert werden kann. Die Ausnutzung des Imparitätsprinzips ist von der jeweiligen Situation bzw. von den Informationen am Bilanzstichtag abhängig und kann nicht über Jahre festgeschrieben werden.[62]

Somit muß abschließend einerseits zwar festgehalten werden, daß das Imparitätsprinzip bzw. dessen Anwendung den Objektivierungsbemühungen des Gesetzgebers eindeutig entgegenwirkt. Die nach § 252 Abs. 1 Nr. 4 HGB geforderte Berücksichtigung aller vorhersehbaren Risiken und Verluste sowie die damit zwangsläufig verbundene Frage nach der Bewertung dieser Tatbestände unterliegt nämlich in vollem Umfang dem subjektiven Ermessen des Bilanzierenden.

Andererseits wird aber auch deutlich, daß sich das Imparitätsprinzip mit dem Grundsatz der Bewertungsstetigkeit nicht in einem Konflikt befindet. Denn es konnte nachgewiesen werden, daß die dem Imparitätsprinzip zugrundeliegenden Bewertungstatbestände in ganz wesentlichen Punkten nicht denjenigen Anforderungen entsprechen, die für die Anwendung der Bewertungsstetigkeit erfüllt sein müssen.

c) Das Verhältnis des allgemeinen Vorsichtsprinzips zum Grundsatz der Bewertungsstetigkeit

Neben dem Realisationsprinzip und dem Imparitätsprinzip hat der Gesetzgeber durch den § 252 Abs. 1 Nr. 4 Halbsatz 1 HGB auch noch ein allgemeines Vorsichtsprinzip kodifiziert. Es muß deshalb an dieser Stelle auch noch geklärt werden, welches Verhältnis zwischen dem Grundsatz der Bewertungsstetigkeit und diesem allgemeinen Vorsichtsprinzip besteht. Daß gerade in bezug auf dieses Verhältnis noch offene Fragen vorhanden sind, zeigt sich nicht zuletzt darin, daß (auch) dieser Problemkreis in der Literatur kontrovers diskutiert wird.

---

61)   Dabei verlangt der Gesetzgeber i.d.R. einen derartigen Wertansatz zwingend, d.h., es besteht eine Wertansatzpflicht. Die einzige Ausnahme stellt das gemilderte Niederstwertprinzip im Anlagevermögen dar, wo bei einer voraussichtlich nicht dauernden Wertminderung ein Wahlrecht in bezug auf den Wertansatz besteht; vgl. § 252 Abs. 1 Nr. 4 i.V.m. § 253 Abs. 2 S. 3 HGB.

62)   Dies würde sicher auch nicht mehr der Forderung entsprechen, daß als primärer Jahresabschlußzweck der (maximal) ausschüttbare Gewinn ermittelt werden soll. Denn durch eine starre Anwendung des Imparitätsprinzips würde dieser Gewinn regelmäßig zu niedrig ausgewiesen werden.

So stellt z.B. Forster fest, daß sich das Stetigkeitsgebot und das (allgemeine) Vorsichtsprinzip nicht gegenseitig im Wege stehen. Zur Begründung führt er an, daß "Bewertungsmethoden, die dem Grundsatz der Vorsicht nicht entsprechen"[63], für die Bewertung ohnehin nicht in Betracht kommen. Insofern konkurrieren für Forster diese beiden Grundsätze auch nicht miteinander, sondern ergänzen sich gegenseitig.[64] Der Grundsatz der Vorsicht bestimmt den Kreis der in Frage kommenden Bewertungsmethoden, der Grundsatz der Bewertungsstetigkeit bewirkt, daß die vom Bilanzierenden ausgewählte (vorsichtige) Bewertungsmethode beizubehalten ist.[65]

Fälle, in denen erkennbar gewordene Risiken den Übergang zu einer anderen, vorsichtigeren Bewertungsmethode gerechtfertigt erscheinen lassen, führen für Forster nicht zu einer Konkurrenz zwischen der Bewertungsstetigkeit und dem Vorsichtsprinzip. Denn in diesen von ihm nur als "denkbar" bezeichneten Fällen besteht nach seiner Ansicht für den Bilanzierenden keine Verpflichtung zur Beibehaltung der Bewertungsmethode, da diese "unter dem Gesichtspunkt der Vergleichbarkeit nur für vergleichbare Sachverhalte gefordert"[66] werden kann.

Neben dem Hinweis auf die fehlende Vergleichbarkeit wird aber z.T. auch versucht, durch eine bestimmte Interpretation des Vorsichtsprinzips (zumindest indirekt) keine Konkurrenz zwischen der Bewertungsstetigkeit und dem allgemeinen Vorsichtsprinzip aufkommen zu lassen.

So wird z.B. bei Adler/Düring/Schmaltz bezweifelt, daß eine grundsätzliche Verpflichtung zum Übergang auf die jeweils vorsichtigere Bewertungsmethode aus dem Grundsatz der Vorsicht abgeleitet werden kann.[67] Das Vorsichtsprinzip bedeutet demnach *nicht*, "daß dort, wo für die Bewertung verschiedene Methoden in Betracht kommen, stets diejenige gewählt werden müßte, die zu dem niedrigsten Wertansatz führt."[68] Vielmehr kann die gewählte Bewertungsmethode so lange beibehalten werden, wie sie eine angemessene, bei Kapitalgesellschaften insbesondere auch unter dem Gesichtspunkt der Generalnorm des § 264 Abs. 2 HGB nicht zu beanstandende Bewertung gewährleistet. "Dem Grundsatz der Vorsicht ist in diesen Fällen jeweils innerhalb der einzelnen (aber beizubehaltenden; der Verfasser) Bewertungsmethoden Rechnung zu tragen."[69]

---

63) Forster, K.-H.: "Bewertungsstetigkeit ...", a.a.O., S. 38

64) vgl. ebenda

65) vgl. ebenda; der gleichen Auffassung ist z.B. auch Hafner, R., a.a.O., S. 597f.

66) Forster, K.-H.: "Bewertungsstetigkeit ...", a.a.O., S. 38

67) vgl. Adler, H./Düring, W./Schmaltz, K.: "Rechnungslegung ...", 5. Aufl., a.a.O., § 252 HGB Tz. 72, S. 26

68) ebenda

69) ebenda

Wird eine derartige Interpretation des Vorsichtsprinzips gewählt, dann bedeutet dies im Umkehrschluß[70], daß die Notwendigkeit, im Zeitablauf auf eine vorsichtigere Bewertungsmethode überzugehen, grundsätzlich nicht besteht. Als (allerdings oberflächliches) Ergebnis hätte dies zur Folge, daß i.d.R. keine Konkurrenzsituation zwischen der Bewertungsstetigkeit und dem Vorsichtsprinzip gegeben wäre.

Im Gegensatz zu den bisher aufgeführten Literaturquellen zeigt sich z.B. bei Baetge, daß das Verhältnis zwischen der Bewertungsstetigkeit und dem Vorsichtsprinzip sehr wohl auch als Konkurrenzbeziehung interpretiert werden kann.

Für Baetge steht es nämlich außer Zweifel, daß durch das Vorsichtsprinzip, wie es üblicherweise interpretiert wird, die Vergleichbarkeit zeitlich aufeinanderfolgender Jahresabschlüsse gestört werden und damit verbunden eine Einschränkung des Grundsatzes der Bewertungsstetigkeit erfolgen kann.[71] So vertritt er - im Gegensatz zu Adler/Düring/Schmaltz - die Auffassung, daß durch das Vorsichtsprinzip "aus der Bandbreite möglicher Werte für einen Bilanzgegenstand grundsätzlich der ungünstigste, der sog. untere (bei Rückstellungen der obere) Wert der Bandbreite gewählt "[72] werden muß.

In diesem Zusammenhang muß allerdings davon ausgegangen werden, daß der Begriff "Wert" bei Baetge neben dem konkreten Wertansatz für einen Bilanzgegenstand auch die jeweils zugrundeliegende Bewertungsmethode mit einschließt. Denn nur dann, wenn diese Forderung erfüllt ist, geht die von Baetge gewählte Interpretation des Vorsichtsprinzips über das bereits behandelte Imparitätsprinzip hinaus.[73]

Beinhaltet der Begriff "Wert" auch die Bewertungsmethoden, dann besteht zwischen dem Vorsichtsprinzip und der Bewertungsstetigkeit zwangsläufig folgende Konkurrenz: Die Beibehaltung der auf den vorhergehenden Jahresabschluß angewandten Bewertungsmethoden ist immer von dem Ergebnis einer - unter Vorsichtsgesichtspunkten erfolgenden - Überprüfung der Verhältnisse

---

70) Gerade dieser m.E. sich zwangsläufig ergebende Umkehrschluß unterbleibt aber bei Adler/ Düring/Schmaltz (vgl. hierzu Adler, H./Düring, W./Schmaltz, K.: "Rechnungslegung ...", 5. Aufl., a.a.O., § 252 HGB Tz. 72ff., S. 26ff.). Dies führt nicht gerade zur Klarstellung des Verhältnisses der beiden hier betrachteten Bewertungsgrundsätze.

71) Nach Baetge erfordert die Vergleichbarkeit eine stetige und gleichbleibende Anwendung der Bewertungsregeln; vgl. Baetge, J.: "Grundsätze ordnungsmäßiger Buchführung" (im folgenden zitiert als: "Grundsätze ..."), in: Küting, K./Weber, C.-P.: Handbuch der Rechnungslegung, Stuttgart 1986, S. 177-204, hier: S. 201 i.V.m. S. 191f.

72) ebenda, S. 201

73) vgl. hierzu die Ausführungen auf S. 137-138 in dieser Arbeit; außerdem unterscheidet auch Baetge zwischen Imparitätsprinzip und (allgemeinem) Vorsichtsprinzip. Wenn er aber unter dem Begriff "Wert" nur den Wertansatz verstehen würde, wäre diese Unterscheidung in seinen Ausführungen nicht notwendig; vgl. hierzu Baetge, J.: "Grundsätze ...", a.a.O., S. 200ff.

am Bilanzstichtag abhängig. Daß auch Baetge diesen Zusammenhang erkennt, läßt sich daraus schließen, daß für ihn die Beachtung des Vorsichtsprinzips zu einer Verzerrung der Jahresergebnisse im interperiodischen Vergleich führen kann.[74]

Baetge beabsichtigt, die Störung der Vergleichbarkeit (und damit auch der Bewertungsstetigkeit) durch das Vorsichtsprinzip über eine Neuformulierung dieses Prinzips zu lösen. Er möchte aus der Bandbreite der möglichen Werte (also implizit auch der Bewertungsmethoden) den arithmetischen Mittelwert bilden, diesen Mittelwert bilanzieren und für die Differenz zwischen dem Mittelwert und dem unteren Ende der Bandbreite eine sogenannte "Bandbreitenrückstellung" gesondert passivieren.[75]

Mit diesem Lösungsvorschlag befindet sich Baetge bereits in einer unter de lege ferenda-Gesichtspunkten durchgeführten Betrachtung der Zusammenhänge. Eine solche Vorgehensweise hat jedoch in der vorliegenden Arbeit aufgrund der zugrundeliegenden bilanztheoretischen Grundhaltung keinen Platz.[76]

Als letztes Beispiel für die unterschiedlichen Positionen in bezug auf das Verhältnis zwischen der Bewertungsstetigkeit und dem Vorsichtsprinzip dürfen die Ausführungen von Moxter zu diesem Themenbereich nicht fehlen. Für ihn besteht zwischen den beiden hier betrachteten Bewertungsprinzipien eine strenge hierarchische Rangordnung. So stellt er kurz und prägnant fest, daß das Stetigkeitsprinzip immer dann zurückzutreten hat, wenn es mit dem allgemeinen Vorsichtsprinzip kollidiert.[77]

Für Moxter gilt deshalb generell, "daß man in den Fällen erheblicher Unsicherheit über die sinnvolle Bewertungsmethode zu späteren Zeitpunkten auf die vorsichtigere Bewertungsmethode übergehen darf und bei veränderten Verhältnissen sogar übergehen muß."[78]

Fragt man nun nach der Ursache für die derart divergierenden Auffassungen der zitierten Autoren, so ist folgendes festzustellen: Bei allen diesen Versuchen, das Verhältnis zwischen der Bewertungsstetigkeit und dem (allgemeinen) Vorsichtsprinzip zu bestimmen, kommt die bilanztheoretische Fundierung der

---

74) vgl. Baetge, J.: "Grundsätze ...", a.a.O., S. 201

75) vgl. Baetge, J.: "Grundsätze ...", a.a.O., S. 201; anzumerken ist an dieser Stelle, daß auch Leffson einen ähnlichen Lösungsvorschlag für den beschriebenen Konflikt unterbreitet. Er modifiziert allerdings den Vorschlag von Baetge dahingehend, daß er sich für einen getrennten Ausweis der arithmetischen Mittelwerte und der unter Berücksichtigung des Vorsichtsprinzips ermittelten Wertansätze ausspricht; vgl. hierzu näheres bei Leffson, U.: "Die Grundsätze ...", 7. Aufl., a.a.O., S. 489ff.

76) Das gleiche gilt übrigens für den in der vorausgehenden Fußnote erwähnten Lösungsvorschlag von Leffson.

77) vgl. Moxter, A.: "Einführung in das neue Bilanzrecht", a.a.O., S. 41

78) Moxter, A.: "Einführung in das neue Bilanzrecht", a.a.O., S. 41

beschriebenen Zusammenhänge zu kurz. Gerade in bezug auf den dem HGB zugrundeliegenden Jahresabschlußzweck werden von den jeweiligen Autoren implizit Annahmen gemacht, die, wie in Kapitel C gezeigt werden konnte, einer detaillierten Untersuchung z.T. nicht standhalten. So konnte in Kapitel C z.B. gezeigt werden, daß die Bewertungsstetigkeit (zumindest direkt) - im Gegensatz zur Auffassung von Baetge - eben gerade nicht der Vergleichbarkeit aufeinanderfolgender Jahresabschlüsse dient, sondern daß sie als Objektivierungsprinzip versucht, das subjektive Ermessen einzuschränken.

Vor diesem Hintergrund kommt der in Kapitel C entwickelten "Theorie des Jahresabschlusses im Rechtssinne" entscheidende Bedeutung zu. Denn nur auf der Basis der dort herausgearbeiteten Erkenntnisse können die oben aufgezeigten Probleme unter de lege lata-Gesichtspunkten geklärt und auf eine nachprüfbare bilanztheoretische Konzeption zurückgeführt werden. Im folgenden soll deshalb, jetzt aber unter Berücksichtigung der Erkenntnisse einer "Theorie des Jahresabschlusses im Rechtssinne", das Verhältnis zwischen der Bewertungsstetigkeit und dem allgemeinen Vorsichtsprinzip beschrieben werden.

In Kapitel C konnte gezeigt werden, daß im Bilanzrecht die Gewinnermittlungsfunktion grundsätzlich über die Informationsvermittlungsfunktion dominiert. Gleichzeitig wurde nachgewiesen, daß die Gewinnermittlungsfunktion des Jahresabschlusses das Ziel verfolgt, unter Beachtung der Unternehmenserhaltung den (maximal) ausschüttbaren Gewinn anzugeben.[79] Damit stellen die ebenfalls bereits herausgearbeiteten Gewinnermittlungsprinzipien bzw. deren Beziehung zueinander den zentralen Ausgangspunkt für die Beurteilung des Verhältnisses zwischen der Bewertungsstetigkeit und dem (allgemeinen) Vorsichtsprinzip dar.[80]

Innerhalb dieser Gewinnermittlungsprinzipien übernimmt, wie gezeigt wurde, die Bewertungsstetigkeit eine Objektivierungsfunktion, d.h., sie wird als ein Instrument der Ermessensbeschränkung angesehen. Gerade diese Aufgabenstellung macht deutlich, daß das HGB von 1985 *tatsächlich eine Konkurrenz* zwischen der Bewertungsstetigkeit und dem Vorsichtsprinzip beinhaltet:

Einerseits soll der Bilanzierende die (einmal) gewählten Bewertungsmethoden in den Folgejahren beibehalten. Dies hätte zwangsläufig zur Folge, daß das subjektive Ermessen im Bereich der Bewertungsmethoden und damit für den gesamten Bewertungsbereich erheblich eingeschränkt würde.

Andererseits fordert der Gesetzgeber speziell durch das allgemeine Vorsichtsprinzip ein flexibles Reagieren auf veränderte Bewertungstatbestände in

---

79) vgl. hierzu S. 100ff. in dieser Arbeit.

80) Auf diesem Zusammenhang basieren auch die Ausführungen von Moxter. Allerdings unterbleibt bei ihm eine bilanztheoretisch fundierte Begründung der von ihm zugrundegelegten Annahmen über die gesetzlichen Jahresabschlußzwecke; vgl. Moxter, A.: "Einführung ...", a.a.O., S. 156ff. bzw. derselbe: "Einführung in das neue Bilanzrecht", a.a.O., S. 40f.

jedem neu aufzustellenden Jahresabschluß (= Folgejahre). Dies wiederum würde in bezug auf die Bewertungsmethoden dazu führen, daß der Bilanzierende von einer im Vorjahr gewählten Bewertungsmethode "im Zweifel" auf die vorsichtigere im aktuellen Jahresabschluß überzugehen hätte.

Um diese zweifelsfrei vorhandene Konkurrenz aufheben zu können, muß wiederum auf die Konkretisierung der gesetzlichen Jahresabschlußzwecke zurückgegriffen werden. Es konnte dort nämlich gezeigt werden, daß der gesetzliche Jahresabschluß insgesamt auf der Grundlage einer vorsichtigen Gewinnermittlung aufzustellen ist. Denn nur auf der Basis einer solchen Gewinnermittlung kann der unter Beachtung der Unternehmenserhaltung (maximal) ausschüttbare Gewinn im Sinne der vom Gesetzgeber als besonders schutzwürdig angesehenen Jahresabschlußadressaten errechnet werden.

Diese Primärorientierung des Gesetzes hat dann zwangsläufig zur Folge, daß die Bewertungsstetigkeit in Konfliktfällen stets hinter das allgemeine Vorsichtsprinzip *zurücktreten* muß. Damit kann zunächst festgehalten werden, daß die beiden hier behandelten Bewertungsgrundsätze zwar nebeneinander in § 252 Abs. 1 HGB geregelt sind, aber daß sich aus dieser gesetzessystematischen Übereinstimmung keine Forderung nach gleichberechtigter Behandlung ableiten läßt.

Zu klären bleibt noch die Frage, wie diese Konflikte, in denen das Vorsichtsprinzip ein Abweichen von der im Vorjahr gewählten Bewertungsmethode rechtfertigt, aussehen. Dazu muß in einem ersten Schritt die Wirkungsweise des (allgemeinen) Vorsichtsprinzips herangezogen werden. Dieses in § 252 Abs. 1 Nr. 4 Halbsatz 1 HGB kodifizierte Prinzip[81] besagt - wie schon von Adler/Düring/Schmaltz dargelegt - nämlich nicht, daß jede (vorhandene und mögliche) vorsichtigere Bewertungsmethode auch zwingend zur Anwendung kommt und damit zu einem Abweichen vom Grundsatz der Bewertungsstetigkeit führt.[82] Vielmehr ist das Vorsichtsprinzip dahingehend zu interpretieren, daß sich ein ordentlicher Kaufmann vor sich selbst und vor anderen im Zweifelsfall eher zu arm als zu reich darstellt.[83]

Eine solche Konkretisierung stellt somit zum einen auf die Würdigung durch einen ordentlichen Kaufmann ab; d.h., dem allgemeinen Vorsichtsprinzip liegt die bereits in anderem Zusammenhang erwähnte vernünftige kaufmännische Beurteilung als Bewertungsmaßstab zugrunde. Zum anderen muß darauf hingewiesen werden, daß nach der obigen Interpretation das Vorsichtsprinzip nur "im Zweifelsfall" anzuwenden ist. Durch diese beiden Anweisungen

---

81) Dort heißt es ausdrücklich: "Es ist vorsichtig zu bewerten, ..."

82) vgl. Adler, H./Düring, W./Schmaltz, K.: "Rechnungslegung ...", 5. Aufl., § 252 HGB Tz. 72, S. 26; vgl. auch die Ausführungen auf S. 139f. der vorliegenden Arbeit.

83) vgl. Hilke, W.: "Kurzlehrbuch Bilanzpolitik", a.a.O., S. 25

kommt m.E. aber eindeutig zum Ausdruck, daß die bewußte und willkürliche Bildung stiller Reserven nicht dem Vorsichtsprinzip entspricht und daher abzulehnen ist.[84]

Trotz dieser Einschränkung in bezug auf die bewußte und willkürliche Bildung stiller Reserven schafft gerade die vernünftige kaufmännische Beurteilung als zugrundeliegender Bewertungsmaßstab hinsichtlich des Wertansatzes gleichzeitig auch einen erheblichen und gesetzlich erlaubten Freiraum für die Anwendung des allgemeinen Vorsichtsprinzips. Dabei können grundsätzlich *zwei* Wirkungsweisen unterschieden werden, die es im folgenden zu beschreiben gilt.

Ein in der obigen Weise verstandenes Vorsichtsprinzip schlägt nämlich *zum einen* unmittelbar auf alle diejenigen Wertansatzwahlrechte durch, die als Bewertungsmaßstab ebenfalls die vernünftige kaufmännische Beurteilung zu beachten haben.[85] Dabei bewirkt der gleiche Bewertungsmaßstab nicht nur, daß die betrachteten Wertansatzwahlrechte und das Vorsichtsprinzip nicht in den Gültigkeitsbereich der Bewertungsstetigkeit fallen[86]. Vielmehr führt dies auch dazu, daß der gesetzlich dominante Jahresabschlußzweck, nämlich die vorsichtige Gewinnermittlung, bei der Ausübung der jeweiligen Wertansatzwahlrechte entsprechende Beachtung findet.

Der Bewertungsmaßstab "vernünftige kaufmännische Beurteilung" erfüllt somit m.E. die im folgenden skizzierte *Doppelfunktion:* Einerseits schränkt er im Sinne einer Generalnorm den Anwendungsbereich des Vorsichtsprinzips ein[87]; andererseits findet durch ihn das Vorsichtsprinzip bzw. eine dementsprechende vorsichtige Bewertung Eingang in die konkrete Ausübung der hier angesprochenen Wertansatzwahlrechte.

Damit ist das Vorsichtsprinzip nicht nur für die Vorabauswahl der (zulässigen) Bewertungsmethoden zuständig[88], sondern dieses Prinzip führt "im Zwei-

---

84)   Diese Meinung vertritt z.B. auch Coenenberg, A. G., a.a.O., S. 38.

85)   vgl. hierzu Abb. 5 und dort speziell die Wertansatzwahlrechte der zweiten Ebene. Gerade in diesem Bereich kommt der hier behandelte Bewertungsmaßstab verstärkt zum Einsatz.

86)   An anderer Stelle konnte nämlich gezeigt werden, daß dieser Bewertungsmaßstab nicht objektiv nachprüfbar ist und damit eine wichtige Voraussetzung für eine Bewertungsmethode i.S.d. Vorschrift des § 252 Abs. 1 Nr. 6 HGB nicht gegeben ist.; vgl. hierzu die S. 35ff. in dieser Arbeit.

87)   In diese Richtung gehen wohl auch die Ausführungen von Moxter, wenn er wegen der engen Verbindung des Jahresabschlusses zur Objektivierungsaufgabe das allgemeine Vorsichtsprinzip (i.V.m. dem dort zugrundeliegenden Bewertungsmaßstab) als ein Prinzip vorsichtiger Objektivierung bezeichnet; vgl. Moxter, A.: "Selbständige Bewertbarkeit als Aktivierungsvoraussetzung" (im folgenden zitiert als: "Selbständige ..."), in: BB 1987, S. 1846-1851, hier: S. 1847; derselbe: "Einführung ...", a.a.O., S. 164f.

88)   vgl. Forster, K.-H.: "Bewertungsstetigkeit ...", a.a.O., S. 38

felsfall" sogar dazu, daß (zumindest) die hier angesprochenen Wertansatzwahlrechte nur auf eine ganz bestimmte Weise ausgenutzt werden dürfen.

Ein Beispiel soll die soeben aufgezeigten Zusammenhänge verdeutlichen. Dabei wird bewußt ein Wertansatzwahlrecht der Passivseite betrachtet, um an dieser Stelle daran zu erinnern, daß auch für diesen Bereich erhebliche Bewertungsfreiräume existieren, die nicht in den Gültigkeitsbereich der Bewertungsstetigkeit fallen. Nach § 253 Abs. 1 Satz 2 HGB dürfen Rückstellungen nur in Höhe des Betrages angesetzt werden, der nach vernünftiger kaufmännischer Beurteilung notwendig erscheint. Diese unbestimmte Verfahrensregel stellt einen nicht zu unterschätzenden Ermessens- oder Individualspielraum dar, der auch unter Beachtung der Bewertungsstetigkeit künftig als bilanzpolitisches Instrument zur Verfügung steht.

Allerdings erfährt der Spielraum dieses Instruments durch die oben skizzierte Doppelfunktion des zugrundeliegenden Bewertungsmaßstabes eine wesentliche Einschränkung. Im Zweifelsfall darf die Rückstellungsbildung der Höhe nach nämlich nur in eine ganz bestimmte Richtung - in diesem Falle nach oben - weisen. Diese Richtung wird durch das Vorsichtsprinzip entscheidend geprägt, da nur auf diesem Wege die Informationsinteressen der als schutzwürdig angesehenen Jahresabschlußadressaten gewahrt werden können.

Wenn also z.B. das Risiko aus laufenden Geschäften, für das eine Passivierungspflicht besteht, wegen zunehmender Absatzschwierigkeiten steigt, darf der Bilanzierende seinen Ermessensspielraum (= sein Wertansatzwahlrecht) nicht dahingehend ausnutzen, daß er einen zu niedrigen Wertansatz für die entsprechenden Rückstellungen wählt, um damit sein Jahresergebnis rein bilanzpolitisch zu entlasten.[89]

Zusammenfassend kann in bezug auf diese erste Wirkungsrichtung des allgemeinen Vorsichtsprinzips festgehalten werden, daß sie dieses noch nicht in einen Konflikt mit der Bewertungsstetigkeit bringt. Eine solche Situation ist deshalb nicht gegeben, weil in diesem Bereich für die Anwendung des Grundsatzes der Bewertungsstetigkeit eine wichtige Voraussetzung fehlt.[90]

Trotzdem stellen die obigen Ausführungen einen wichtigen Beitrag zur Gesamtbeurteilung der Bedeutung der Bewertungsstetigkeit innerhalb der gesamten Bewertungskonzeption dar. Durch sie erfahren nämlich die in Kapitel B herausgearbeiteten Ergebnisse in bezug auf die Wertansatzwahlrechte der

---

89) Diese Handlungsanweisung wird in der Bilanzierungspraxis jedoch nicht immer beachtet. Denn nur so ist es z.B. zu erklären, daß bei den Übernahmeverhandlungen im Fall Siemens/ Nixdorf der zu diesem Zeitpunkt amtierende Nixdorf-Chef Horst Nasko zu der Hinterlassenschaft seines Vorgängers Klaus Luft (ungefähr 800 Millionen DM Betriebsverlust) rund 200 Millionen Mark an zusätzlichen Risiken für laufende Geschäfte und zu hohe Bewertung von Lagerbeständen addieren mußte, um mit dieser Bilanzbereinigung den Neubeginn zu erleichtern; vgl. o.V.: "Mit Nixdorf an die Spitze", in: Der Spiegel 3/1990 vom 15.1.1990, S. 84-85, hier: S. 85.

90) Es fehlte nämlich ein objektiv nachprüfbarer Bewertungsmaßstab.

zweiten Ebene eine nochmalige Bestätigung und liefern damit einen weiteren Ansatzpunkt für ein abschließendes Urteil über den Gültigkeitsbereich des Grundsatzes der Bewertungsstetigkeit.

Dabei erstrecken sich diese Erkenntnisse nicht nur auf diejenigen Wertansatzwahlrechte, die auf der Grundlage der "vernünftigen kaufmännischen Beurteilung" zur Anwendung kommen, sondern auch auf die übrigen Wertansatzwahlrechte der zweiten Ebene. Zur Begründung muß daran erinnert werden, daß für alle Wertansatzwahlrechte der zweiten Ebene als gemeinsames Merkmal eine ausgeprägte Außerplanmäßigkeit festgestellt werden konnte. Diese Außerplanmäßigkeit führt aber zwangsläufig dazu, daß durch die Wertansatzwahlrechte der zweiten Ebene in ihrer Gesamtheit dem allgemeinen Vorsichtsprinzip in unterschiedlichster Art und Weise Rechnung getragen werden kann. Oder noch deutlicher formuliert: Diese Wertansatzwahlrechte können als gesetzliche Legitimation für eine insgesamt vorsichtige Gewinnermittlung angesehen werden, da sie durch ihre flexible Handhabung Jahr für Jahr erneut zur Disposition stehen.[91] Daß dabei "im Zweifelsfall" wiederum nur ein ganz bestimmter Wertansatz gewählt werden darf, muß zwar als Einschränkung des bilanzpolitischen Freiraumes angesehen werden, stellt aber keinen Widerspruch zur angestrebten Form der Gewinnermittlung dar.

Im Gegensatz zur bisher aufgezeigten Wirkungsrichtung des allgemeinen Vorsichtsprinzips beinhaltet die *zweite*, jetzt noch zu untersuchende Ausprägungsform dieses Prinzips eine doch wesentliche Einschränkung des in Kapitel B bei isolierter Betrachtung herausgearbeiteten Gültigkeitsbereichs der Bewertungsstetigkeit.

Zur Begründung dieser Aussage muß in einem ersten Schritt die Wirkungsweise der zweiten Ausprägungsform des allgemeinen Vorsichtsprinzips genauer betrachtet werden. Das allgemeine Vorsichtsprinzip beschränkt sich nämlich nicht nur auf die im obigen Abschnitt behandelten Wertansatzwahlrechte bzw. deren Ausübung, sondern, und diesem Aspekt muß in bezug auf die Bewertungsstetigkeit in Zukunft grössere Beachtung geschenkt werden, es beinhaltet auch eine flexibel anwendbare, allgemeine Vorschrift für die gesamte (stichtagsbezogene) Bewertung.

Insbesondere kann eine in diesem Sinn verstandene Vorsicht als spezifische Regel bei der Wertermittlung (oftmals auch nur Schätzung) bei unsicheren Erwartungen angesehen werden.[92] Gerade diese Möglichkeit zur Berücksichtigung von unsicheren Erwartungen versetzt den Bilanzierenden in die Lage,

---

91)   Aufgrund dieser flexiblen Handhabung dienen die Wertansatzwahlrechte deshalb auch in hervorragender Weise sowohl dem Gläubiger- als auch dem Gesellschafterschutz; in diesem Sinne auch z.B. Wöhe, G.: "Bilanzierung ...", a.a.O., S 395f.

92)   vgl. Rückle, D.: "Vorsicht", in: Handwörterbuch unbestimmter Rechtsbegriffe im Bilanzrecht des HGB, hrsg. von Leffson, U. u.a., Köln 1986, S. 403-416, hier: S. 409

seine im Vorjahr gewählte Vorgehensweise bei der Bewertung, also auch seine Bewertungsmethoden, hinsichtlich neuer bzw. veränderter Bewertungstatbestände kritisch zu durchleuchten und gegebenenfalls (zumindest bereichsweise) darauf ein- bzw. umzustellen. Nur wenn dem Bilanzierenden diese Möglichkeit grundsätzlich offensteht, ist letztendlich auch die Berücksichtigung des als dominant angesehenen, gesetzlichen Jahresabschlußzweckes gewährleistet.

Dieser Zusammenhang läßt nun aber die *Konfliktsituation* zwischen dem Grundsatz der Bewertungsstetigkeit und dem allgemeinen Vorsichtsprinzip offensichtlich werden: Die Bewertungsstetigkeit darf nämlich einer in der obigen Weise beschriebenen Änderung der Bewertung(smethoden) auf keinen Fall entgegenstehen. Dies bedeutet, daß gerade in bezug auf die zeitliche Dimension die in Kapitel B herausgearbeiteten Ergebnisse über den Geltungsbereich der Bewertungsstetigkeit eine (wesentliche) Relativierung erfahren.

Bevor der Umfang dieser Relativierung aufgezeigt wird, muß zunächst noch darauf hingewiesen werden, daß für die konkrete Anwendung der zweiten Ausprägungsform des allgemeinen Vorsichtsprinzips grundsätzlich zwei mögliche Wege zur Wahl stehen.

Erstens besteht durchaus die Möglichkeit, daß die im Vorjahr benutzte Bewertungsmethode auch bei einer Änderung der zugrundeliegenden Bewertungstatbestände beibehalten werden kann (aber nicht muß). Um allerdings in diesem Fall 1 dem allgemeinen Vorsichtsprinzip gerecht zu werden, muß der Bilanzierende dann innerhalb der gewählten und beibehaltenen Bewertungsmethode eine Änderung in der Weise vornehmen, daß der i.d.R. immer vorhandene Ermessensspielraum bei der jeweiligen Bewertungsmethode in einer insgesamt vorsichtigeren Art ausgenutzt wird.[93]

Zweitens (= Fall 2) kann der Bilanzierende aber auch zu der Einsicht gelangen, daß die neuen oder veränderten Bewertungstatbestände am Bilanzstichtag nur durch einen Wechsel auf eine andere (vorsichtigere) Bewertungsmethode ausreichend berücksichtigt werden können.

Daß nicht nur im Fall 2, in dem die Bewertungsmethode explizit gewechselt wird, sondern auch im Fall 1 eine Einschränkung der Bewertungsstetigkeit vorliegt, folgt aus den Ausführungen zum Begriff "Bewertungsmethode" in Kapitel B: Dort wurde u.a. herausgearbeitet, daß unter dem Begriff "Bewertungsmethode" bestimmte, in ihrem Ablauf schrittweise definierte Verfahren der Wertfindung zu verstehen sind. Gerade aber in bezug auf die konstitutiven Merkmale für die im Ablauf definierten Verfahren der Wertfindung i.V.m. der Festlegung der Schrittfolge einer Bewertungsmethode konnte gezeigt werden, daß auch Wertermittlungen auf der Basis von Verfahrensspielräumen eine Bewertungsmethode darstellen können. Einzige Voraussetzung,

---

93) Diese Meinung vertreten z.B. Adler, H./Düring, W./Schmaltz, K.: "Rechnungslegung ...", 5. Aufl., a.a.O., § 252 HGB Tz. 72, S. 26.

die in diesem Zusammenhang erfüllt sein muß, ist, daß der Bilanzierende die vorhandenen Verfahrensfreiräume (soweit möglich) eindeutig festgelegt hat.[94]

Kommt es nun, wie in Fall 1 geschildert, aufgrund der Beachtung des allgemeinen Vorsichtsprinzips zu einer anderen Ausnutzung dieser (ursprünglich vorhandenen) Verfahrensspielräume, dann bedeutet dies zwangsläufig auch eine Durch- bzw. Unterbrechung der Bewertungsstetigkeit.

Das nachfolgende *Beispiel* soll die beschriebenen Zusammenhänge nochmals untermauern und gleichzeitig verdeutlichen:

Eine Unternehmung möge am Bilanzstichtag des Jahres 01 z.B. vor dem Problem stehen, die Nutzungsdauer einer neu angeschafften Maschine (lineare Abschreibung unterstellt) zu bestimmen. Für die Festlegung der Nutzungsdauer einer Anlage besteht jedoch grundsätzlich ein erheblicher Verfahrensspielraum, der u.a. auf der Tatsache beruht, daß mit der "Nutzungsdauer" i.d.R. die wirtschaftliche und nicht die technische Nutzungsdauer gemeint ist.[95] Damit müssen aber bei der Bestimmung der Nutzungsdauer auch solche Faktoren wie beispielsweise der technische Fortschritt berücksichtigt werden, die in wesentlichem Umfang auf unsicheren Erwartungen beruhen.

Um nun diese unsicheren Erwartungen zumindest ansatzweise auf die Grundlage einer mathematischen Berechnung zu stellen, kommt die Unternehmung für den Jahresabschluß des Jahres 01 auf den Gedanken, die Nutzungsdauer der neu angeschafften Maschine durch eine Dichtefunktion (Wahrscheinlichkeitsverteilung) zu konkretisieren. Jeder möglichen Nutzungsdauer t ist dann jeweils eine Wahrscheinlichkeitsdichte f(t) zugeordnet. Wenn nun der bilanziellen Bewertung eine bestimmte Nutzungsdauer n zugrundegelegt wird, so kann die Wahrscheinlichkeit p(n) berechnet werden, mit der die (erwartete) tatsächliche Nutzungsdauer t kleiner als diese Nutzungsdauer n ist.[96]

Auf der Grundlage dieser Erkenntnisse beschließt die Unternehmung im Sinne einer verfahrensmäßigen Festlegung des Bewertungsmaßstabes, daß ab dem Jahr 01 die Ermittlung der Nutzungsdauer für neu angeschaffte, funktionsgleiche Maschinen auf die oben geschilderte Weise durchzuführen ist. Als Auswahlkriterium wird dabei unter Berücksichtigung aller Gesichtspunkte (durchaus auch z.B. der kaufmännischen Vorsicht) aus der Bandbreite der möglichen Werte diejenige Nutzungsdauer ausgewählt, die eine Wahrscheinlichkeit p(n)

---

94) Dabei kann immer dann von einer Festlegung der Verfahrensfreiräume gesprochen werden, wenn die intersubjektive Nachprüfbarkeit (Wiederholbarkeit) und Nachprüfbarkeit der einzelnen Verfahrensschritte durch andere Personen gegeben ist; vgl. hierzu auch die Ausführungen zu den konstitutiven Merkmale einer Bewertungsmethode auf S. 24f.

95) vgl. Hilke, W.: "Kurzlehrbuch Bilanzpolitik", a.a.O., S. 80

96) vgl. Rückle, D., a.a.O., S. 412ff. m.w.N.

von 0,04 aufweist.[97] Damit hat die Unternehmung eindeutig eine Bewertungsmethode für die Bestimmung der Nutzungsdauer geschaffen, die sie unter Beachtung der Bewertungsstetigkeit bei *un*veränderten Bewertungstatbeständen auch in den Folgejahren beibehalten *muß*.

Im Laufe des Jahres 02 werden nochmals drei neue und funktionsgleiche Anlagen angeschafft, d.h., zum Bilanzstichtag des Jahres 02 müssen auch diese Maschinen in die Bestände-Bilanz aufgenommen werden. Da keine neuen bzw. veränderten Bewertungstatbestände erkennbar sind, muß auch für diese drei Anlagen die Ermittlung der Nutzungsdauer auf der Grundlage der im Jahr 01 herausgearbeiteten Bewertungsmethode erfolgen. Die Bewertungsstetigkeit kommt demnach in diesem Fall in vollem Umfang zur Anwendung.

Während des folgenden Jahres 03 möge sich aufgrund von erheblichen Absatzsteigerungen die Notwendigkeit ergeben, die Produktion von einem Einschicht- auf einen Zweischichtbetrieb umzustellen. Diese Änderung der zugrundeliegenden Bewertungstatbestände *muß* bei Beachtung des allgemeinen Vorsichtsprinzips am Bilanzstichtag des Jahres 03 durch einen ordentlichen Kaufmann zwangsläufig berücksichtigt werden.

Diese Berücksichtigung könnte dabei einmal darin bestehen, daß die im Jahre 01 herausgearbeitete Bewertungsmethode für die Bestimmung der Nutzungsdauer zwar grundsätzlich beibehalten wird, daß aber die dort festgelegte Wahrscheinlichkeit p(n) abgeändert wird. Es würde also lediglich eine Änderung des Auswahlkriteriums erfolgen, der verfahrensmäßige Weg, um dieses Kriterium einzusetzen, würde aber erhalten bleiben. In unserem Beispielsfall wäre z.B. eine Herabsetzung der Wahrscheinlichkeit p(n) von 0,4 auf 0,2 denkbar.[98] Dies wäre der oben beschriebene Fall 1.

Die zweite Möglichkeit wäre darin zu sehen, daß die Unternehmung explizit von einer bisher benutzten auf eine vorsichtigere Bewertungsmethode wechselt (= Fall 2). Dabei können im vorliegenden Beispiel zwei Unterfälle unterschieden werden:

Zum einen könnte die Unternehmung zu der Ansicht gelangen, daß die im Jahre 01 herausgearbeitete Bewertungsmethode zur Ermittlung der Nutzungsdauer gerade in bezug auf veränderte Bewertungstatbestände doch die notwendige Flexibilität vermissen läßt und deshalb für die Folgejahre wieder auf die einzelfallbezogene Ermittlung der *Nutzungsdauer* (= ursprünglicher Verfah-

---

97) In diesem Zusammenhang muß allerdings darauf hingewiesen werden, daß diese quantitative Festlegung der Risikogrenze bisher noch nicht schlüssig begründet worden ist. Trotzdem kann z.B. nach Rückle, der gleichzeitig auf verschiedene Äußerungen in der Literatur verweist, davon ausgegangen werden, daß ein p(n) von 0,025 oder 0,05 für akzeptabel gehalten wird; vgl. Rückle, D., a.a.O., S. 414 m.w.N.

98) Dies hätte zur Folge, daß die Nutzungsdauer am Bilanzstichtag des Jahres 03 verkürzt würde und - damit verbunden - daß neben einer außerplanmäßigen Abschreibung für das Jahr 03 auch die planmäßigen Abschreibungen für das Jahr 03 und die Folgejahre (= Restnutzungsdauer) steigen würden.

rensspielraum) übergegangen werden sollte. Für die bereits vorhandenen Maschinen (aus den Jahren 01 und 02) würde eine solche Vorgehensweise bedeuten, daß auch für sie unter Berücksichtigung der geänderten Bewertungstatbestände die Nutzungsdauer entsprechend verkürzt werden müßte.

Zum anderen wäre aber auch denkbar, daß die Unternehmung die Berechnung der Nutzungsdauer aus dem Jahre 01 unverändert beibehält, dafür aber z.B. die *Abschreibungsmethode*, die eine weitere Determinante zur Festlegung planmäßiger Abschreibungen darstellt, wechselt. Möglich wäre z.B. der Übergang von der bisher angewandten linearen auf die degressive Abschreibung für solche Maschinen, die nach dem Jahr 03 angeschafft werden. Für die bereits vorhandenen Maschinen hätte dies, da ein Wechsel der Abschreibungsmethode in der obigen Weise nicht erlaubt ist, zur Folge, daß beispielsweise eine außerordentliche Abschreibung vorgenommen werden müßte, um den veränderten Bewertungstatbeständen ausreichend Rechnung zu tragen.

Um dieses Beispiel zur Wirkungsweise des allgemeinen Vorsichtsprinzips zu vervollständigen und abzuschließen, muß noch darauf hingewiesen werden, daß selbstverständlich auch die Möglichkeit besteht, die verschiedenen oben aufgeführten Fälle zu kombinieren. Allerdings kann gleichzeitig betont werden, daß für die vorliegende Arbeit die Frage, welcher der oben beschriebenen Wege letztendlich eingeschlagen wird, von nicht allzu großer Bedeutung ist. Als viel wichtiger muß die aus dem obigen Beispiel gewonnene Erkenntnis eingestuft werden, daß diese zweite Ausprägungsform des allgemeinen Vorsichtsprinzips grundsätzlich *nicht* durch die Bewertungsstetigkeit *eingeschränkt* wird.

Abschließend kann deshalb die Frage eindeutig beantwortet werden, worin die (wesentliche) Relativierung der zeitlichen Dimension der Bewertungsstetigkeit durch das allgemeine Vorsichtsprinzip besteht[99]: Durch das allgemeine Vorsichtsprinzip wird

(1)   für das objektübergreifende Bezugsobjekt der Bewertungsstetigkeit,
(2)   für die Wertansatzwahlrechte der ersten Ebene,
(3)   für die (freiwillig) vorgenommene Festlegung von Verfahrensspielräumen und
(4)   für die Methodenwahlrechte

das Gebot nach einer Beibehaltung der Bewertungsmethoden in *zeitlicher* Hinsicht unter gewissen Voraussetzungen *aufgehoben*. Das allgemeine Vorsichtsprinzip dominiert also das Stetigkeitsprinzip des § 252 Abs. 1 Nr. 6 HGB, wenn bestimmte Voraussetzungen erfüllt sind. Diese Voraussetzungen sind, wie an anderer Stelle aufgezeigt wurde, zum einen die "vernünftige kaufmännische Beurteilung"[100] als der dem Vorsichtsprinzip zugrundeliegende Bewer-

---

99)   vgl. S. 147f. in dieser Arbeit.

100) Dabei wird die "vernünftige kaufmännische Beurteilung" an dieser Stelle wieder als Generalnorm zur Beschränkung des subjektiven Ermessens aufgefaßt.

tungsmaßstab, und zum anderen die ausdrückliche Beschränkung des Vorsichtsprinzips auf den "Zweifelsfall" im Sinne "unsicherer Erwartungen".

II. Bewertungsstetigkeit und Rechtsform

1. Mögliche Gründe für eine rechtsformabhängige Untersuchung der Bewertungsstetigkeit

Bevor die Bedeutung der Bewertungsstetigkeit getrennt nach Nichtkapital- und Kapitalgesellschaften eingehender untersucht wird, muß zunächst darauf hingewiesen werden, daß sich die Regelung des § 252 Abs. 1 Nr. 6 HGB aufgrund ihrer gesetzessystematischen Stellung grundsätzlich rechtsform*un*abhängig an alle Kaufleute wendet.[1] Deshalb ist der Grundsatz der Bewertungsstetigkeit auch generell von allen Einzelkaufleuten, Personenhandelsgesellschaften, Kapitalgesellschaften, Genossenschaften und Versicherungsunternehmen zu beachten.[2]

Allerdings läßt solch eine globale Sichtweise m.E. doch einige Fragen unbeantwortet, die sich im wesentlichen in folgenden Tatbeständen ausdrücken:

Erstens haben die bilanztheoretischen Ausführungen gezeigt, daß der den beiden Rechtsformen zugrundeliegende Adressatenkreis nicht identisch ist. Während für die Nichtkapitalgesellschaften lediglich die Eigentümer bzw. Anteilseigner als schutzwürdig angesehene Jahresabschlußadressaten in Frage kommen, gehören bei den Kapitalgesellschaften nach § 335 Satz 2 HGB zu diesem Personenkreis neben den Eigentümern bzw. Anteilseignern auch die Gläubiger und die Arbeitnehmervertretungen. Durch diese Erweiterung der gesetzlich als schutzwürdig angesehenen Jahresabschlußadressaten kommt dem Jahresabschluß von Kapitalgesellschaften eine über den Selbstinformationszweck hinausgehende Aufgabe zu, die sich möglicherweise auch in einer unterschiedlichen Bedeutung der Bewertungsstetigkeit für die beiden Rechtsformen auswirken könnte.

Zweitens müssen die für die beiden Rechtsformen unterschiedlich formulierten Generalnormen - bei den Kapitalgesellschaften i.V.m. den zusätzlichen Rechnungslegungsinstrumenten (Anhang und Lagebericht) - berücksichtigt werden. So haben Nichtkapitalgesellschaften - unter Beachtung der Grundsätze

---

1)   vgl. auch Überschrift des ersten Abschnitts des HGB von 1985: "Vorschriften für alle Kaufleute".

2)   § 236 Abs. 1 HGB-E zählte diese in Betracht kommenden Unternehmen noch im einzelnen auf.

ordnungsmäßiger Buchführung - für den Schluß eines jeden Geschäftsjahres lediglich einen das Verhältnis des Vermögens und der Schulden darstellenden Abschluß aufzustellen (vgl. § 242 Abs. 1 Satz 1 i.V.m. § 243 Abs. 1 HGB). Demgegenüber fordert der Gesetzgeber von den Kapitalgesellschaften, daß sie durch ihren (erweiterten) Jahresabschluß, ebenfalls unter Beachtung der Grundsätze ordnungsmäßiger Buchführung, ein den tatsächlichen Vehältnissen entsprechendes Bild der Vermögens-, Finanz- und Ertragslage zu vermitteln haben (vgl. § 264 Abs. 2 HGB). Gerade aber diese andere Definition der Informationspflichten i.V.m. der Erweiterung des zugrundeliegenden Rechnungslegungsinstrumentariums bei Kapitalgesellschaften könnte wiederum zur Folge haben, daß der Bewertungsstetigkeit bei verschiedenen Rechtsformen unterschiedliche Bedeutung zukommt.

Und drittens stellt sich abschließend auch noch die Frage, inwieweit sich die durch den § 253 Abs. 4 HGB gegebene Abschreibungsmöglichkeit im Rahmen vernünftiger kaufmännischer Beurteilung (= eines der Wertansatzwahlrecht) für den Wirkungs- bzw. Gültigkeitsbereich der Bewertungsstetigkeit bemerkbar macht.

Die Erweiterung des Personenkreises von gesetzlich als schutzwürdig angesehenen Jahresabschlußadressaten (= der erste Tatbestand) scheidet als möglicher Grund für eine rechtsformabhängige Untersuchung aus, wie sich im wesentlichen durch die in Kapitel C herausgearbeiteten Ergebnisse belegen läßt.

Es konnte dort nämlich zum einen gezeigt werden, daß die Bewertungsstetigkeit zweifelsfrei (nur) ein Objektivierungsinstrument für die Gewinnermittlung darstellt. Damit dient dieser Bewertungsgrundsatz in erster Linie und rechtsform*un*abhängig der Begrenzung des subjektiven Ermessens. Zum anderen stellte sich bei der Untersuchung der gesetzlich als schutzwürdig angesehenen Jahresabschlußadressaten heraus, daß, wenn auch mit unterschiedlicher Gewichtung, der (maximal) ausschüttbare Gewinn unter Beachtung der Unternehmenserhaltung als ein gemeinsames Informationsinteresse für alle Adressaten beachtet werden muß.

Unter Berücksichtigung dieser Ergebnisse stellt der unterschiedliche Adressatenkreis keine Möglichkeit zur Begründung einer rechtsformabhängigen Untersuchung der Bewertungsstetigkeit mehr dar. Denn das in Kapitel C herausgearbeitete gemeinsame Informationsinteresse aller Jahresabschlußadressaten in bezug auf die Gewinnermittlungsfunktion bewirkt, daß insgesamt eine vorsichtige Gewinnermittlung im Vordergrund stehen und damit rechtsformunabhängig das allgemeine Vorsichtsprinzip als dominant angesehen werden muß. Diese Dominanz des Vorsichtsprinzips hat dann auch zur Folge, daß die Bewertungsstetigkeit ebenfalls rechtsformunabhängig die im vorigen Abschnitt beschriebene Einschränkung bezüglich ihres Gültigkeitsbereiches erfährt.

Es bleibt deshalb zu prüfen, ob die beiden anderen Tatbestände, d.h., die unterschiedlichen Generalnormen und die Abschreibungsmöglichkeit nach § 253 Abs. 4 HGB zu einer unterschiedlichen Bedeutung der Bewertungsstetigkeit für Nichtkapitalgesellschaften einerseits und Kapitalgesellschaften andererseits führen.

2. Bedeutung der Bewertungsstetigkeit für Nichtkapitalgesellschaften

Die Primärorientierung der ausformulierten und nicht ausformulierten gesetzlichen Vorschriften im HGB von 1985 (GoB i.w.S.) an einer insgesamt vorsichtigen Gewinnermittlung darf nicht dahingehend interpretiert werden, daß die Aufgabe des gesetzlichen Jahresabschlusses von Nichtkapitalgesellschaften ausschließlich in der Ausschüttungsbemessung zu sehen ist; vielmehr hat auch für diese Rechtsform der gesetzliche Jahresabschluß (nachrangig) Informationspflichten zu erfüllen, die, wie gezeigt werden konnte, durch die Informationsinteressen der gesetzlich als schutzwürdig angesehenen Jahresabschlußadressaten geprägt sind. Denn nur durch dieses Zusammenspiel von Gewinnermittlungs- und Informationsvermittlungsfunktion erfährt die für Nichtkapitalgesellschaften zu beachtende Generalnorm eine inhaltliche Präzisierung. So ergeben sich aus den handelsrechtlichen Jahresabschlußangaben doch einige Anhaltspunkte zur Lage des Unternehmens im allgemeinen, über die Schuldendeckungsfähigkeit und z.T. über die aktuellen Entnahmemöglichkeiten.[3]

Der so gewährte Einblick ist freilich nur als Trendaussage zu interpretieren, nicht mehr und nicht weniger. Für qualitativ bessere Informationen fehlt es dem Jahresabschluß von Nichtkapitalgesellschaften vor allem an einer über die rein ergebnisorientierte Gegenüberstellung von Zahlenmaterial (Bestände-Bilanz, Gewinn- und Verlustrechnung) hinausgehenden Berichtpflicht, oder, um es noch deutlicher zu formulieren, es fehlt den gegebenen Informationen in vielen Bereichen der (vielleicht) wünschenswerte Detaillierungsgrad.[4]

Gerade dieser Aspekt beeinflußt in doch erheblichem Umfang den Stellenwert der Bewertungsstetigkeit für Nichtkapitalgesellschaften und damit die weiteren Ausführungen in diesem Abschnitt.

Dabei muß zunächst auf einen Sachverhalt hingewiesen werden, der indirekt bereits mehrfach angeklungen ist, aber dessen grundlegende Bedeutung

---

3)   vgl. hierzu die Ausführungen zu den Informationsinteressen der Eigentümer bzw. Anteilseigner auf S. 97f. in dieser Arbeit.

4)   Dabei sei in diesem Zusammenhang nochmals daran erinnert, daß die vorliegende Arbeit den hier aufgezeigten, vom Gesetzgeber eingeschlagenen Weg in bezug auf die Informationspflichten von Nichtkapitalgesellschaften nicht bewerten möchte; vielmehr sollen nur die sich aus diesem gesetzlichen Tatbestand ergebenden Konsequenzen für die Bewertungsstetigkeit aufgezeigt werden.

erst an dieser Stelle voll zum Tragen kommt. Die Bewertungsstetigkeit stellt nämlich aufgrund ihrer Objektivierungsfunktion bei der Gewinnermittlung grundsätzlich auch ein Instrument zur Verbesserung der Informationsqualität dar.

Allerdings, und diese Einschränkung muß zwangsläufig gerade bei Nicht-kapitalgesellschaften beachtet werden, kann die Qualität der Informationsver-mittlung durch die Bewertungsstetigkeit nur dann auch tatsächlich verbessert werden, wenn zum einen die Forderung nach Beibehaltung der Bewertungs-methoden nicht von anderen (übergeordneten) Gewinnermittlungsprinzipien aufgehoben wird und zum anderen die Jahresabschlußadressaten über (z.T. im Gesetzestext ausdrücklich genannte) Durchbrechungen der Bewertungsstetig-keit informiert werden.

In bezug auf die Rangordnung zwischen den Gewinnermittlungsprinzipien ist es an dieser Stelle unerläßlich, nochmals auf die bereits herausgearbeiteten Beziehungen zwischen der Bewertungsstetigkeit und diesen anderen Gewinn-ermittlungsprinzipien einzugehen. Dabei beschränken sich die weiteren Aus-führungen allerdings auf das Verhältnis der Bewertungsstetigkeit zum allge-meinen Vorsichtsprinzip, da gerade die zwischen diesen beiden Bewertungs-grundsätzen aufgezeigte hierarchische Beziehung eine wichtige Ursache für die Relativierung des Stellenwertes der Bewertungsstetigkeit bei Nichtkapitalge-sellschaften darstellt.[5]

Unter Beachtung des allgemeinen Vorsichtsprinzips *muß*, wie gezeigt, der ordentliche Kaufmann im Rahmen vernünftiger kaufmännischer Beurteilung immer dann auf eine vorsichtigere Bewertung übergehen, wenn er sich "im Zweifel" über den bisher gewählten Wertansatz oder die bisher gewählte Be-wertungsmethode befindet. Und exakt diese, vom Gesetzgeber vorgeschriebene *Durchbrechung* des Grundsatzes der Bewertungsstetigkeit kann als ein Grund dafür angesehen werden, daß von einer Verbesserung der Informationsqualität durch die Bewertungsstetigkeit bei Nichtkapitalgesellschaften nur noch sehr bedingt gesprochen werden kann.

Denn solche, soeben beschriebenen Bewertungsänderungen können gerade die Minderheitsgesellschafter einer OHG oder KG allein aus dem vorgelegten Zahlenmaterial auch nach der Kodifizierung der Bewertungsstetigkeit kaum er-kennen, zumindest aber nicht nachvollziehen, denn ergänzende Berichtspflich-ten sieht das Gesetz für Nichtkapitalgesellschaften nicht vor.

Da außerdem, zusätzlich zu dieser zwingenden Abweichung von einer steti-gen Bewertung, auch für Nichtkapitalgesellschaften die Möglichkeit besteht, in begründeten Ausnahmefällen von der Vorschrift des § 252 Abs. 1 Nr. 6 HGB abzuweichen[6], erfährt die Behauptung, daß Trendaussagen über die Unterneh-

---

5)   vgl. hierzu die Ausführungen auf S. 120-122 i.V.m. S. 138ff. in dieser Arbeit.

6)   vgl. hierzu die Ausführungen auf S. 61ff. in dieser Arbeit.

mensentwicklung durch die Bewertungsstetigkeit verbessert werden, (zumindest tendenziell) eine erste m.E. erhebliche Relativierung. Denn auch solche Abweichungen vom Grundsatz der Bewertungsstetigkeit, die der Gesetzgeber unter dem Sammelbegriff "begründete Ausnahmefälle" (§ 252 Abs. 2 HGB) zusammenfaßt, kann der Minderheitsgesellschafter mit Hilfe des Jahresabschlusses nicht nachvollziehen.

Die Überlegungen zur Bedeutung der Bewertungsstetigkeit für Nichtkapitalgesellschaften wären außerdem sicherlich unvollständig, wenn die Abschreibungsmöglichkeit nach § 253 Abs. 4 HGB unerwähnt bliebe.

Nach § 253 Abs. 4 HGB sind grundsätzlich auch solche Abschreibungen zulässig, die über die planmäßigen, aber auch über die außerplanmäßigen Abschreibungen des § 253 Abs. 2 und 3 HGB hinausgehen, wobei als Bewertungsmaßstab lediglich die vernünftige kaufmännische Beurteilung zu berücksichtigen ist.[7] Gleichzeitig stellen diese Abschreibungen nach überwiegender Auffassung weder Ausnahmen im Sinne des § 252 Abs. 2 HGB noch Änderungen von Bewertungsmethoden dar.[8]

Damit bewirkt dieses Wertansatzwahlrecht (der zweiten Ebene[9]) bzw. dessen Ausübung geradezu zwangsläufig, daß die Informationsqualität auch bei (strenger) Einhaltung der Bewertungsstetigkeit abnehmen kann bzw. abnimmt. Durch die Abschreibungsmöglichkeit nach § 253 Abs. 4 HGB hat der Gesetzgeber somit eine Vorschrift in den Gesetzestext aufgenommen, die diametral den Objektivierungsbemühungen im allgemeinen und denen der Bewertungsstetigkeit im speziellen entgegensteht.

Diese Ansicht vertritt z.B. auch Hafner, wenn er kurz und prägnant feststellt: "Wer angesichts dieser großzügigen Ermächtigung nicht dazu in der Lage ist, seine Handelsbilanz entsprechend seiner persönlichen Zielsetzung zu gestalten, dem dürfte auch ohne Stetigkeitsgebot nicht zu helfen sein."[10]

Zusammenfassend kann deshalb festgestellt werden, daß sich das grundsätzlich vorhandene Objektivierungspotential der Bewertungsstetigkeit bei Nichtkapitalgesellschaften, wenn überhaupt, nur in sehr geringem Ausmaß in einer Verbesserung der Informationsqualität niederschlägt. Die Bedeutung der Bewertungsstetigkeit für den Jahresabschluß von Nichtkapitalgesellschaften muß daher als sehr gering eingestuft werden.

---

7)   vgl. hierzu z.B. auch Schneeloch, D.: "Bewertungsstetigkeit ...", a.a.O., S. 406

8)   vgl. z.B. Hafner, R., a.a.O., S. 599; Schneeloch, D.: "Bewertungsstetigkeit ...", a.a.O., S. 406 m.w.N.; Sonderausschuß Bilanzrichtlinien-Gesetz (Hrsg.): "Entwurf ...", a.a.O., S. 144

9)   vgl. hierzu auch Abb. 5 auf S. 36f.

10)   Hafner, R., a.a.O., S. 599

3. Bedeutung der Bewertungsstetigkeit für Kapitalgesellschaften

Die bei Nichtkapitalgesellschaften verwandte Reihenfolge der beiden noch zu behandelnden Fragen kann bei Kapitalgesellschaften umgekehrt werden. Es erfolgt also in diesem Abschnitt zunächst eine (kurze) Anmerkung zur Abschreibungsmöglichkeit nach § 253 Abs. 4 HGB, und erst daran anschließend soll versucht werden, die Auswirkung der im Vergleich zu Nichtkapitalgesellschaften veränderten Generalnorm auf den Stellenwert der Bewertungsstetigkeit zu beurteilen.

Bezüglich der Abschreibung im Rahmen vernünftiger kaufmännischer Beurteilung nach § 253 Abs. 4 HGB ist - und damit wird gleichzeitig der Grund für umgekehrte Reihenfolge offensichtlich - zu beachten, daß dieses Wertansatzwahlrecht (der zweiten Ebene) bei Kapitalgesellschaften überhaupt nicht zur Anwendung kommt. Im Gesetzestext wird auf diese Einengung der Abschreibungsmöglichkeiten für Kapitalgesellschaften in § 279 Abs. 1 Satz 1 HGB ausdrücklich hingewiesen.[11]

Damit entfällt für Unternehmen dieser Rechtsform aber nicht nur ein doch erheblicher Bewertungsfreiraum, sondern der Gesetzgeber stärkt durch die Nichtanwendung des § 253 Abs. 4 HGB bei Kapitalgesellschaften (zumindest tendenziell) auch die Position der Bewertungsstetigkeit innerhalb der gesamten Bewertungskonzeption.[12] Denn, und dieser Aspekt sollte nicht vernachlässigt werden, die Anwendung des § 253 Abs. 4 HGB wäre auch trotz zusätzlicher Informationsinstrumente (hier vor allem des Anhangs) bei Kapitalgesellschaften von den Anteilseignern und Gläubigern nicht nachvollziehbar gewesen. So stellt z.B. der Sonderausschuß Bilanzrichtlinien-Gesetz in einer Verlautbarung fest[13] - und die vorliegende Arbeit schließt sich dieser Auffassung an -, daß bei der Abschreibung nach § 253 Abs. 4 HGB weder eine Ausnahme im Sinne des

---

11)   Dort heißt es ausdrücklich: § 253 Abs. 4 ist nicht anzuwenden; vgl. hierzu auch Abb. 5 auf S. 36f.

12)   Denn die Ausnutzung dieser Abschreibungsmöglichkeit stellt, wie bei den Nichtkapitalgesellschaften gezeigt werden konnte, eine nicht zu unterschätzende Einschränkung des Stellenwertes der Bewertungsstetigkeit dar.

13)   Dieselbe Auffassung vertritt z.B. auch Schneeloch, D.: "Bewertungsstetigkeit ...", a.a.O., S. 406 m.w.N.

§ 252 Abs. 2 HGB noch eine Änderung von Bewertungsmethoden vorliegt[14], die eine Berichtspflicht nach § 284 Abs. 2 Nr. 3 HGB auslösen würde.[15]

Bereits die vom Sonderausschuß gewählte Formulierung "... noch Änderungen von Bewertungsmethoden ..., die eine Berichtspflicht nach § 284 Abs. 2 Nr. 3 HGB zur Folge haben ..."[16], muß als erster Hinweis darauf verstanden werden, daß der obigen Verlautbarung eine ganz bestimmte inhaltliche Konkretisierung des Begriffes "Bewertungsmethode", wie er in § 284 Abs. 2 Nr. 3 HGB zur Anwendung kommen soll, zugrunde liegt.

Um allerdings diese inhaltliche Konkretisierung des Begriffes "Bewertungsmethode" begründen und eine in sich geschlossene, die Zusammenhänge aufzeigende Argumentation herausarbeiten zu können, muß zunächst der Einfluß der im Vergleich zu den Nichtkapitalgesellschaften veränderten Generalnorm auf den Stellenwert der Bewertungsstetigkeit kritisch durchleuchtet werden.

In bezug auf die veränderte Generalnorm bei Kapitalgesellschaften konnte an anderer Stelle bereits nachgewiesen werden[17], daß gerade die zusätzlichen Berichtspflichten (und zwar im Anhang und im Lagebericht) den im Vergleich mit Nichtkapitalgesellschaften höheren (i.S.v. qualitativ besseren) Informationsgehalt des Jahresabschlusses von Kapitalgesellschaften bewirken.[18] Es stellt sich deshalb die Frage, ob und, wenn ja, in welchem Umfang die Bewertungsstetigkeit (bzw. deren Durchbrechung) solche zusätzlichen Berichtspflichten auslöst und damit zu einem im obigen Sinne höheren Informationsgehalt des Jahresabschlusses bei Kapitalgesellschaften beiträgt.

Dabei ist m.E. vorab zu klären, inwieweit durch zusätzliche Berichtspflichten im Anhang überhaupt erkennbar wird, welche Bewertungsmethoden i.S.d. § 252 Abs. 1 Nr. 6 HGB Jahr für Jahr zur Anwendung kommen. Denn nur dann, wenn darüber (detaillierte) Informationen vorliegen, kann auch die Forderung nach Beibehaltung der im Vorjahr angewandten Bewertungsmethoden

---

14) Zum einen stellt diese Abschreibungsmöglichkeit deshalb keine Ausnahme im Sinne des § 252 Abs. 2 HGB dar, weil es sich bei ihr nicht um einen "begründeten Ausnahmefall", sondern um eine gesetzlich wahlweise vorzunehmende (zusätzliche) Abschreibung handelt (= Wertansatzwahlrecht). Und zum anderen bewirkt die Ausnutzung des § 253 Abs. 4 HGB auch keine Änderung der Bewertungsmethoden (i.S.d. § 252 Abs. 1 Nr. 6 HGB), da dieser Abschreibungsmöglichkeit kein objektiv nachprüfbarer Bewertungsmaßstab zugrunde liegt.

15) vgl. Sonderausschuß Bilanzrichtlinien-Gesetz (Hrsg.): "Entwurf ...", a.a.O., S. 144

16) Sonderausschuß Bilanzrichtlinien-Gesetz (Hrsg.): "Entwurf ...", a.a.O., S. 144

17) vgl. hierzu S. 112ff. in dieser Arbeit.

18) Damit zeigt sich außerdem, daß nicht so sehr die Bezugnahme auf die tatsächlichen Verhältnisse, sondern vielmehr die in § 264 Abs. 1 S. 1 HGB aufgeführten zusätzlichen Rechnungslegungsinstrumente den Informationsgehalt des Jahresabschlusses verbessern.

überprüft und beurteilt werden.[19] Daß auch der Gesetzgeber diesen Zusammenhang erkannt hat, kann den Erläuterungspflichten für den Anhang zweifelsfrei entnommen werden. Nach § 284 Abs. 2 Nr. 1 HGB sind nämlich im Anhang die Bilanzierungs- und Bewertungsmethoden anzugeben, die auf die Posten der (Bestände-) Bilanz und der Gewinn- und Verlustrechnung angewendet wurden. Ein Verweis auf diesbezügliche Angaben in früheren Jahresabschlüssen (nach § 160 Abs. 2 Satz 2 AktG 1965 bis zu drei Jahren zurückliegend) ist nicht mehr möglich; "in einem jeden Anhang sind die Bilanzierungs- und Bewertungsmethoden vollständig zu erläutern."[20]

Gleichzeitig, und damit schließt sich der Kreis, verlangt der Gesetzgeber mit § 284 Abs. 2 Nr. 3 HGB ausdrücklich, daß Abweichungen von bisher angewendeten Bilanzierungs- und Bewertungsmethoden nicht nur angegeben und begründet werden, sondern daß deren Einfluß auf die Vermögens-, Finanz- und Ertragslage auch gesondert dargestellt wird.

Durch die Kombination der Nr. 1 und Nr. 3 des § 284 Abs. 2 HGB bzw. mit den damit verbundenen Berichtspflichten im Anhang ergibt sich in bezug auf die Bedeutung der Bewertungsstetigkeit für den Jahresabschluß gemäß § 264 Abs. 1 Satz 1 HGB folgendes (Zwischen-) Ergebnis: Die Erfüllung der Forderung nach einer Beibehaltung der im vorhergehenden Jahresabschluß angewandten Bewertungsmethoden i.S.d. Vorschrift des § 252 Abs. 1 Nr. 6 HGB kann aufgrund der gesetzlichen Bestimmungen für den Anhang überprüft werden. Denn die "begründeten Ausnahmefälle", die in § 252 Abs. 2 HGB als einzige Abweichungsmöglichkeit von der Bewertungsstetigkeit ausdrücklich aufgeführt werden[21], unterliegen tatsächlich einer Erläuterungspflicht im Anhang.

Damit kann zunächst festgehalten werden, daß der Grundsatz der Bewertungsstetigkeit neben der grundsätzlich vorhandenen, in Kapitel B herausgearbeiteten Objektivierungswirkung[22] auch noch auf indirektem Wege durch die Erläuterungspflichten im Anhang zu einem höheren (i.S.v. qualitativ besseren) Informationsgehalt des Jahresabschlusses bei Kapitalgesellschaften beiträgt. Indirekt deshalb, weil auf eine Beibehaltung der im vorhergehenden Jahresab-

---

19)   Gleichzeitig muß an dieser Stelle darauf aufmerksam gemacht werden, daß durch solche von der Bewertungsstetigkeit möglicherweise ausgelösten Berichtspflichten auch die Vergleichbarkeit zwischen zwei aufeinanderfolgenden Jahresabschlüssen verbessert wird. Allerdings fällt diese (bessere) Vergleichbarkeit m.E. als Nebenprodukt bei den Objektivierungsbemühungen des Gesetzgebers an und stellt nicht die Hauptaufgabe des Grundsatzes der Bewertungsstetigkeit dar.

20)   Glade, A.: "Rechnungslegung ...", a.a.O., S. 1617

21)   Auch z.B. der Sonderausschuß Bilanzrichtlinien-Gesetz weist ausdrücklich darauf hin, daß vom Grundsatz der Bewertungsstetigkeit nur in begründeten Ausnahmefällen abgewichen werden darf; vgl. Sonderausschuß Bilanzrichtlinien-Gesetz (Hrsg.): "Entwurf ...", a.a.O., S. 144.

22)   In diesem Zusammenhang sei auf die Ausführungen sowohl in bezug auf die sachliche als auch die zeitliche Komponente des Grundsatzes der Bewertungsstetigkeit verwiesen.

schluß angewandten Bewertungsmethoden im Anhang nicht ausdrücklich hingewiesen werden muß, sondern die zusätzliche Berichtspflicht gemäß § 284 Abs. 2 Nr. 3 HGB (auch) für den Grundsatz der Bewertungsstetigkeit nur im Abweichungsfall, nach § 252 Abs. 2 HGB also im "begründeten Ausnahmefall", ausgelöst wird.

Insofern gilt deshalb auch nach der Kodifizierung der Bewertungsstetigkeit, daß der Grundsatz der Publizität von Stetigkeitsabweichungen weiterhin von Bedeutung sein wird. Ob jedoch im Vergleich zum Aktiengesetz von 1965 das Verhältnis zwischen diesen beiden Grundsätzen eine andere Gewichtung erfährt, kann m.E. nicht so eindeutig beantwortet werden, wie dies z.B. Förschle/ Kropp darzustellen versuchen.[23] Für sie findet nämlich im Vergleich zum Aktiengesetz von 1965 insofern eine Änderung der Gewichtung statt, als an die Stelle des Grundsatzes der Publizität von Stetigkeitsabweichungen vorrangig der Grundsatz der Bewertungsstetigkeit tritt.[24] Und erst in zweiter Linie, so z.B. dann, wenn ein Ausnahmefall nach § 252 Abs. 2 HGB vorliegt, kommt die Pflicht zur Erläuterung der Abweichung zum Tragen.[25] Die Frage, ob aufgrund des eingeschränkten Wirkungsbereichs der Bewertungsstetigkeit eine solche Sichtweise überhaupt als sinnvoll anzusehen ist, wird von Förschle/Kropp nicht weiter untersucht.

Um aber auf diese Frage eine zufriedenstellende Antwort geben und gleichzeitig eine abschließende Beurteilung des Stellenwertes der Bewertungsstetigkeit bei Kapitalgesellschaften vornehmen zu können, müssen an dieser Stelle noch zwei weitere, m.E. sehr bedeutsame Aspekte in die Untersuchung mit einbezogen werden.

Zum einen darf, wie bereits mehrfach erwähnt, nach § 252 Abs. 2 HGB vom Grundsatz der Bewertungsstetigkeit nur in begründeten Ausnahmefällen abgewichen werden. Streng dem Wortlaut des § 252 Abs. 2 HGB folgend, kann diesem Sachverhalt uneingeschränkt zugestimmt werden. Gleichzeitig muß aber - zunächst eine isolierte Betrachtung des Grundsatzes der Bewertungsstetigkeit unterstellend - davon ausgegangen werden, daß die Berichtspflicht nach § 284 Abs. 2 Nr. 3 HGB immer nur dann ausgelöst wird, wenn von einem Jahr zum nächsten Jahr im Gültigkeitsbereich des § 252 Abs. 1 Nr. 6 HGB ein begründeter Ausnahmefall zu einer Unterbrechung des Grundsatzes der Bewertungsstetigkeit führt. Die Kombination dieser beiden Aussagen zieht dann als (vorläufiges) Ergebnis nach sich: Die im HGB-E noch ausdrücklich genannten und in der Bilanzierungspraxis nicht unüblichen *weiteren* Abweichungsfälle

---

23)   vgl. Förschle, G./Kropp, M., a.a.O., S. 874f.

24)   vgl. ebenda, S. 875

25)   vgl. ebenda

vom Grundsatz der Bewertungsstetigkeit[26] stellen *keine* berichtspflichtigen Bewertungsmethodenänderungen im Sinne des § 252 Abs. 1 Nr. 6 i.V.m. § 252 Abs. 2 HGB dar. Gerade diese, im Fall der isolierten Betrachtung der Bewertungsstetigkeit vorhandene Beschränkung der Berichtspflichten in bezug auf eine Abweichung von der Bewertungsstetigkeit hat m.E. aber zur Folge, daß die Stellung der Bewertungsstetigkeit auch bei Kapitalgesellschaften insbesondere in bezug auf die zusätzlichen Berichtspflichten nur sehr bedingt, nämlich lediglich im (eingeschränkten) Wirkungsbereich des § 252 Abs. 1 Nr. 6 i.V.m. § 252 Abs. 2 HGB eine Verbesserung des Informationsgehaltes bewirkt.

Neben dieser zwangsläufig vorhandenen Beschränkung des Wirkungsbereiches der Bewertungsstetigkeit erscheint es zum anderen unerläßlich, für Kapitalgesellschaften den Begriff *"Bewertungsmethode"* einer inhaltlichen Überprüfung zu unterziehen.

Die Gründe für eine derartige Überprüfung sind zum einen darin zu sehen, daß dieser Begriff sowohl in § 252 Abs. 1 Nr. 6 HGB als auch in den Nummern 1 und 3 des § 284 Abs. 2 HGB verwendet wird. Die Frage also, ob der Gesetzgeber durch den § 284 Abs. 2 Nr. 3 HGB nicht doch eine *über die begründeten Ausnahmefälle hinausgehende Berichtspflicht* verwirklicht sehen möchte, stellt sich deshalb nicht zuletzt wegen der eingeschränkten Berichtspflicht gemäß § 252 Abs. 1 Nr. 6 i.V.m. § 252 Abs. 2 HGB beinahe zwangsläufig. Daß damit auch gleichzeitig auf die oben zurückgestellte Frage nach dem Verhältnis von Bewertungsstetigkeit zu Publizität der Stetigkeitsabweichungen näher eingegangen werden kann, stellt einen Zusatzeffekt dar, der nicht unerwähnt bleiben soll.

Zum anderen kann nur durch diese Überprüfung die für die Bilanzierungspraxis nicht aufrechtzuerhaltende Annahme einer isolierten Betrachtung des Grundsatzes der Bewertungsstetigkeit bezüglich der Berichtspflichten gemäß § 284 Abs. 2 Nr. 3 HGB aufgegeben werden.

Trotz dieser beiden unterschiedlichen Gründe, die für eine (nochmalige) Untersuchung des Begriffes "Bewertungsmethode" sprechen, läßt sich das angestrebte Untersuchungsziel kurz und prägnant umschreiben. Es muß nämlich (nur) die Frage beantwortet werden, inwieweit der Gesetzgeber durch die Verwendung desselben Begriffes sowohl in § 252 Abs. 1 Nr. 6 HGB als auch in § 284 Abs. 2 Nr. 3 HGB inhaltlich identische Sachverhalte abgedeckt sehen möchte.

Dabei kann in bezug auf den Begriff "Bewertungsmethode", wie er in § 252 Abs. 1 Nr. 6 HGB zur Anwendung kommt, auf die Ausführungen in Kapitel B

---

26) Gemeint sind die Fälle, in denen der Gesetzgeber eine Durchbrechung der Bewertungsstetigkeit entweder zwingend vorschreibt oder im Sinne eines Wahlrechtes offenläßt; vgl. auch § 259 Abs. 2 S. 1 HGB-E und die Ausführungen auf S. 61ff. in dieser Arbeit.

zurückgegriffen werden.[27] Demnach sind unter dem Begriff "Bewertungsmethode" bestimmte in ihrem Ablauf schrittweise definierte Verfahren der Wertfindung zu verstehen, die (gleichzeitig) den GoB entsprechen. Für diese als Basis-Auslegung bezeichnete Begriffsbestimmung konnte aber bei der inhaltlichen Konkretisierung - sozusagen als konstitutives Merkmal - gezeigt werden, daß nur objektiv nachprüfbare Bewertungsmaßstäbe eine Bewertungsmethode nach § 252 Abs. 1 Nr. 6 HGB begründen. Diese Erkenntnis führte in Kapitel B letztendlich dazu, daß für die Wertansatzwahlrechte der zweiten Ebene der Grundsatz der Bewertungsstetigkeit nur sehr beschränkt zu beachten ist.[28] Gleichzeitig zeichnete der fehlende, objektiv nachprüfbare Bewertungsmaßstab auch dafür verantwortlich, daß, unabhängig von der grundsätzlich zu beachtenden hierarchischen Beziehung zwischen dem Vorsichtsprinzip und der Bewertungsstetigkeit[29], die vorsichtige Bewertung keine Bewertungsmethode gemäß § 252 Abs. 1 Nr. 6 HGB darstellt.[30]

Damit erfährt aber der Stellenwert der Bewertungsstetigkeit auch für Kapitalgesellschaften eine weitere Relativierung. Denn sowohl für die Wertansatzwahlrechte der zweiten Ebene als auch für das Vorsichtsprinzip bzw. deren jeweilige Anwendung reichen die Berichtspflichten nach § 252 Abs. 1 Nr. 6 i.V.m. § 252 Abs. 2 HGB in keiner Weise aus, einen der Generalnorm entsprechenden Einblick in die Vermögens-, Finanz- und Ertragslage zu gewährleisten.

Umso mehr ist zu überprüfen, ob der Gesetzgeber durch die Verwendung des Begriffes "Bewertungsmethode" auch im § 284 Abs. 2 Nr. 3 HGB nicht doch eine im Vergleich zum § 252 Abs. 1 Nr. 6 i.V.m. § 252 Abs. 2 HGB weitergehende Berichtspflicht verwirklicht sehen möchte. Um diese Überprüfung auf eine solide Basis zu stellen, sollen zunächst einige zu diesem Themenkreis vorhandenen Stellungnahmen in der Literatur kurz skizziert werden.

Zum Einstieg können dabei zunächst die Ausführungen von Biener/Berneke zum § 284 Abs. 2 HGB herangezogen werden.[31] Danach umfaßt der Begriff "Methode" im § 284 Abs. 2 HGB sämtliche Verfahren, die den Bilanzansatz, die Bewertung oder die Abschreibung dem Grunde oder der Höhe nach betref-

---

27) vgl. zum Begriff "Bewertungsmethode" i.S.d. § 252 Abs. 1 Nr. 6 HGB die Ausführungen auf S. 16-25 in dieser Arbeit.

28) Die Bewertungsstetigkeit wirkt sich in diesem Zusammenhang nämlich nur auf identische Bewertungsobjekte bei unverändertem Sachverhalt im Zeitablauf aus.

29) vgl. hierzu die Ergebnisse in Kapitel C und dabei insbesondere die S. 120ff.

30) Zum Verhältnis von Vorsichtsprinzip zu Bewertungsstetigkeit innerhalb der gesamten Bewertungskonzeption des HGB von 1985 kann zusätzlich auf die Ausführungen auf S. 138ff. in diesem Kapitel hingewiesen werden.

31) vgl. Biener, H./Berneke, W., a.a.O., S. 250ff.

fen.[32] Eine derart weite Fassung des Begriffes "Methode" hat aber in bezug auf die inhaltliche Auslegung des § 284 Abs. 2 Nr. 3 HGB zwangsläufig zur Folge, daß im Anhang nicht nur über Bewertungsabweichungen gemäß § 252 Abs. 2 HGB, sondern grundsätzlich über jede (Bilanzierungs- sowie Bewertungs-) Abweichung zu berichten ist.[33]

Anderer Auffassung ist z.B. Glade, der zum einen ausdrücklich darauf abstellt, daß immer dann, "wenn die Änderung des Wertansatzes allein durch veränderte Verhältnisse bedingt ist,"[34] wohl kaum von einer Änderung der Bewertungsmethode i.S.d. § 284 Abs. 2 Nr. 3 HGB gesprochen werden kann.[35] Und zum anderen nimmt er eine inhaltliche Einschränkung des Begriffes "Bewertungsmethode" vor, die dazu führt, daß für ihn notwendige außerplanmäßige Abschreibungen bei Gegenständen des Anlagevermögens oder Abschreibungen bei Vermögensgegenständen des Umlaufvermögens grundsätzlich keinen Wechsel in der Bewertungsmethode darstellen.[36]

Für Clemm/Ellrott fallen unter die Berichtspflicht nach § 284 Abs. 2 Nr. 3 HGB vor allem die Abweichungen von den allgemeinen Bewertungsgrundsätzen des § 252 Abs. 1 HGB. Dabei betonen sie zwar ausdrücklich, daß sich die Angaben (lediglich) auf die Ausnahmefälle nach § 252 Abs. 2 HGB beziehen.[37] Da jedoch an anderer Stelle im Beck'schen Bilanz-Kommentar bei der Bestimmung des Begriffes "begründeter Ausnahmefall" die Abweichungen aufgrund zwingender gesetzlicher Vorschriften bzw. aufgrund gesetzlicher Wahlrechte mit einbezogen werden[38], stellt dies gegenüber den Ausführungen von Glade bereits eine Ausweitung des Begriffes "Bewertungsmethode" gemäß § 284 Abs. 2 Nr. 3 HGB dar.[39]

In eine ähnliche Richtung geht die Argumentation von Adler/Düring/ Schmaltz. Sie verlangen, daß Angaben nach § 284 Abs. 2 Nr. 3 HGB "nicht nur bei materiellen Abweichungen gegenüber dem Vorjahresabschluß, sondern

---

32) vgl. Biener, H./Berneke, W., a.a.O., S. 254

33) vgl. ebenda, S. 255

34) Glade, A.: "Rechnungslegung ...", a.a.O., S. 1627

35) Diese Meinung vertritt auch Csik, A.: "Anhang", in: Küting, K./Weber, C.-P.: Handbuch der Rechnungslegung, Stuttgart 1986, S. 1287- 1376, hier: S. 1314.

36) vgl. Glade, A.: "Rechnungslegung ...", a.a.O., S. 1625f.

37) vgl. Clemm, H./Ellrott, H.: "§§ 284-289 HGB", in: Beck Bil.-Komm.: Der Jahresabschluß nach Handels- und Steuerrecht, bearb. von Budde, W. D. u.a., München 1986, S. 1085-1196, hier: S. 1116

38) vgl. Budde, W.-D./Ihle, R., a.a.O., S. 408ff.

39) Denn bei Glade fallen die Abweichungen aufgrund zwingender gesetzlicher Vorschriften (z.B. außerplanmäßige Abschreibungen bei einer voraussichtlich dauernden Wertminderung im Anlagevermögen nach § 253 Abs. 2 Satz 3 HGB) nicht unter den Begriff "Bewertungsmethode" i.S.d. § 284 Abs. 2 Nr. 3 HGB. Sie ziehen deshalb für ihn auch keine Berichtspflichten nach sich; vgl. Glade, A.: "Rechnungslegung ...", a.a.O., S. 1625f.

auch bei Abweichungen von den insbesondere in § 252 Abs. 1 gesetzlich vor-geschriebenen Bewertungsgrundsätzen"[40] zu machen sind. Aber, und diese Einschränkung darf nicht übersehen werden, nach Adler/Düring/ Schmaltz ge-hören Änderungen der Verhältnisse, die der Bewertung zugrunde liegen, dann nicht zu den angabepflichtigen Sachverhalten, wenn sie keine Abweichung von bisher angewandten Bilanzierungs- und Bewertungsmethoden nach sich ziehen. Also wenn z.b. bei der Durchschnittsbewertung im Vorratsvermögen wegen gesunkener Preise am Bilanzstichtag eine Abschreibung nach § 253 Abs. 3 Satz 1 HGB (= strenges Niederstwertprinzip im Umlaufvermögen) vorgenommen werden muß, handelt es sich nach Adler/Düring/Schmaltz hierbei "nicht um eine angabepflichtige Methodenänderung."[41]

Im Vergleich zu den bisher untersuchten Literaturstellen fehlt bei Csik der Hinweis darauf, daß nach § 284 Abs. 2 Nr. 3 HGB grundsätzlich alle Abwei-chungen sowohl von Bilanzierungs- als auch von Bewertungsmethoden als be-richtspflichtig angesehen werden.[42] Seinen Ausführungen kann aber entnom-men werden, daß nur über Änderungen der Methoden, nicht aber über Ände-rungen der Verhältnisse zu berichten ist. Für ihn fallen deshalb "zwingende Abwertungen oder auch Neuschätzungen, die sich aus der Änderung der Ver-hältnisse ergeben oder aus neuen Erkenntnissen resultieren"[43], nicht unter die angabepflichtigen Methodenänderungen gemäß § 284 Abs. 2 Nr. 3 HGB. Als Beispiel für einen solchen Fall führt auch Csik das Niederstwertprinzip an, wo-bei seine Argumentation in die gleiche Richtung wie bei Adler/Düring/ Schmaltz weist.[44]

Eine Gegenüberstellung mit den Ausführungen zum Begriff "Methode" i.S.d. § 284 Abs. 2 Nr. 3 HGB an gleicher Stelle legt m.E. aber zumindest die Vermutung nahe, daß die Argumentation von Csik nicht konsequent durchge-halten wird. So beinhaltet für Csik der Begriff "Methode" nämlich jedes Ver-fahren, "das an bestimmte, für die Bewertung relevante Merkmale anknüpft und dazu dient, unter Beachtung der gesetzlichen Bestimmungen den Wertan-satz zu ermitteln."[45] Wenn aber diese Definition tatsächlich zugrunde gelegt

---

40) Adler, H./Düring, W./Schmaltz, K.: "Rechnungslegung ...", 5. Aufl., a.a.O., § 284 HGB Tz. 105, S. 40

41) ebenda, § 284 HGB Tz. 112, S. 42

42) vgl. Csik, A., a.a.O., S. 1314

43) ebenda

44) Wenn nämlich z.B. wegen geänderter Verhältnisse nicht die Anschaffungskosten eines Roh-stoffes (wie in Periode 1), sondern der niedrigere Stichtagspreis dieses Rohstoffes (in Pe-riode 2) zum Ansatz kommt, so haben sich für Csik zwar die Verhältnisse, nicht aber das dieser Bewertung zugrundeliegende Niederstwertprinzip (= Bewertungsmethode) geändert; vgl. Csik, A., a.a.O., S. 1314.

45) ebenda; vgl. auch Adler, H./Düring, W./Schmaltz, K.: "Rechnungslegung ...", 4.Aufl., a.a.O., § 160 AktG Tz. 52, S. 777

wird, dann ist m.E. nicht einzusehen, wieso eine Veränderung der Verhältnisse und eine damit verbundene Anwendung des Niederstwertprinzips bei Csik nicht zu einer Berichtspflicht nach § 284 Abs. 2 Nr. 3 HGB führt. Denn auch das Niederstwertprinzip bewirkt eine Veränderung des Wertansatzes, der unter Beachtung der gesetzlichen Bestimmungen zu ermitteln ist. Deshalb müßte die Anwendung des Niederstwertprinzips dann auch eine Abweichung von einer Bewertungsmethode im von Csik definierten Sinne darstellen.

In Übereinstimmung mit Biener/Berneke und im Gegensatz zu den übrigen hier aufgeführten Auffassungen steht für Förschle/Kropp eindeutig fest, daß die Berichtspflichten gemäß § 284 Abs. 2 Nr. 3 HGB nicht zwischen gesetzlich vorgeschriebenen, sachlich gebotenen oder ausnahmsweise (im Sinne von § 252 Abs. 2 HGB) zulässigen Abweichungen differenzieren. Für sie wird also grundsätzlich jede Abweichung von der bisher angewandten Bewertung von dieser Vorschrift erfaßt, gleichgültig auf welcher Ursache sie beruht.[46] Interessanterweise führen auch Förschle/Kropp in diesem Zusammenhang das Niederstwertprinzip als Beispiel an. Allerdings kommt bei ihnen kein Zweifel darüber auf, daß die Anwendung des Niederstwertprinzips eine Berichtspflicht gemäß § 284 Abs. 2 Nr. 3 HGB nach sich zieht. Dabei reicht es aber ihrer Auffassung nach gerade bei solchen gesetzlich zwingenden Bewertungsänderungen (wie z.B. jenen aufgrund des Niederstwertprinzips) aus, lediglich auf die Anwendung hinzuweisen, weil sich die Begründung in diesen speziellen Fällen bereits allein aus der Angabe der angewandten Methode nach § 284 Abs. 2 Nr. 1 HGB (also in diesem Fall: Abwertungen aufgrund des Niederstwertprinzips) ergeben dürfte.[47]

In bezug auf die betrachtete Art der Bewertungsänderung kann der Argumentation von Förschle/Kropp uneingeschränkt zugestimmt werden.[48] Ob aber alleine durch den Hinweis auf eine Bewertungsänderung die Anforderungen des § 284 Abs. 2 Nr. 3 HGB vollständig zu erfüllen sind, muß m.E. doch bezweifelt werden. In diesem Paragraphen heißt es nämlich ausdrücklich, daß Abweichungen von Bilanzierungs- und Bewertungsmethoden nicht nur angegeben und begründet werden müssen, sondern auch, daß deren Einfluß auf die Vermögens-, Finanz- und Ertragslage gesondert darzustellen ist. Gerade aber dieser bisher noch nicht angesprochene zusätzliche Aspekt des § 284 Abs. 2 Nr. 3 HGB findet bei Förschle/Kropp (zumindest) für die gesetzlich zwingenden Bewertungsänderungen keine Berücksichtigung.

Zusammenfassend läßt sich somit für die hier untersuchten Stellungnahmen festhalten, daß für den Begriff "Bewertungsmethode", wie er in § 284 Abs. 2

---

46)   vgl. Förschle, G./Kropp, M., a.a.O., S. 887

47)   vgl. ebenda, S. 887

48)   So kommt es bei der Anwendung des Niederstwertprinzips (zumindest im Umlaufvermögen) zwangsläufig zu einer Abwertung i.d.R. auf den niedrigeren Stichtagspreis.

Nr. 3 HGB zur Anwendung kommt, offensichtlich noch keine allgemein gültige Auslegung vorliegt. Trotzdem können die obigen Ausführungen als erster Anhaltspunkt dafür angesehen werden, in welche Richtung eine exakte Festlegung des Begriffes "Bewertungsmethode" gemäß § 284 Abs. 2 Nr. 3 HGB zu erfolgen hat. In der Tendenz sprechen sich nämlich alle Autoren (zumindest implizit) dafür aus, daß der zu klärende Begriff *weiter* als in § 252 Abs. 1 Nr. 6 HGB zu fassen ist.[49] Dieses Ergebnis spricht m.E. dafür, den Begriff "Bewertungsmethode" nach § 284 Abs. 2 Nr. 3 HGB für die vorliegende Arbeit in Anlehnung an Biener/Berneke und Förschle/Kropp tatsächlich sehr weit zu fassen. Dies hat dann aber zur Folge, daß durch diesen Paragraphen bzw. durch die damit verbundenen Angabe- und Begründungspflichten grundsätzlich über alle Abweichungen, die den Bilanzansatz, die Bewertung oder die Abschreibung dem Grunde oder der Höhe nach betreffen, zu berichten ist.[50]

Als zusätzliche Rechtfertigung für diese Auffassung soll noch auf einen weiteren Aspekt hingewiesen werden, der m.E. in der Vergangenheit zu wenig beachtet wurde. Der Jahresabschluß von Kapitalgesellschaften muß, wie bereits mehrfach erwähnt, in seiner Gesamtheit ein den tatsächlichen Verhältnissen entsprechendes Bild der Vermögens-, Finanz- und Ertragslage vermitteln. Auch wenn dabei der Hinweis auf die Grundsätze ordnungsmäßiger Buchführung eine gewisse Relativierung dieser tatsächlichen Verhältnisse bewirkt, beweisen gerade die Vorschriften der §§ 284-288 HGB, daß der Gesetzgeber dieses Ziel grundsätzlich doch verwirklicht sehen möchte. Allerdings hängt das Erreichen dieses Ziels in entscheidendem Umfang von der Auslegung des § 284 Abs. 2 Nr. 3 HGB ab. Denn nur durch eine weite Auslegung des Begriffes "Bewertungsmethode" bewirkt der § 284 Abs. 2 Nr. 3 HGB auch inhaltlich eine Verbesserung des Einblicks in die tatsächlichen Verhältnisse.

Um diese Aussage zu belegen, sollen in einem ersten Schritt die gesetzlichen Vorschriften für den Anhang genauer betrachtet werden. Dabei soll der Schwerpunkt im wesentlichen auf der Beantwortung der folgenden Frage liegen: In welchen Vorschriften für den Anhang verlangt der Gesetzgeber ausdrücklich, daß über Bewertungsabweichungen berichtet werden muß?

In diesem Zusammenhang dient die folgende Abbildung 6 dazu, einen Überblick darüber zu geben, welche möglichen Bewertungsabweichungen denn grundsätzlich zu beachten sind. Gleichzeitig stellen diese Abbildung 6 und die daran anschließenden Ausführungen die notwendige Ergänzung zu den bereits herausgearbeiteten möglichen Abweichungsfällen vom Grundsatz der Bewer-

---

49) Zur Bestätigung dieser Aussage kann zusätzlich darauf verwiesen werden, daß z.B. nach Adler/Düring/Schmaltz der Zweck des § 284 Abs. 2 Nr. 3 HGB u.a. darin zu sehen ist, daß Abweichungen vom gesetzlichen Regelfall aufgezeigt werden sollen und damit der externe Vergleich der Jahresabschlüsse erst ermöglicht wird; vgl. Adler, H./Düring, W./Schmaltz, K.: "Rechnungslegung ...", 5. Aufl., a.a.O., § 284 HGB Tz. 107, S. 40.

50) vgl. Biener, H./Berneke, W., a.a.O., S. 254; Förschle, G./Kropp, M., a.a.O., S. 887

tungsstetigkeit dar. Allerdings wird an dieser Stelle die isolierte Betrachtungsweise der Bewertungsstetigkeit aufgegeben, d.h., grundsätzlich alle sich aus
Bewertungsabweichnungen ergebenden Berichtspflichten werden betrachtet.[51]

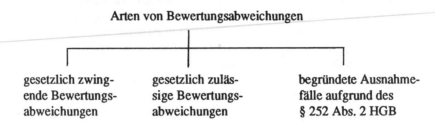

Abb. 6: Arten von Bewertungsabweichungen

Von den drei in Abb. 6 aufgeführten Arten von Bewertungsabweichungen
im Jahresabschluß von Kapitalgesellschaften kann zunächst nur der begründete
Ausnahmefall nach § 252 Abs. 2 HGB als eindeutig eingestuft werden.[52] Denn
gerade dieser Fall wird i.d.R. als Standardbeispiel für eine mögliche Abweichung von Bewertungsmethoden i.S.d. § 252 Abs. 2 HGB angeführt[53] und unterliegt somit in vollem Umfang der Angabe- und (eigentlich auch) der Begründungspflicht nach § 284 Abs. 2 Nr. 3 HGB.[54]
        In bezug auf die gesetzlich zulässigen Bwertungsabweichungen (zweiter
Ast in Abb. 6) kann zunächst festgestellt werden, daß der Gesetzgeber diesen
Fall (zumindest teilweise) durch *spezielle Angabepflichten* abgedeckt sehen
möchte. Als Beispiele können die vom Gesetzgeber ausdrücklich verlangten

---

51)   An dieser Stelle liegt der Schwerpunkt der Untersuchung im Gegensatz zu den Ausführun-
       gen auf den Seiten 61-67 nicht auf der Beantwortung der Frage, in welchen Fällen der Ge-
       setzgeber eine Abweichung von der Bewertungsstetigkeit vorsieht, sondern hier geht es
       darum, die grundsätzlich vorhandenen Berichtspflichten bei Bewertungsabweichungen dar-
       zustellen bzw. in bezug auf den Stellenwert im Vergleich zur Bewertungsstetigkeit zu beur-
       teilen.

52)   Dabei wird aber davon ausgegangen, daß an dieser Stelle auch tatsächlich nur begründete
       Ausnahmefälle betrachtet bzw. beachtet werden. Um es ganz deutlich zu machen: Die bei-
       den in Abb. 6 zuerst genannten Arten von Bewertungsabweichungen fallen nicht (mehr) in
       den durch § 252 Abs. 2 HGB abgedeckten Bereich der Abweichungen; vgl. hierzu S. 61ff. in
       dieser Arbeit.

53)   vgl. beispielsweise Adler, H./Düring, W./Schmaltz, K.: "Rechnungslegung ...", 5.Aufl.,
       a.a.O., § 284 HGB Tz. 105, S. 39f.

54)   Allerdings muß an dieser Stelle darauf aufmerksam gemacht werden, daß bei einigen in der
       Literatur zahlreich vorhandenen Ausnahmekatalogen, die der § 252 Abs. 2 HGB nach sich
       gezogen hat, sowohl gesetzlich zwingende als auch gesetzlich zulässige Bewertungsabwei-
       chungen mit enthalten sind; vgl. z.B. Clemm, H./ Ellrott, H., a.a.O, S. 1117.

Angaben über die Ausnutzung außerplanmäßiger Abschreibung nach § 253 Abs. 2 Satz 3 HGB[55)] und § 253 Abs. 3 Satz 3 HGB[56)], die Vornahme steuerlicher Abschreibungen nach § 254 i.V.m. § 279 Abs. 2 HGB[57)] sowie die Ausübung des Wertaufholungsgebotes nach § 281 Abs. 2 HGB[58)] aufgeführt werden.

Allerdings muß gleichzeitig darauf hingewiesen werden, daß die hier und im Gesetzestext genannten Fälle keine vollständige Aufzählung der gesetzlich zulässigen Bewertungsabweichungen darstellen. So existieren z.B. im Gesetzestext *keine* speziellen Berichtspflichten für die erstmalige Inanspruchnahme der Gruppenbewertung, der Festbewertung und der verschiedenen Verbrauchs- und Veräußerungsfolgeverfahren. Aber auch die Wertansatzwahlrechte der zweiten Ebene in ihrer Gesamtheit (vgl. hierzu Abb. 5 auf S. 36f.) fallen in diesen Bereich. Über diese, ebenfalls gesetzlich zulässigen Bewertungsabweichungen, muß aber trotzdem berichtet werden. Sie stellen nämlich einen *weiteren* Anwendungsbereich des § 284 Abs. 2 Nr. 3 HGB dar.

Die gesetzlich zulässigen Bewertungsabweichungen bzw. deren wahlweise Ausnutzung werden somit erst durch die Anhanginformationen (und erst hierdurch) nachvollziehbar.[59)] Dieser Sachverhalt betont deshalb ein erstes Mal die gegenüber der Publizität von Bewertungsabweichungen untergeordnete Bedeutung der Bewertungsstetigkeit im Jahresabschluß von Kapitalgesellschaften, da auch bei Beachtung der Bewertungsstetigkeit die oben aufgeführten Bewertungsabweichungen nicht unterbleiben.

Für die gesetzlich zwingenden Bewertungsabweichungen (erster Ast in Abb. 6) kann als gemeinsames Merkmal herausgearbeitet werden, daß es sich bei ihnen vor allem um solche Abweichungen handelt, die aufgrund einer Über- bzw. Unterordnung zwischen einzelnen Bewertungsprinzipien zustandekommen. Für diesen Bereich kann z.B. auf die Ausführungen zum Verhältnis der Bewertungsstetigkeit zum allgemeinen Vorsichtsprinzip verwiesen werden.[60)] Aber auch das strenge Niederstwertprinzip im Umlaufvermögen muß an dieser Stelle nochmals genannt werden.

Bewertungsabweichungen dieser Art können in erheblichem Umfang die Wertansätze von Jahr zu Jahr beeinflussen und besitzen deshalb einen nicht zu unterschätzenden Einfluß auf die Vermögens-, Finanz- und Ertragslage eines

---

55) vgl. § 277 Abs. 3 Satz 1 HGB

56) vgl. § 277 Abs. 3 Satz 1 HGB

57) vgl. § 281 Abs. 2 HGB

58) vgl. § 280 Abs. 3 HGB

59) Dabei muß nocheinmal hervorgehoben werden, daß diese Nachvollziehbarkeit nur durch das Zusammenspiel von speziellen Angabepflichten und der (mehr generellen) Angabepflicht des § 284 Abs. 2 Nr. 3 HGB erreicht wird.

60) vgl. die S. 138ff. dieser Arbeit.

Unternehmens. Durch die weite Fassung des Begriffes "Bewertungsmethode" fallen diese Bewertungsabweichungen eindeutig in den Wirkungsbereich des § 284 Abs. 2 Nr. 3 HGB und unterliegen somit der dort geforderten Angabe- und Begründungspflicht.

Damit zeigt sich an dieser Stelle jedoch ein weiteres Mal, daß der Bewertungsstetigkeit im Vergleich zur Publizität von Bewertungsabweichungen - und zwar unabhängig von der Begründung für die anfallenden Berichtspflichten[61] - eine geringere Bedeutung zukommt. Oder, um es für den § 284 Abs. 2 Nr. 3 HGB positiv zu formulieren, mit der dort geforderten Angabe- und Begründungspflicht wird dem gesetzlichen Jahresabschlußadressaten (aber auch den anderen Jahresabschlußinteressenten) im Idealfall ein umfassendes Informationsinstrument an die Hand gegeben.[62]

Auf der Grundlage der obigen Ergebnisse läßt sich der Stellenwert der Bewertungsstetigkeit bei Kapitalgesellschaften abschließend wie folgt beurteilen:

Erstens stellt die Bewertungsstetigkeit für Kapitalgesellschaften - wie auch bei den Nichtkapitalgesellschaften - ein Instrument zur Objektivierung des Jahresabschlusses dar. Es muß sogar darauf hingewiesen werden, daß durch das Verbot von Abschreibungen gemäß § 253 Abs. 4 HGB die Objektivierungswirkung der Bewertungsstetigkeit bei Kapitalgesellschaften grundsätzlich noch verstärkt wird. Trotzdem darf an dieser Stelle auch für Kapitalgesellschaften nicht übersehen werden, daß zum einen durch den eingeschränkten Gültigkeitsbereich der Bewertungsstetigkeit (siehe dazu Kapitel B) und zum anderen durch das Verhältnis von Bewertungsstetigkeit zum allgemeinen Vorsichtsprinzip diese Objektivierungsbemühungen in einem nicht unerheblichen Umfang von vornherein eine Relativierung erfahren.

Zweitens bewirkt die Angabe- und Begründungspflicht gemäß § 284 Abs. 2 Nr. 3 HGB, daß Bewertungsabweichungen aufgrund von "begründeten Ausnahmefällen" im Anhang von Kapitalgesellschaften nachvollziehbar werden. Dieser Sachverhalt kann zunächst als zentrales Argument dafür hervorgehoben werden, daß die Frage nach der Bedeutung der Bewertungsstetigkeit rechts-

---

61)   Dabei sei an dieser Stelle nochmals darauf hingewiesen, daß in der vorliegenden Arbeit nicht der Weg über den § 264 Abs. 2 Satz 2 HGB, sondern über die weite Fassung des Begriffes "Bewertungsmethode" gewählt wurde.

62)   Die Beschränkung auf den Idealfall erscheint deshalb angebracht, weil sowohl die Angaben gemäß § 264 Abs. 2 Satz 2 HGB als auch die Angabe- und Begründungspflichten des § 284 Abs. 2 Nr. 3 HGB in den Jahresabschlüssen nach neuem Recht i.d.R. (sehr) dürftig ausfallen. So stellte die Treuarbeit bei einer Untersuchung von insgesamt 100 großen Kapitalgesellschaften für das Jahr 1988 fest, daß eine unter den § 264 Abs. 2 Satz 2 HGB fallende Angabe nicht zu verzeichnen war. Und auch bei den Auswertungen zum § 284 Abs. 2 Nr. 3 HGB zeigte sich, daß, wenn überhaupt, nur der begründete Ausnahmefall gemäß § 252 Abs. 2 HGB eine entsprechende Angabe im Anhang nach sich zog; vgl. Treuarbeit (Hrsg.): "Jahres- und Konzernabschlüsse '88: Ergebnisse einer Untersuchung von 100 großen Kapitalgesellschaften und Konzernen", Düsseldorf 1990, S. 83 Tz. 159-161 und S. 103 Tz. 217f.

formabhängig zu beantworten ist. Denn die Publizitätspflicht nach § 284 Abs. 2 Nr. 3 HGB beinhaltet u.a. für Kapitalgesellschaften, daß der Informationsgehalt des (gesamten) Jahresabschlusses durch die Einführung der Bewertungsstetigkeit tatsächlich eine qualitative Verbesserung erfährt.

Als letzte und vielleicht gravierendste Konsequenz muß drittens festgestellt werden, daß durch den Anhang, der mit der Bestände-Bilanz und der Gewinnund Verlust-Rechnung eine Einheit bildet, der Stellenwert der Bewertungsstetigkeit für Kapitalgesellschaften innerhalb der gesamten Bewertungskonzeption des HGB von 1985 geringer wird. Im Anhang müssen nämlich, wie gezeigt werden konnte, grundsätzlich alle Arten von Bewertungsabweichungen aufgeführt werden (vgl. hierzu Abb. 6). Allerdings, und damit wird die Gewichtung zwischen dem Grundsatz der Bewertungsstetigkeit und dem Grundsatz der Publizität von Stetigkeitsabweichungen verdeutlicht, weisen die Angabe- und Begründungspflichten eindeutig darauf hin, daß diese Aufgabe nicht allein durch die Angabepflichten gemäß § 252 Abs. 1 Nr. 6 i.V.m. § 252 Abs. 2 HGB bewältigt werden kann, sondern daß dazu zusätzliche Angaben im Anhang notwendig sind. Erst durch diese zusätzlichen Informationspflichten für den Anhang, und dort speziell mit jener des § 284 Abs. 2 Nr. 3 HGB, können die verschiedenen Informationsdefizite, die sich aufgrund des eingeschränkten Gültigkeitsbereich der Bewertungsstetigkeit ergeben, aufgehoben werden. Die Bewertungsstetigkeit stellt somit auch für Kapitalgesellschaften m.E. nur ein untergeordnetes Instrument zur Verbesserung des Informationsgehaltes von Jahresabschlüssen dar. Untergeordnet deshalb, weil erst durch die weiteren Berichtpflichten im Anhang (und dort im wesentlichen durch die Angabe- und Begründungspflicht von Bewertungsabweichungen) ein vollständiges, i.S.v abgerundetes Bild der Vermögens-, Finanz- und Ertragslage vermittelt werden kann.

III. Auswirkungen des handelsrechtlichen Grundsatzes der Bewertungsstetigkeit auf die steuerrechtliche Gewinnermittlung

Mit der Kodifizierung des Grundsatzes der Bewertungsstetigkeit im Handelsrecht stellt sich beinahe zwangsläufig die Frage, ob dieser Bewertungsgrundsatz auch für die Bewertung in der Steuerbilanz zur Anwendung kommt. Es gilt deshalb zu untersuchen, ob und ggf. inwieweit die Rechtsfolgen der handelsrechtlichen Bewertungsstetigkeit auf das Steuerrecht durchschlagen.

Dabei kann zum Einstieg zunächst auf die Ausführungen zur "Theorie des Jahresabschlusses im Rechtssinne" zurückgegriffen werden.[1] Vor allem ein Aspekt, der dort herausgearbeitet wurde, muß an dieser Stelle wieder aufgegriffen werden. Das Steuerrecht bindet nämlich, wie gezeigt werden konnte, den Gewerbetreibenden auf Grund gesetzlicher Vorschriften an das Handelsrecht. Dieser auch als Maßgeblichkeitsprinzip bezeichnete Zusammenhang zwischen Handelsbilanz und Steuerbilanz kommt in § 5 Abs. 1 Satz 1 EStG zum Ausdruck:

"Bei Gewerbetreibenden, die auf Grund gesetzlicher Vorschriften verpflichtet sind, Bücher zu führen und regelmäßig Abschlüsse zu machen, oder die ohne eine solche Verpflichtung Bücher führen und regelmäßig Abschlüsse machen, ist für den Schluß des Wirtschaftsjahres das Betriebsvermögen anzusetzen (§ 4 Abs. 1 Satz 1), das nach den handelsrechtlichen Grundsätzen ordnungsmäßiger Buchführung auszuweisen ist."

Im weiteren soll davon ausgegangen werden[2], daß die Maßgeblichkeit handelsrechtlicher Grundsätze ordnungsmäßiger Buchführung gemäß § 5 Abs. 1 Satz 1 EStG "immer dort Platz greift, d.h. nicht begrenzt wird, wo das Steuergesetz das Handelsrecht nicht ausdrücklich außer Kraft setzt."[3] Diese grund-

---

1) vgl. hierzu insbesondere S. 118-119 in dieser Arbeit.

2) Dabei muß allerdings darauf hingewiesen werden, daß die hier gewählte Interpretation des Maßgeblichkeitsprinzips nicht unumstritten ist. So wird das Verhältnis von § 5 Abs. 1 Satz 1 EStG und §§ 6ff. EStG z.B. auch in der Weise interpretiert, daß das Steuerrecht die Bewertungsfragen autonom regelt, die Bewertung mithin losgelöst von der handelsrechtlichen Bewertung zu erfolgen hat. In der Konsequenz würde dies bedeuten, daß auch der Grundsatz der Bewertungsstetigkeit nicht von § 5 Abs. 1 Satz 1 EStG erfaßt wäre; vgl. z.B. Groh, M.: "Das werdende Bilanzrecht in steuerlicher Sicht", in: DB 1985, S. 1849-1851, hier: S. 1850; Schneeloch, D.: "Bilanzrichtlinien-Gesetz und Besteuerung" (im folgenden zitiert als: "Bilanzrichtlinien-Gesetz ..."), in: WPg 1985, S. 565-574, hier: S. 570

3) Tipke, K., a.a.O., S. 282

sätzliche Regelung[4] deutet bereits darauf hin, daß der Maßgeblichkeitsgrundsatz in engem Zusammenhang mit dem sog. Bewertungsvorbehalt des § 5 Abs. 6 EStG zu sehen ist.[5] Diese Vorschrift beinhaltet nämlich u.a., daß die steuerrechtlichen Spezialnormen über die Bewertung und die Absetzung für Abnutzung zu beachten sind.

Trotz dieser grundsätzlichen Beschränkung des Maßgeblichkeitsprinzips durch den Bewertungsvorbehalt kann aber als erstes Ergebnis festgehalten werden, daß über den § 5 Abs. 1 Satz 1 EStG auch bei der steuerlichen Gewinnermittlung zumindest dem Grundsatz nach die Bewertungsstetigkeit zu beachten ist.[6] Von dieser Vorstellung ist offenbar auch der Rechtsausschuß des deutschen Bundestages ausgegangen, wenn er zu den §§ 252-256 HGB (Bewertungsvorschriften) ausführt: "Dieser Titel enthält die von allen Kaufleuten zu beachtenden Bewertungsvorschriften. Sie sind wegen des Grundsatzes der Maßgeblichkeit der Handelsbilanz auch bei der steuerrechtlichen Gewinnermittlung zu beachten, soweit das Steuerrecht keine abweichenden Regelungen enthält."[7]

In diesem Zusammenhang ist zum einen darauf hinzuweisen, daß der Grundsatz der Bewertungsstetigkeit steuerrechtlich keine weiterreichenden Konsequenzen haben kann als handelsrechtlich. In allen Fällen also, in denen die Bewertungsstetigkeit handelsrechtlich nicht zur Anwendung kommt (z.B. für die Wertansatzwahlrechte der zweiten Ebene oder für ungleichartige Vermögensgegenstände oder Schulden), ist er somit von vornherein auch steuerlich nicht zu beachten.[8] Weiterhin gilt natürlich auch für das Steuerrecht, daß die möglichen Bewertungsabweichungen vom Stetigkeitsgebot (z.B. nach § 252 Abs. 2 HGB) zur Anwendung kommen können. Durch diese sich aus dem Handelsrecht heraus ergebenden Einschränkungen des Wirkungsbereiches der Bewertungsstetigkeit resultiert eine erste (zwangsläufige) Relativierung des Stellenwertes des § 252 Abs. 1 Nr. 6 HGB für die steuerrechtliche Gewinnermittlung.[9]

Und zum anderen - und dieser Hinweis stellt eine Grundvoraussetzung für die weiteren Überlegungen dar - findet sich an keiner Stelle des Einkommen-

---

4) Hilke spricht in diesem Zusammenhang deshalb von der sog. "derivativen" Steuerbilanz; vgl. Hilke, W.: "Kurzlehrbuch Bilanzpolitik", a.a.O., S. 13.

5) vgl. Claussen, C.P./Korth, H.-M., a.a.O., S. 925

6) Diese Auffassung vertritt z.B. Hafner und auch Tipke führt die Bewertungsstetigkeit u.a. als Beispiel für das Maßgeblichkeitsprinzip an; vgl. Hafner, R., a.a.O., S. 599; Tipke, K., a.a.O., S. 279

7) BT-Drucksache 10/4268 vom 18.11.1985, S. 99

8) Dieselbe Auffassung vertritt z.B. Schneeloch, D.: "Bewertungsstetigkeit ...", a.a.O., S. 441.

9) vgl. hierzu auch die Ausführungen in Kapitel B i.V.m. Kapitel D, insbesondere S. 16-57 und S. 138-151.

steuergesetzes eine Vorschrift, welche die Geltung des Grundsatzes der Bewertungsstetigkeit für die steuerliche Gewinnermittlung ausdrücklich untersagt.

Neben diesen mehr allgemeinen Ergebnissen ist nunmehr in bezug auf die steuerrechtlichen Bewertungsvorschriften, die über den Bewertungsvorbehalt des § 5 Abs. 6 EStG (vorrangig) zu beachten sind, grundsätzlich danach zu unterscheiden, ob es sich bei ihnen um steuerrechtliche Begünstigungsvorschriften oder um auch im Steuerrecht vorhandene Ermessensentscheidungen des Bewertenden handelt.

Bei den zunächst zu untersuchenden steuerrechtlichen *Begünstigungsvorschriften* (i.d.R. handelt es sich dabei um steuerrechtliche Bewertungswahlrechte) kann dann nochmals eine Untergliederung vorgenommen werden. Es gibt nämlich zum einen deckungsgleiche und zum anderen deckungsungleiche Wahlrechte. Dabei beziehen sich die Begriffe "deckungsgleich" und "deckungsungleich" in diesem Zusammenhang auf das Verhältnis von handelsrechtlichen zu steuerrechtlichen Vorschriften.[10]

Für *deckungsgleiche* Wahlrechte (also z.B. im Bereich der Methodenfreiheit bei planmäßigen Abschreibungen) muß davon ausgegangen werden, daß die Maßgeblichkeit der Handelsbilanz für die Steuerbilanz i.d.R. zum Tragen kommt[11] und, damit eng verknüpft, die Bewertungsstetigkeit auch im Steuerrecht zu beachten ist.

Für *deckungsungleiche* Wahlrechte (also z.B. für den ganzen Bereich der Sonderabschreibungen) kann zunächst festgehalten werden, daß sie den Steuerpflichtigen in die Lage versetzen sollen, durch steuerbilanzpolitische Maßnahmen (die nur das Steuerrecht gestattet) seine aktuellen und/oder zukünftigen Steuerzahlungen zu verringern. Dem Sinn und Zweck einer derartigen Steuervergünstigung würde es m.E. völlig zuwiderlaufen, wenn der Steuerpflichtige nach einer einmaligen Anwendung eines bestimmten steuerlichen Wahlrechtes dazu gezwungen wäre, dieses Wahlrecht (von nun an) immer anzuwenden.

Zusätzlich spricht auch das Maßgeblichkeitsprinzip gegen eine solche Vorgehensweise. Denn, wie gezeigt werden konnte, fallen die (deckungsungleichen) steuerrechtlichen Wahlrechte (schon) im Handelsrecht nicht in den Wirkungsbereich der Bewertungsstetigkeit. Dies hat aber (zwangsläufig) zur Konsequenz, daß aufgrund des Maßgeblichkeitsprinzips der Handelsbilanz für die

---

10)   Diese Unterscheidung wird von Claussen/Korth benutzt und soll für die vorliegende Arbeit übernommen werden; vgl. Claussen, C.P./Korth, H.-M., a.a.O., S. 926.

11)   Eine Ausnahme müßte z.B. bei der geometrisch-degressiven Abschreibung darin gesehen werden, daß im Steuerrecht die Abschreibung höchstens das 3-fache des linearen Satzes betragen bzw. 30 % nicht übersteigen darf.

Steuerbilanz, die Bewertungsstetigkeit in diesem Bereich der steuerlichen Begünstigungsvorschriften ebenfalls nicht zur Anwendung kommt.[12]

Der obigen Aufgliederung der steuerlichen Vorschriften folgend, ist nun
noch der Frage nachzugehen, ob die Bewertungsstetigkeit im Bereich der auch
im Steuerrecht vorhandenen *Ermessensentscheidungen* zur Anwendung kommt
oder nicht. Zur Beantwortung dieser Frage sollen die Herstellungskosten als
Beispiel herangezogen werden.

Die bei der Ermittlung der steuerlichen Herstellungskosten nach Abschn. 33
EStR bestehenden Bewertungsspielräume basieren nämlich nicht auf in Steuer-
gesetzen ausdrücklich eingeräumten Wahlrechten.[13] Diese Spielräume beruhen
vielmehr darauf, "daß der Begriffsinhalt der steuerlichen Herstellungskosten
nicht gesetzlich bestimmt ist, und Rechtsprechung und Verwaltungspraxis dem
Steuerpflichtigen Ermessensspielräume bei Festlegung des Begriffsinhalts eingeräumt haben."[14]

Somit unterscheiden sich diese Spielräume hinsichtlich ihrer rechtlichen
Qualität in doch erheblichem Ausmaß von den bisher betrachteten Bewertungsvorschriften des Steuerrechts.[15] Es handelt sich bei ihnen weder um steuerrechtliche Wahlrechte i.S.d. § 5 Abs. 1 Satz 2 EStG noch können sie als steuerrechtliche Spezialnormen interpretiert werden, für die der Bewertungsvorbehalt (und damit eng verbunden die umgekehrte Maßgeblichkeit) zur Anwendung kommt. Dies bedeutet aber m.E., daß an dieser Stelle wiederum die Maßgeblichkeit der Handelsbilanz für die Steuerbilanz zu beachten ist und der
Grundsatz der Bewertungsstetigkeit für die im Steuerrecht vorhandenen Ermessensentscheidungen grundsätzlich zum Tragen kommt.[16]

Bevor dieser (sicher nur) grobe Abriß der Auswirkungen des handelsrechtlichen Grundsatzes der Bewertungsstetigkeit auf die Steuerbilanz abgeschlos-

---

12) Diese Auffassung kann zusätzlich noch dadurch untermauert werden, daß im Verlaufe der
Beratungen zur Transformation der Vierten EG-Richtlinie in nationales Recht wiederholt
betont wurde, daß die Umsetzung der Richtlinie steuerneutral zu erfolgen habe; vgl. Biener,
H./Berneke, W., a.a.O., S. 2, 7 und 22.

13) Gleichzeitig fallen diese Bewertungsspielräume auch nicht unter die Vorschrift des § 5 Abs.
1 Satz 2 EStG, die zum Abschluß in diesem Gliederungspunkt noch betrachtet wird.

14) Schneeloch, D.: "Herstellungskosten in Handels- und Steuerbilanz" (im folgenden zitiert als:
"Herstellungskosten ..."), DB 1989, S. 285-292, hier: S. 292

15) Diese Aussage ist unabhängig davon, ob es sich um deckungsgleiche oder deckungsungleich-
che Bewertungswahlrechte handelt.

16) Eine mögliche Ausnahme ist z.B. darin zu sehen, daß für die Herstellungskosten nach Handelsrecht die Wertuntergrenze deutlich unter derjenigen nach Abschn. 33 EStR liegt. Für
derartig gelagerte Fälle, die eine Durchbrechung der Maßgeblichkeit nach sich ziehen, kann
dann nur noch gefordert werden, daß die einmal gewählte Bewertungsmethode getrennt nach
Steuer- und Handelsrecht beizubehalten ist.

sen wird, sollen an dieser Stelle noch zwei weitere Aspekte (zumindest kurz) aufgegriffen werden.

Zum einen muß mindestens darüber nachgedacht werden, ob durch die aufgezeigten Wirkungsbereiche der Bewertungsstetigkeit nicht auch im Steuerrecht das objektübergreifende Bezugsobjekt der Bewertungsstetigkeit zur Anwendung kommt. Bisher wird in der Steuerbilanzpolitik noch davon ausgegangen, daß lediglich das Willkürverbot bei der Bewertung zu beachten ist.[17]

Und zum anderen ist durch das Steuerreformgesetz 1990 der § 5 Abs. 1 EStG um einen bereits erwähnten Satz 2 ergänzt worden. Dieser Satz 2 lautet: "Steuerrechtliche Wahlrechte bei der Gewinnermittlung sind in Übereinstimmung mit der handelsrechtlichen Jahresbilanz auszuüben." Der Gesetzgeber hat somit eine umfassende umgekehrte Maßgeblichkeit kodifiziert. Diese Neuregelung hat zur Konsequenz, daß auch solche (steuerrechtlichen) Wahlrechte in der Handelsbilanz ausgeübt werden dürfen, die nach dem Normengefüge des Handelsrechts allein handelsbilanziell unzulässig wären. Dies hat aber in bezug auf die Bewertungsstetigkeit im Handelsrecht wiederum zur Folge, daß weitere Abweichungen von der Bewertungsstetigkeit eintreten werden. Die Konsequenz wird sein, daß der Grundsatz der Bewertungsstetigkeit in der Handelsbilanz durch das Steuerrecht weiter an Bedeutung verlieren wird.

---

17) vgl. hierzu z.B. Herrmann/Heuer/Raupach, a.a.O., § 6 Tz. 92 m.w.N.

E. Ergebniszusammenfassung

Ziel der vorliegenden Arbeit war es, den Stellenwert der Bewertungsstetigkeit für die Bilanzierung eingehend zu analysieren und zu beurteilen. Die Untersuchung führte dabei insbesondere zu folgenden Ergebnissen:

(1) Für die Bestimmung des Begriffes "Bewertungsmethode" reicht es nicht aus, nur eine Definition zu formulieren. Vielmehr müssen daneben auch die Schrittfolge und die konstitutiven Merkmale einer Bewertungsmethode beachtet werden. Nur mit einer auf diesem Weg ermittelten "Basis-Auslegung" kann die Frage beantwortet werden, ob in einer konkreten Bewertungssituation überhaupt eine nach § 252 Abs. 1 Nr. 6 HGB zu beachtende Bewertungsmethode vorliegt.

(2) Neben der Gültigkeit der Bewertungsstetigkeit für dieselben Bewertungsobjekte ist auch die Beibehaltung von Bewertungsmethoden für gleiche und gleichartige Vermögensgegenstände und Schulden zu fordern. In diesem Sinne muß die Forderung nach der Bewertungsstetigkeit als objektübergreifend verstanden werden.

(3) Die Ausübung von Bilanzierungswahlrechten wird durch den Grundsatz der Bewertungsstetigkeit nicht eingeschränkt.

(4) Nur für die Wertansatzwahlrechte der ersten Ebene erfolgt durch die Bewertungsstetigkeit eine wesentliche Einschränkung. Zum einen darf der Bilanzierende nur für die erste Inanspruchnahme dieser Wertansatzwahlrechte noch frei über die Höhe der zu wählenden Bewertungsmethode entscheiden. Damit kann bei unveränderten Verhältnissen für die Folgejahre auch in bezug auf den sachlichen Geltungsbereich von einer Gültigkeit der Bewertungsstetigkeit gesprochen werden. Zum anderen ist i.d.R. die zum Zeitpunkt 01 gewählte Bewertungsmethode zusätzlich auch auf die zum selben Zeitpunkt vorhandenen gleichen und gleichartigen Bewertungsgegenstände bzw. Bewertungsgruppen zu übertragen.

(5) Abschließend muß hinsichtlich der Sachkomponente der Bewertungsstetigkeit noch daran erinnert werden, daß sowohl für die Methodenfreiheit bei den planmäßigen Abschreibungen im abnutzbaren Anlagevermögen als auch für die Bewertungsvereinfachungsverfahren in ihrer Gesamtheit das Stetigkeitsgebot gemäß § 252 Abs. 1 Nr. 6 HGB grundsätzlich gilt.

(6) Zur Zeitkomponente des Grundsatzes der Bewertungsstetigkeit muß festgestellt werden, daß der § 252 Abs. 1 Nr. 6 HGB eine weite Auslegung der zeitlichen Dimension der Bewertungsstetigkeit (= mehr als zwei unmittelbar aufeinanderfolgende Jahresabschlüsse) durchaus zuläßt.

(7) Aufbauend auf dieser Interpretation der Zeitkomponente des § 252 Abs. 1 Nr. 6 HGB ergeben sich für den (zeitlichen) Wirkungsbereich der Bewertungsstetigkeit folgende Konsequenzen:

Sowohl für dieselben als auch für die gleichen und gleichartigen Vermögensgegenstände und Schulden gilt, daß sie bei unveränderten Wertverhältnissen von Jahr zu Jahr nach den gleichen Bewertungsmethoden zu bewerten sind.

Die Wertansatzwahlrechte der ersten Ebene werden für die Folgejahre zu Wertansatzgeboten umfunktioniert.

Für die Methodenwahlrechte schließlich gilt, daß die Bewertungsstetigkeit sie dauerhaft an die erstmalige Festlegung bindet.

(8) Bei den Abweichungen vom Grundsatz der Bewertungsstetigkeit sind grundsätzlich drei Fälle zu unterscheiden. Neben der in § 252 Abs. 2 HGB (nur noch) genannten Abweichungsmöglichkeit aufgrund begründeter Ausnahmefälle sind auch gesetzlich zwingende und gesetzlich zulässige Abweichungen von der Bewertungsstetigkeit zu beachten.

(9) Die für eine Gesamtbeurteilung der Bewertungsstetigkeit notwendigen bilanztheoretischen Grundlagen beruhen im wesentlichen auf dem Versuch, durch eine "Theorie des Jahresabschlusses im Rechtssinne" die gesetzlichen Jahresabschlußzwecke zu konkretisieren.

(10) Die gesetzlichen Jahresabschlußzwecke, die für die Handelsbilanz in der Gewinnermittlung und der Informationsvermittlung und für die Steuerbilanz in der Gewinnermittlung zu sehen sind, werden weder vom Gesetzgeber noch durch die Rechtsprechung inhaltlich konkretisiert. Und auch den Kommentierungen der Gesetzestexte lassen sich keine auf dem Willen des Gesetzgebers beruhenden Konkretisierungsvorschläge entnehmen.

(11) Auf der Grundlage der Informationsinteressen der als schutzwürdig angesehenen Jahresabschlußadressaten und unter Beachtung und Einhaltung der gesetzlichen Bestimmungen des HGB 1985 lassen sich die gesetzlichen Jahresabschlußzwecke wie folgt konkretisieren:

Der handelsrechtlichen Gewinnermittlung kommt unabhängig von der Rechtsform die Aufgabe der Ausschüttungsbemessung zu. Diese Gewinnkonzeption liegt mit gewissen Abweichungen auch der steuerrechtlichen Gewinnermittlung zugrunde.

Die handelsrechtliche Informationsvermittlungsfunktion des Jahresabschlusses ist zweigeteilt: Für Nichtkapitalgesellschaften ist sie auf die Selbstinformation der Eigentümer bzw. Anteilseigner in bezug auf die Schuldendeckungsfähigkeit und die aktuellen Entnahmemöglichkeiten ausgerichtet.

Für Kapitalgesellschaften gewährt der (erweiterte) Jahresabschluß i.V.m. dem Lagebericht darüber hinaus noch zusätzliche Informationen, so daß die Summe der gegebenen Anhaltspunkte eine - im Vergleich zu den Nichtkapitalgesellschaften - bessere Beurteilung der relativen Unternehmensentwicklung ermöglicht.

(12) Durch die Konkretisierung der gesetzlichen Jahresabschlußzwecke kann zusätzlich gezeigt werden, daß die Gewinnermittlungsfunktion den primären Zweck des handelsrechtlichen Jahresabschlusses darstellt.

(13) Der Grundsatz der Bewertungsstetigkeit nimmt innerhalb der Theorie des Jahresabschlusses im Rechtssinne keine dominierende Stellung ein. Zwar bewirkt die Bewertungsstetigkeit als Objektivierungsprinzip, daß (im Idealfall) manipulative Bewertungsänderungen verhindert werden, aber aufgrund der Primärorientierung des Gesetzes (und der gesetzlichen Jahresabschlußzwecke) an einer vorsichtigen Gewinnermittlung, besitzt die Vorschrift des § 252 Abs. 1 Nr. 6 HGB lediglich eine Ergänzungsfunktion.

(14) Die Beziehungen zwischen der Bewertungsstetigkeit und anderen allgemeinen Bewertungsgrundsätzen können folgendermaßen charakterisiert werden:
- Die Bewertungsstetigkeit erschöpft sich nicht im Willkürverbot, sondern muß aufgrund der zeitlich (wie auch sachlich) unterschiedlichen Dimension als die restriktivere Vorschrift angesehen werden.
- Die Bewertungseinheitlichkeit kann als notwendiger Bestandteil des Grundsatzes der Bewertungsstetigkeit bezeichnet werden, da die Bewertungsstetigkeit durch ihren objektübergreifenden Wirkungsbereich die vom Grundsatz der Einheitlichkeit geforderte Art der Bewertung bereits beinhaltet.
- Die Bewertungsstetigkeit und das Prinzip der Einzelbewertung weisen keine Berührungspunkte auf.
- Zwischen dem Realisationsprinzip und dem Grundsatz der Bewertungsstetigkeit besteht kein Konkurrenzverhältnis.
- Auch das Imparitätsprinzip steht in keinem Konflikt zum Grundsatz der Bewertungsstetigkeit.
- Durch das allgemeine Vorsichtsprinzip wird das Gebot nach einer Beibehaltung der Bewertungsmethoden in zeitlicher Hinsicht unter gewissen Voraussetzungen aufgehoben.

(15) Bei Nichtkapitalgesellschaften schlägt sich das vorhandene Objektivierungspotential der Bewertungsstetigkeit, wenn überhaupt, nur in sehr geringem Ausmaß in einer Verbesserung der Informationsqualität nieder.

(16) Für Kapitalgesellschaften gilt, daß die Bewertungsstetigkeit den Informationsgehalt des Jahresabschlusses tendenziell verbessert. Allerdings stellt die Bewertungsstetigkeit auch bei Kapitalgesellschaften nur ein untergeordnetes Instrument zur Verbesserung der Informationsqualität dar.

(17) In zweifacher Hinsicht ergeben sich auch bei der steuerrechtlichen Gewinnermittlung Auswirkungen durch den handelsrechtlichen Grundsatz der Bewertungsstetigkeit. So muß für deckungsgleiche Wahlrechte und im Bereich der auch im Steuerrecht vorhandenen Ermessensentscheidungen davon ausgegangen werden, daß der Grundsatz der Bewertungsstetigkeit zu beachten ist.

Abbildungsverzeichnis

Tabellenverzeichnis

Abkürzungsverzeichnis

a.A.	=	anderer Auffassung
a.a.O.	=	am angeführten Ort
a.F.	=	alte Fassung
Abs.	=	Absatz
Abschn.	=	Abschnitt
AktG	=	Aktiengesetz
Anm.	=	Anmerkung
AO	=	Abgabenordnung
Art.	=	Artikel
Aufl.	=	Auflage
BB	=	Betriebs-Berater
Bd.	=	Band
BFH	=	Bundesfinanzhof
BFHE	=	Sammlung der Entscheidungen des Bundesfinanzhofs
BFuP	=	Betriebswirtschaftliche Forschung und Praxis
BGBl.	=	Bundesgesetzblatt
BiRiLiG	=	Bilanzrichtlinien-Gesetz
BT	=	Bundestag
bzw.	=	beziehungsweise
d.h.	=	das heißt
DB	=	Der Betrieb
DBW	=	Die Betriebswirtschaft
DStR	=	Deutsches Steuerrecht
EGHGB	=	Einführungsgesetz zum Handelsgesetzbuch
EStG	=	Einkommensteuergesetz (Stand 1.1.1990)
EStR	=	Einkommensteuer-Richtlinien
f., ff.	=	folgende, (und) folgende Seite(n)
HdWW	=	Handwörterbuch der Wirtschaftswissenschaft
HGB	=	Handelsgesetzbuch
HGB-E	=	Handelsgesetzbuch - Entwurf der Bundesregierung
Hrsg.	=	Herausgeber
hrsg.	=	herausgegeben
HWB	=	Handwörterbuch der Betriebswirtschaft
i.d.R.	=	in der Regel
i.e.S.	=	im engeren Sinne
i.S.d.	=	im Sinne der
i.V.m.	=	in Verbindung mit
i.w.S.	=	im weiteren Sinne
m.a.W.	=	mit anderen Worten

m.E.	= meines Erachtens
m.w.N.	= mit weiteren Nachweisen
n.F.	= neue Fassung
Nr.	= Nummer
o.V.	= ohne Verfasser
RFH	= Reichsfinanzhof
Rn.	= Randnummer
RStBl.	= Reichsteuerblatt
S.	= Seite
S.	= Satz (in Verbindung mit Paragraphenangabe)
s.	= siehe
Sp.	= Spalte
StKR	= Steuerkongreß-Report
StuW	= Steuer und Wirtschaft
Tz.	= Textziffer
u.a.	= und andere, unter anderem
u.E.	= unseres Erachtens
vgl.	= vergleiche
WiSt	= Wirtschaftswissenschaftliches Studium
WISU	= Das Wirtschaftsstudium
WPg	= Die Wirtschaftsprüfung
z.B.	= zum Beispiel
ZfB	= Zeitschrift für Betriebswirtschaft
ZfbF	= Zeitschrift für betriebswirtschaftliche Forschung
ZfhF	= Zeitschrift für handelswissenschaftliche Forschung
ZGR	= Zeitschrift für Unternehmens- und Gesellschaftsrecht

Literaturverzeichnis

Bücher, Aufsätze und Artikel

Adler, H./Düring, W./Schmaltz, K.: "Rechnungslegung und Prüfung der Aktiengesellschaft", Handkommentar, Bd. 1, Rechnungslegung, 4.Aufl., Stuttgart 1968

Adler, H./Düring, W./Schmaltz, K.: "Rechnungslegung und Prüfung der Unternehmen", 5. Aufl., bearbeitet von: K.-H. Forster u.a., Stuttgart 1987

Baetge, J.: "Rechnungslegungszwecke des aktienrechtlichen Jahresabschlusses", in: Baetge, J. u.a. (Hrsg.): Bilanzfragen, Festschrift zum 65. Geburtstag von U. Leffson, Düsseldorf 1976, S. 11-30

Baetge, J.: "Grundsätze ordnungsmäßiger Buchführung", in: Küting, K./Weber, C.-P.: Handbuch der Rechnungslegung, Stuttgart 1986, S. 177-204

Baetge, J.: "Die neuen Ansatz- und Bewertungsvorschriften", in: WPg 1987, S. 126-134

Baetge, J. (Hrsg.): "Der Jahresabschluß im Widerstreit der Interessen", Düsseldorf 1983

Baetge, J./Commandeur, D.: "Vergleichbar - vergleichbare Beträge in aufeinanderfolgenden Jahresabschlüssen", in: Handwörterbuch unbestimmter Rechtsbegriffe im Bilanzrecht des HGB, hrsg. von Leffson, U. u.a., Köln 1986, S. 326-335

Baetge, J./Uhlig, A.: "Zur Ermittlung der handelsrechtlichen 'Herstellungskosten' unter Verwendung der Daten der Kostenrechnung", in: WiSt 1985, S. 274-280

Ballwieser, W.: "Sind mit der neuen Generalklausel zur Rechnungslegung auch neue Prüfungspflichten verbunden?", in: BB 1985, S. 1034-1043

Bartram, W.: "Bewertungsprinzipien und -vorschriften für die jährliche Handels- und Steuerbilanz", in: WISU 1973, S. 307-309

Beck Bilanz-Kommentar: "Der Jahresabschluß nach Handels- und Steuerrecht", bearb. von Budde, W. D. u.a., München 1986

Beisse, H.: "Handelsbilanzrecht in der Rechtsprechung des Bundesfinanzhofs", in: BB 1980, S. 637-646

Biener, H./Berneke, W.: "Bilanzrichtlinien-Gesetz", Düsseldorf 1986

Blümich/Falk: "Kommentar zum Einkommensteuergesetz", 12. Aufl., bearb. von Ebeling, K. u.a, München 1986 (Stand: Januar 1988)

Bohl, W.: "Der Jahresabschluß nach neuem Recht", in: WPg 1986, S. 29-36

Borchert, D.: "Gewinn- und Verlustrechnung", in: Küting, K./Weber, C.-P.: Handbuch der Rechnungslegung, Stuttgart 1986, S. 1061-1154

Brede, H.: "Sind die Ermessensspielräume bei der Bilanzierung und Prüfung von Rückstellungen einschränkbar?", in: DB 1972, S. 984-988

Brönner, H.: "Die Bilanz nach Handels- und Steuerrecht", 5. Aufl., Stuttgart 1956

Budde, W.-D./Förschle, G.: "Ausgewählte Fragen zum Inhalt des Anhangs", in: DB 1988, S. 1457-1465

Budde, W.-D./Ihle, R.: "§ 252 HGB", in: Beck Bil.-Komm.: Der Jahresabschluß nach Handels- und Steuerrecht, bearb. von Budde W. D. u.a., München 1986, S. 388-410

Busse von Colbe, W.: "Die neuen Rechnungslegungsvorschriften aus betriebswirtschaftlicher Sicht", in: WPg 1987, S. 117-126

Chmielewicz, K.: "Anmerkungen zum Umsatzkostenverfahren", in: DBW 1987, S. 165-176

Claussen, C. P.: "Zum Stellenwert des § 264 Abs. 2 HGB", in: Havermann, H. (Hrsg.): Bilanz- und Konzernrecht, Festschrift zum 65. Geburtstag von R. Goerdeler, Düsseldorf 1987, S. 79-82

Claussen, C. P./Korth, H.-M.: "Zum Grundsatz der Bewertungsstetigkeit in Handels- und Steuerrecht", in: DB 1988, S. 921-927

Clemm, H./Ellrott, H.: "§§ 284-289 HGB", in: Beck Bil.-Komm.: Der Jahresabschluß nach Handels- und Steuerrecht, bearb. von Budde, W. D. u.a., München 1986, S. 1085-1196

Coenenberg, A.G.: "Jahresabschluß und Jahresabschlußanalyse", 11. Aufl., Landsberg am Lech 1990

Le Coutre, W.: "Bilanz", in: HWB, 2.Aufl., hrsg. von Nicklisch, H., Stuttgart 1938, Bd. 1, Sp. 1006-1053

Le Coutre, W.: "Grundzüge der Bilanzkunde", Teil 1, 4. Aufl., Wolfenbüttel 1949

Le Coutre, W.: "Bilanztheorien", in: HWB, 3.Aufl., hrsg. von Seischab, H./Schwantag, K., Stuttgart 1956-1962, Sp. 1153-1177

Le Coutre, W.: "Die totale Bilanz", in: Bott, K. (Hrsg.): Lexikon des kaufmännischen Rechnungswesens, Bd. IV, 2. Aufl., Stuttgart 1957, Sp. 2555-2604

Creifelds, C.: "Rechtswörterbuch", hrsg. von C. Creifelds, 5. Aufl., München 1978

Cronos, W.: "Hürden der Bilanzierung nach dem neuen Bilanzrecht", in: DB 1987, S. 105-112

Csik, A.: "Anhang", in: Küting, K./Weber, C.-P: Handbuch der Rechnungslegung, Stuttgart 1986, S. 1287-1376

Dinkel, F.: "Bilanz und Bewertung", Berlin 1974

Disselkamp, E.: "Bestandteile der Herstellungskosten im Anlage- und Umlaufvermögen der Handels- und Steuerbilanzen von Aktiengesellschaften", Gießen 1974

Döllerer, G.: "Handelsbilanz ist gleich Steuerbilanz", in: Baetge, J. (Hrsg.): Der Jahresabschluß im Widerstreit der Interessen, Düsseldorf 1983, S. 157-177

Dörner, D.: "Wann und für wen empfiehlt sich das Umsatzkostenverfahren?", in: WPg 1987, S. 154-159

Dreier, R.: "Zum Begriff der Natur des Sache", Münster 1965

Eckes, B.: "Bewertungsstetigkeit - Muß- oder Sollvorschrift?", in: BB 1985, S. 1435-1444

Egner, H.: "Bilanzen", München 1974

Elmendorff, W.: "Harmonisierung der Rechnungslegungsvorschriften in der Europäischen Wirtschaftsgemeinschaft", in: WPg 1967, S. 621-628

Emmerich, G.: "Fragen der Gestaltung des Jahresabschlusses nach neuem Recht", in: WPg 1986, S. 698-709

Endres, W.: "Der erzielte und der ausschüttbare Gewinn der Betriebe", Köln/Opladen 1967

Faller, E.: "Der Grundsatz der Einzelbewertung und die Notwendigkeit zu seiner Durchbrechung unter Berücksichtigung des Bilanzrichtlinien-Gesetzentwurfs", in: BB 1985, S. 2017-2023

Federmann, R.: "Bilanzierung nach Handels- und Steuerrecht", 7. Aufl., Berlin 1989

Förschle, G./Kropp, M.: "Die Bewertungsstetigkeit im Bilanzrichtlinien-Gesetz", in: ZfB 1986, S. 873-893

Forster, K.-H.: "Bewertungsstetigkeit und Rechnungslegung nach dem AktG 1965", in: WPg 1966, S. 555-559

Forster, K.-H.: "Bilanzpolitik und Bilanzrichtlinie-Gesetz - welche Freiräume bleiben noch?", in: BB 1983, S. 32-37

Forster, K.-H.: "Bewertungsstetigkeit - was sie ist und was sie nicht ist", in: Gross, G. (Hrsg.): Der Wirtschaftsprüfer im Schnittpunkt nationaler und internationaler Entwicklungen, Festschrift zum 60. Geburtstag von K. v. Wysocki, Düsseldorf 1985, S. 29-43

Geisthardt, Achim: "Bedeutung der 4. (vierten) EG-Richtlinie für den Aussagegehalt des aktienrechtlichen Jahresabschlusses: eine Analyse ausgewählter Bestimmungen der 4. EG-Richtlinie unter besonderer Berücksichtigung von Aktionärsinteressen", Thun/ Frankfurt am Main 1980

Glade, A.: "Rechnungslegung und Prüfung nach dem Bilanzrichtlinien-Gesetz", Herne/Berlin 1986

Glade, A.: "Die Gewinn- und Verlustrechnung nach dem Umsatzkostenverfahren - Grundsatzfragen und Probleme", in: BFuP 1987, S. 16-31

Godin/Wilhelmi: "Aktiengesetz", Bd. 1, 3. Aufl., bearb. von Wilhelmi, H./Wilhelmi, S., Berlin 1967

Göllert, K./Ringling, W.: "Strategie statt Taktik - Bilanzpolitik im Übergang zum neuen Recht", in: DB 1982, S. 949-952 (Teil I), DB 1983, S. 1004-1008 (Teil II)

Göllert, K./Ringling, W.: "Herstellungskostenermittlung im Lichte des neuen Bilanzrechts", in: KRP 1983, S. 159-168

Göllert, K./Ringling, W.: "Der Unterausschuß - Entwurf zum Bilanzrichtlinien-Gesetz", in: BB 1985, S. 966-977

Göllert, K./Ringling, W.: "Bilanzrichtlinien-Gesetz", 2. Aufl., Heidelberg 1986

Groh, M.: "Das werdende Bilanzrecht in steuerlicher Sicht", in: DB 1985, S. 1849-1851

Gross, G. (Hrsg.): "Der Wirtschaftsprüfer im Schnittpunkt nationaler und internationaler Entwicklungen", Festschrift zum 60. Geburtstag von K. v. Wysocki, Düsseldorf 1985

Gutenberg, E.: "Bilanztheorien und Bilanzrecht", in: ZfB 1965, S. 13-20

Hafner, R.: "Der Grundsatz der Bewertungsstetigkeit nach § 252 Abs. 1 Nr. 6 HGB", in: WPg 1985, S. 593-600

Harder, U.: "Bilanzpolitik", Wiesbaden 1962

Harrmann, A.: "Fertige und unfertige Erzeugnisse in der Bilanz nach neuem Bilanzrecht", in: DB 1986, S. 1412-1416

Harrmann, A.: "Gesamt- und Umsatzkostenverfahren nach neuem Recht", in: BB 1986, S. 1813-1817

Hartle, J.: "Möglichkeiten der Entobjektivierung der Bilanz - Eine ökonomische Analyse", Frankfurt am Main/Bern/New York 1984

Heinen, E.: "Einführung in die Betriebswirtschaftslehre", 9. Aufl., Wiesbaden 1985

Heinen, E.: "Handelsbilanzen", 12. Aufl., Wiesbaden 1986

Heinhold, M.: "Der Jahresabschluß", München 1987

Helmrich, H.: "Umsetzung der Bilanz- und Konzernbilanzrichtlinie in das deutsche Recht", in: WPg 1984, S. 625-629

Herrmann/Heuer/Raupach: "Kommentar zur Einkommensteuer und Körperschaftsteuer", 19. Aufl., bearb. von Herrmann, C. u.a., Köln 1950/82 (Stand: April 1987)

Hilke, W.: "Kurzlehrbuch Bilanzpolitik", 2. Aufl., Wiesbaden 1985

Hilke, W.: "Bilanzierungswahlrechte nach neuem und altem Recht - ein vergleichender Überblick", in: WISU 1986, S. 539-544

Hilke, W.: "Änderungen bei den Bewertungswahlrechten durch das Bilanzrichtlinien-Gesetz", in: WISU 1987, S. 245-250

Jaensch, G.: "Der Bilanzgewinn in meßtheoretischer Sicht", in: ZfbF 1968, S. 48-60

Jonas, H.: "Zur Problematik der 4. EG-Richtlinie (I-III)", in: DB 1978, S. 1361-1366 (Teil I), S. 1410-1415 (Teil II), S. 1458-1464 (Teil III)

Jonas, H.: "Die EG-Bilanzrichtlinie: Grundlagen und Anwendung in der Praxis", Freiburg i. Br. 1980

Klein, W.: "Das Aktiengesetz und die Grundsätze ordnungsmäßiger Buchführung", in: DB 1967, S. 89-91

Kluge, V.: "Das Maßgeblichkeitsprinzip", in: StuW 1970, Sp. 685-708

Knobbe-Keuk, B.: "Bilanz- und Unternehmenssteuerrecht", 6. Aufl., Köln 1987

Knop, W./Küting, K./Weber, C.-P.: "Die Bestimmung der Wertuntergrenze der Herstellungskosten nach dem Entwurf eines Bilanzrichtlinien-Gesetzes", in: DB 1985, S. 2517-2523

Knop, W./Küting, K.: "Anschaffungs- und Herstellungskosten", in: Küting, K./Weber, C.-P.: Handbuch der Rechnungslegung, Stuttgart 1986, S. 663-740

Körner, W.: "Bilanzsteuerrecht in der Praxis: steuerliche Gewinnermittlung auf der Grundlage des Bilanzrichtlinien-Gesetzes", 7. Aufl., Herne/Berlin 1986

Kommission Rechnungswesen im Verband der Hochschullehrer für Betriebswirtschaft e.V.: "Stellungnahme zum Regierungsentwurf eines Bilanzrichtlinien-Gesetzes", in: DBW 1983, S. 5-15

Kosiol, E.: "Bewertung", in: HWB, 2. Aufl., hrsg. von Nicklisch, H., Stuttgart 1938, Bd. 1, Sp. 977-1002

Kosiol, E.: "Bilanzreform und Einheitsbilanz", Berlin/ Stuttgart 1949

Kosiol, E.: "Pagatorische Bilanz", Berlin 1976

Kropff, B.: "Leitgedanken der Bewertungsvorschriften des künftigen Aktienrechts", in: WPg 1964, S. 565-575

Kropff, B.: "Rechnungslegung, Gewinnverwendung (§§ 148-178)", in: Geßler, E./Hefermehl, W./Kropff, B./ Eckardt, U.: Aktiengesetz, Bd. 3, bearb. von Kropff, B., München 1973

Küting, K.: "Die Bewertungskonzeption des Bilanzrichtlinie-Gesetzes", in: DB 1984, S. 1-7

Küting, K./Weber, C. P.: "Handbuch der Rechnungslegung", Stuttgart 1986

Küting, K./ Weber, C. P.: "Das neue Bilanzrecht: Eine Herausforderung an die deutsche Bilanzierungspraxis", in: DB 1987, S. 1-10

Kupsch, P.: "Sind Zuschüsse und Abstandszahlungen immaterielle Anlagewerte (Wirtschaftsgüter) ?", in: WPg 1977, S. 663-671

Kupsch, P.: "Einheitlichkeit und Stetigkeit der Bewertung gemäß § 252 Abs. 1 Nr. 6 HGB", in: DB 1987, S. 1101-1105 (Teil I), S. 1157-1161 (Teil II)

Langen, H.: "Gewinn- und Verlustrechnung", in: HWB, 4. Aufl., hrsg. von Grochla, E./Wittmann, W., Stuttgart 1974, Sp. 1680-1688

Leffson, U.: "Wesen und Aussagefähigkeit des Jahresabschlusses", in: ZfbF 1966, S. 375-390

Leffson, U.: "Buchführung und Bilanzierung, Grundsätze ordnungsmäßiger", in: HWB, 4. Aufl., hrsg. von Grochla, E./Wittmann, W., Stuttgart 1974, Sp. 1011-1019

Leffson, U.: "Zur Generalnorm und zum Bestätigungsvermerk des Vorentwurfs eines Bilanzrichtliniengesetzes sowie Anmerkungen zu weiteren Vorschriften", in: WPg 1980, S. 289-293

Leffson, U.: "Lage des Vermögens gem. § 238", in: Handwörterbuch unbestimmter Rechtsbegriffe im Bilanzrecht des HGB, hrsg. von Leffson, U. u.a., Köln 1986, S. 272

Leffson, U.: "Ausformulierte und nicht ausformulierte gesetzliche Vorschriften im Bilanzrecht des HGB", in: DBW 1987, S. 3-7

Leffson, U.: "Die Grundsätze ordnungsmäßiger Buchführung", (1. Aufl., Düsseldorf 1964, 6. Aufl. Düsseldorf 1982) 7. Aufl., Düsseldorf 1987

Leffson, U.: "Das Gebot der Stetigkeit im europäischen Bilanzrecht", in: WPg 1988, S. 441-446

Leffson, U. u.a. (Hrsg.): "Handwörterbuch unbestimmter Rechtsbegriffe im Bilanzrecht des HGB", Köln 1986

Ludewig, R.: "Möglichkeiten der verdeckten Bilanzpolitik für Kapitalgesellschaften auf der Grundlage des neuen Rechts", in: ZfB 1987, S. 426-433

Mertens, K.-H.: "Bedeutsame Änderungen der Aussagefähigkeit der Gewinn- und Verlustrechnung", in: WPg 1964, S. 1-8

Meyer, C.: "Bilanzierung nach Handels- und Steuerrecht", 7. Aufl., Herne/Berlin 1988

Meyers Enzyklopädisches Lexikon: Begriff "Zweck", Bd. 25, 9. Aufl., Mannheim/Wien/Zürich 1979, S. 817

Mohr, H.: "Das Vergleichbarkeitspostulat im Bilanzwesen in Theorie und Praxis", in: DB 1967, S. 1185-1188

Moxter, A.: "Die Grundsätze ordnungsmäßiger Bilanzierung und der Stand der Bilanztheorie", in: ZfbF 1966, S. 28-59

Moxter, A.: "Bilanzlehre", 2. Aufl., Wiesbaden 1976

Moxter, A.: "Die Jahresabschlußaufgaben nach der EG-Bilanzrichtlinie: Zur Auslegung von Art. 2 EG-Bilanzrichtlinie", in: Die Aktiengesellschaft 1979, S. 141-146

Moxter, A.: "Die handelsrechtlichen Grundsätze ordnungsmäßiger Buchführung und das neue Bilanzrecht", in: ZGR 1980, S. 254-276

Moxter, A.: "Gefahren des neuen Bilanzrechts", in: DB 1982, S. 1030-1032

Moxter, A.: "Wirtschaftliche Gewinnermittlung und Bilanzsteuerrecht", in: StuW 1983, S. 300-307

Moxter, A.: "Bilanzlehre, Bd. 1: Einführung in die Bilanztheorie", 3. Aufl., Wiesbaden 1984

Moxter, A.: "Bilanzrechtsprechung", 2. Aufl., Tübingen 1985

Moxter, A.: "Das System der handelsrechtlichen Grundsätze ordnungsmäßiger Bilanzierung", in: Gross, G. (Hrsg.): Der Wirtschaftsprüfer im Schnittpunkt nationaler und internationaler Entwicklungen, Festschrift für K. v. Wysocki, Düsseldorf 1985, S. 17-28

Moxter, A.: "Zum neuen Bilanzrechtsentwurf", in: BB 1985, S. 1101-1103

Moxter, A.: "Bilanzlehre, Bd. 2: Einführung in das neue Bilanzrecht", 3. Aufl., Wiesbaden 1986

Moxter, A.: "Ulrich Leffson und die Bilanzrechtsprechung", in: WPg 1986, S. 173-177

Moxter, A.: "Vermögenslage gem. § 264", in: Handwörterbuch unbestimmter Rechtsbegriffe im Bilanzrecht des HGB, hrsg. von Leffson, U. u.a., Köln 1986, S. 346-351

Moxter, A.: "Selbständige Bewertbarkeit als Aktivierungsvoraussetzung", in: BB 1987, S. 1846-1851

Moxter, A.: "Zum Sinn und Zweck des handelsrechtlichen Jahresabschlusses nach neuem Recht", in: Havermann, H. (Hrsg.): Bilanz- und Konzernrecht, Festschrift zum 65. Geburtstag von R. Goerdeler, Düsseldorf 1987, S. 361-374

Moxter, A.: "Bilanztheorien", in: HdWW, hrsg. von Albers, W. u.a., ungekürzte Studienausgabe, Stuttgart 1988, S. 670-686

Müller, J.: "Das Stetigkeitsprinzip im neuen Bilanzrecht", in: BB 1987, S. 1629-1637

Müller, W.: "Zur Rangordnung der in § 252 Abs. 1 Nr. 1 bis 6 HGB kodifizierten allgemeinen Bewertungsgrundsätze", in: Havermann, H. (Hrsg.): Bilanz- und Konzernrecht, Festschrift zum 65. Geburtstag von R. Goerdeler, Düsseldorf 1987, S. 397-410

Müller-Dahl, F. P.: "Betriebswirtschaftliche Probleme der handels- und steuerrechtlichen Bilanzierungsfähigkeit", Berlin 1979

Nicklisch, H.: "Die Entthronung der Bilanz", in: DBW 1932, S. 2-5

Niehus, R. J.: "Die Gliederung der Ergebnisrechnung nach der 4. EG-Richtlinie bzw. nach dem Entwurf des BiRiLiG - In Zukunft nur als Gesamtkostenverfahren?", in: DB 1982, S. 657-663

Niehus, R. J.: "Aufwendungen und Erträge aus der "nicht gewöhnlichen Geschäftstätigkeit" der Kapitalgesellschaft: Abgrenzungsfragen zum Ausweis der außerordentlichen Posten nach neuem Recht", in: DB 1986, S. 1293-1297

Niessen, H.: "Bewertungsstetigkeit - Muß- oder Sollvorschrift?", in: BB 1985, S. 1642

Ordelheide, D.: "Konzern und Konzernerfolg", in: WiSt 1986, S. 495-502

o.V.: "Mit Nixdorf an die Spitze", in: Der Spiegel 3/1990 vom 15.1.1990, S. 84-85

Peter, K./von Bornhaupt, K. J./Körner, W.: "Ordnungsmäßigkeit der Buchführung nach dem Bilanzrichtlinien-Gesetz: Buchführungs- und Aufzeichnungspflichten nach Handels- und Steuerrecht", 8. Aufl., Herne/ Berlin 1987

Pfleger, G.: "Zur Gestaltung der Bewertung im Jahresabschluß als Mittel künftiger Bilanzpolitik", in: DB 1984, S. 785-789

Pfleger, G.: "In welchen Ausnahmefällen darf vom Grundsatz der Bewertungsstetigkeit abgewichen werden?", in: DB 1986, S. 1133-1136

Pfleger, G.: "Die neue Praxis der Bilanzpolitik: Gestaltungsmöglichkeiten in der Handels- und Steuerbilanz nach der Bilanzreform", 2. Aufl., Freiburg i. Br. 1986

Pougin, E.: "Bilanzpolitik", in: Schriften zur Unternehmensführung, Bd. 10: Bilanzpolitik und Bilanztaktik, Wiesbaden 1969, S. 5-28

Reige, J.: "Der Herstellungskostenbegriff im Umsatzkostenverfahren", in: WPg 1987, S. 498-506

Reuter, E. in: "Meinungsspiegel", BFuP 1987, S. 70-98

Riebell, C.: "Das neue Bilanzrecht", 2. Aufl., Stuttgart 1987

Riebell, C.: "Die Praxis der Bilanzauswertung", 4. Aufl., Stuttgart 1988

Rößle, K.: "Bilanz", in: HWB, 3. Aufl., hrsg. von Seischab,H./Schwantag, K., 3. Aufl., Stuttgart 1956, Bd. 1, Sp. 1094-1105

Rückle, D.: "Vorsicht", in: Handwörterbuch unbestimmter Rechtsbegriffe im Bilanzrecht des HGB, hrsg. von Leffson, U. u.a., Köln 1986, S. 403-416

Saage, G.: "Grundsätze ordnungsmäßiger Buchführung aus der Sicht des neuen Aktienrechts", in: WPg 1967, S. 1-20

Sahner, F./Kammers, H.: "Bilanzpolitik im Einzelabschluß und der Grundsatz der Bewertungsstetigkeit gem. § 252 Abs. 1 Nr. 6 HGB", in: BB 1988, S. 1077-1081

Sahner, F./Schultzke, J.: "Allgemeine Bewertungsgrundsätze", in: Küting, K./ Weber, C.-P.: Handbuch der Rechnungslegung, Stuttgart 1986, S. 567-582

Schierenbeck, H.: "Grundzüge der Betriebswirtschaftslehre", 10. Aufl., Oldenburg 1989

Schildbach, T.: "Die neue Generalklausel für den Jahresabschluß von Kapitalgesellschaften - zur Interpretation des Paragraphen 264 Abs. 2 HGB", in: BFuP 1987, S. 1-15

Schmalenbach, E.: "Grundlagen dynamischer Bilanzlehre", in: ZfhF 1919, S. 1-50 u. S. 65-101

Schmalenbach, E.: "Dynamische Bilanz", (5. Aufl., Leipzig 1931) 13. Aufl., Köln, Opladen 1962

Schmidt, F.: "Die organische Tageswertbilanz", 3. Aufl., Leipzig 1929

Schmidt, R.-B.: "Die Gewinnverwendung der Unternehmung", Berlin 1963

Schmidt, R.-B.: "Wirtschaftslehre der Unternehmung, Bd. 1: Grundlagen und Zielsetzung", 2. Aufl., Stuttgart 1977

Schneeloch, D.: "Bilanzrichtlinien-Gesetz und Besteuerung", in: WPg 1985, S. 565-574

Schneeloch, D.: "Bewertungsstetigkeit in Handels- und Steuerbilanz", in: WPg 1987, S. 405-417

Schneeloch, D.: "Herstellungskosten in Handels- und Steuerbilanz", in: DB 1989, S. 285-292

Schneider, D.: "Ausschüttungsfähiger Gewinn und das Minimum an Selbstfinanzierung", in: ZfbF 1968, S. 1-29

Schneider, D.: "Renaissance der Bilanztheorie?", in: ZfbF 1973, S. 29-58

Schneider, D.: "Entwicklungsstufen der Bilanztheorie", in: WiSt 1974, S. 158-164

Schneider, D.: "Erfolgsermittlung als Rechnungsziel - ein empirischer und wissenschaftsgeschichtlicher Test", in: ZfbF 1978, S. 326-347

Schneider, D.: "Bilanzrechtsprechung und wirtschaftliche Betrachtungsweise", in: BB 1980, S. 1225-1232

Schneider, D.: "Rechtsfindung durch Deduktion von Grundsätzen ordnungsmäßiger Buchführung aus gesetzlichen Jahresabschlußzwecken?", in: StuW 1983, S. 141-159

Schnicke, C.: "Ausgewählte Fragen aus der Facharbeit des IDW", in: WPg 1987, S. 693-697

Schult, E.: "Bilanzierung und Bilanzpolitik", 6. Aufl., Freiburg i. Br. 1986

Schulze, H.-H.: "Zum Problem der Messung des wirtschaftlichen Handelns mit Hilfe der Bilanz", Berlin 1966

Schweitzer, M.: "Bilanztheorien", in: HWB, 4.Aufl., hrsg. von Grochla, E./Wittmann, W., Stuttgart 1974-1976, Sp. 927-947

Schweitzer, M.: "Bilanztheorien, organische", in: HWR, 2.Aufl., hrsg. von Kosiol, E., Stuttgart 1981, Sp. 285-294

Selchert, F.W.: "Grundsatz der Einheitlichkeit der Bewertung", in: WPg 1983, S. 447-453

Selchert, F.W.: "Bewertungsstetigkeit nach dem Bilanzrichtlinie-Gesetz", in: DB 1984, S. 1889-1894

Selchert, F.W.: "Fremdkapitalzinsen in der Kalkulation der bilanziellen Herstellungskosten", in: DB 1985, S. 2413-2420

Selchert, F.W.: "Die Aufgliederung der Umsatzerlöse gemäß § 285 Nr. 4 HGB", in: BB 1986, S. 560-565

Selchert, F.W.: "Herstellungskosten im Umsatzkostenverfahren", in: DB 1986, S. 2397-2400

Sieben, G./Gatzen, M.: "Die Gewinn- und Verlustrechnung nach neuem Recht", in: WISU 1986, S. 591-597

Sielaff, M.: "Auswirkungen auf das Bilanzsteuerrecht", in: Küting, K./Weber, C.-P.: Handbuch der Rechnungslegung, Stuttgart 1986, S. 59-69

Söffing, G.: "Der Stetigkeitsgrundsatz in steuerrechtlicher Sicht", in: DB 1987, S. 2598-2603

Sonderausschuß Bilanzrichtlinien-Gesetz (Hrsg.): "Entwurf einer Verlautbarung: Probleme des Umsatzkostenverfahrens", in: WPg 1986, S. 534

Sonderausschuß Bilanzrichtlinien-Gesetz (Hrsg.): "Entwurf einer Verlautbarung: Zum Grundsatz der Bewertungsstetigkeit (§ 252 Abs. 1 Nr. 6 HGB) und zu den Angaben bei Abweichungen von Bilanzierungs- und Bewertungsmethoden (§ 284 Abs. 2 Nr. 3 HGB)", in: WPg 1987, S. 143-145

Stenzel, N.: "Die Bewertung im veröffentlichten Jahresabschluß von Aktiengesellschaften der Länder der EG - Eine Untersuchung über Unterschiede bei der Bewertung", Würzburg 1974

Stobbe, Th.: "Die konzerneinheitliche Bewertung", in: DB 1986, S. 1833-1840

Streim, H.: "Grundzüge der handels- und steuerrechtlichen Bilanzierung", Stuttgart 1988

Streuli, J.: "Die Bewertung der Warenvorräte in unternehmungswirtschaftlicher, handelsrechtlicher und steuerwirtschaftlicher Sicht unter besonderer Berücksichtigung von Wertveränderungen", Bern 1977

Tipke, K.: "Steuerrecht", 12. Aufl., Köln 1989

Treuarbeit (Hrsg.): "Jahres-und Konzernabschlüsse '88: Ergebnisse einer Untersuchung von 100 großen Kapitalgesellschaften und Konzernen", Düsseldorf 1990

Volk, G.: "Das Informationsinteresse der Jahresabschlußadressaten", in: BB 1987, S. 723-728

Walb, E.: "Die Erfolgsrechnung privater und öffentlicher Betriebe", Berlin/Wien 1926

Walb, E.: "Finanzwirtschaftliche Bilanz", 3. Aufl., Wiesbaden 1966

Weber, H. K.: "Form und Inhalt der aktienrechtlichen Gewinn- und Verlustrechnung (I-II)", in: DB 1972, S. 2313-2318 (Teil I), S. 2362-2365 (Teil II)

Weirich, S.: "Die Bewertung im Konzernabschluß nach neuem Recht", in: WPg 1987, S. 77-85

Wichmann, G.: "Herstellung von Rechten - dargestellt am Beispiel des Nießbrauchs und der GmbH-Anteile", in: BB 1986, S. 28-33

Wiedmann, H.: "Die Stetigkeit nach neuem Recht und ihr Einfluß auf Bilanzanalyse und Bilanzpolitik", in: BFuP 1988, S. 37-49

Wild, J.: "Methodenprobleme in der Betriebswirtschaftslehre", in: HWB, 4.Aufl., hrsg. von Grochla,E./Wittmann, W., Stuttgart 1975, Sp. 2654-2677

Wilsdorf, F.: "Rechnungslegungszwecke der Handelsbilanz und Steuerbilanz nach Inkrafttreten des Bilanzrichtlinien-Gesetzes", Frankfurt am Main 1988

Wöhe, G.: "Handelsbilanz und Steuerbilanz", in: StKR 1973, S. 291-317

Wöhe, G.: "Möglichkeiten und Grenzen der Bilanzpolitik im geltenden und im neuen Bilanzrecht", in: DStR 1985, S. 715-721 (Teil I), S. 754-761 (Teil II)

Wöhe, G.: "Einführung in die Allgemeine Betriebswirtschaftslehre", 16. Aufl., München 1986

Wöhe, G.: "Bilanzierung und Bilanzpolitik", 7. Aufl., München 1987

Wörner, G.: "Handels- und Steuerbilanz nach neuem Recht", 3. Aufl., Landsberg am Lech 1987

Wohlgemuth, M.: "Der Grundsatz der Einheitlichkeit der Bewertung", in: Gross, G. (Hrsg.): Der Wirtschaftsprüfer im Schnittpunkt nationaler und internationaler Entwicklungen, Festschrift zum 60. Geburtstag von K. v. Wysocki, Düsseldorf 1985, S. 45-60

Wohlgemuth, M.: "Die Grundlagen der handelsrechtlichen Bewertung von Vermögensgegenständen des Anlage- und des Umlaufvermögens", in: WISU 1987, S. 73-75

WP-Handbuch 1985/86, 9. Aufl., Bd. 2, Düsseldorf 1986

Wysocki, K. v.: "Das Bilanzrichtlinie-Gesetz aus der Sicht der Betriebswirtschaftslehre", in: ZfbF 1985, S. 735-741

Wysocki, K. v. in: "Meinungsspiegel", BFuP 1987, S. 70-98

Wysocki, K. v./Halbinger, J: "Bilanz, handelsrechtliche", in: HWR, 2. Aufl., hrsg. von Kosiol, E., Stuttgart 1981, Sp. 161-176

Urteile

Beschluß des Bundesverfassungsgerichts vom 19.12.1978, 1 BvR 335, 427, 811/76, BStBl 1979 II, S. 308

BFH-Urteil vom 26.1.1960, I D 1/58 S, BFHE Bd. 70, S. 508-527

BT-Drucksache 10/317 vom 26.8.1983. Gesetzesentwurf der Bundesregierung: Entwurf eines Gesetzes zur Durchführung der Vierten Richtlinie des Rates der Europäischen Gemeinschaften zur Koordinierung des Gesellschaftsrechts (Bilanzrichtlinie-Gesetz).

BT-Drucksache 10/4268 vom 18.11.1985. Beschlüsse des Rechtsausschusses (6. Ausschuß), Entwurf eines Gesetzes zur Durchführung der Vierten, Siebenten und Achten Richtlinie des Rates der Europäischen Gemeinschaften zur Koordinierung des Gesellschaftsrechts (Bilanzrichtlinien-Gesetz - BiRiLiG).

RFH-Urteil vom 10.4.1929, VI A 539, StuW 1929, Nr. 512

RFH-Urteil vom 19.8.1931, VI A 441/30, RStBl 1931, S. 908

Betriebswirtschaftliche Forschungsergebnisse

Seit 1980 sind erschienen:

Duncker & Humblot · Berlin

Forschungsergebnisse aus dem
Revisionswesen und der betriebswirtschaftlichen Steuerlehre

Herausgegeben von Prof. Dr. Erich Loitlsberger, Prof. Dr. Dieter Rückle
und Prof. Dr. Jörg Baetge

Duncker & Humblot · Berlin